Anthologie
de la
littérature
française

XXᵉ
siècle

Collection dirigée par
Robert Horville

Directeur de collection : Robert Horville
Conception graphique : Vincent Saint Garnot
Coordination éditoriale : Emmanuelle Fillion
et Marie-Jeanne Miniscloux
Collaboration rédactionnelle : Cécile Botlan
Lecture-correction : Larousse
Coordination de la fabrication : Marlène Delbeken
Recherche iconographique : Nanon Gardin

Illustrations :
p. 17 : construction de la tour Eiffel,
février 1889. Photo H. Roger.
Roger-Viollet.

p. 71 : mirador et barbelés d'un camp
de prisonniers (1939-1945). Roger-Viollet.
Collection Viollet.

p. 203 : la Maison de la Radio (1963).
Photo SIPA Press/Dalmas.

p. 317 : la pyramide du Louvre (1989).
Photo Explorer/A. Wolf.

Anthologie de la littérature française

XXe

siècle

Textes choisis et présentés par
Carole Florentin,
certifiée de lettres classiques
Yasmine Guetz,
assistante de lettres modernes
Jeannine Prin,
agrégée de lettres classiques
Jean-Paul Santerre,
agrégé de lettres modernes

Profil d'un siècle

7 Introduction historique
11 Périodes littéraires

18 **1900-1918 : de l'Exposition universelle à la Grande Guerre**
22 Feydeau *(1862-1921)*
26 Jarry *(1813-1907)*
30 Claudel *(1868-1955)*
38 Proust *(1871-1922)*
50 Apollinaire *(1880-1918)*
56 Cendrars *(1887-1961)*
61 Valéry *(1871-1945)*
64 Péguy *(1873-1960)*

67 BILAN LITTÉRAIRE : inspirations nouvelles

72 **1919-1945 : d'une fin de guerre l'autre**
78 Breton *(1896-1966)*
84 Aragon *(1887-1982)*
92 Eluard *(1895-1952)*
96 Desnos *(1900-1945)*
99 Supervielle *(1894-1960)*
101 Pierre Reverdy *(1889-1960)*
105 Prévert *(1907-1977)*
108 Artaud *(1896-1948)*
111 Giraudoux *(1882-1944)*
115 Cocteau *(1889-1963)*
119 Roger Vitrac *(1899-1952)*
123 Montherlant *(1896-1972)*
126 Anouilh *(1910-1987)*
129 Gide *(1869-1951)*

137 Colette *(1873-1954)*

143 Giono *(1895-1970)*

146 Mauriac *(1885-1970)*

149 Bernanos *(1888-1948)*

153 Martin du Gard *(1881-1958)*

156 Céline *(1894-1961)*

168 Malraux *(1901-1976)*

174 Sartre *(1905-1980)*

185 Camus *(1913-1960)*

196 BILAN LITTÉRAIRE : le surréalisme

204 **1945-1975 : les Trente Glorieuses**

209 Michel Leiris *(1901-1990)*

212 Marguerite Yourcenar *(1903-1987)*

215 Julien Gracq *(né en 1910)*

218 Boris Vian *(1920-1959)*

221 Robbe-Grillet *(né en 1922)*

224 Butor *(né en 1926)*

227 Nathalie Sarraute *(née en 1900)*

232 Claude Simon *(né en 1913)*

236 Marguerite Duras *(née en 1914)*

245 Queneau *(1903-1976)*

248 Georges Perec *(1936-1982)*

253 Albert Cohen *(1895-1981)*

256 Saint-John Perse *(1887-1975)*

261 Henri Michaux *(1899-1984)*

265 Francis Ponge *(1899-1988)*

269 René Char *(1907-1988)*

274 Léo Ferré *(1916-1993)*

279 Audiberti *(1899-1965)*

282 Jean Tardieu *(1903-1976)*

285 Ionesco *(1912-1994)*

295 Beckett *(1906-1989)*
303 Genet *(1910-1986)*
309 Aimé Césaire *(né en 1913)*
312 BILAN LITTÉRAIRE : primauté de l'objet et du langage

318 **1975-1994 : incertitudes de fin de siècle**

324 Michel Tournier *(né en 1924)*
327 Le Clézio *(né en 1940)*
330 Agota Kristof *(née en 1936)*
333 Antoine Volodine *(né en 1950)*
336 Roland Dubillard *(né en 1923)*
339 Michel Vinaver *(né en 1927)*
342 Jean-Claude Grumberg *(né en 1939)*
345 Bernard-Marie Koltès *(1948-1989)*
349 Jean-Claude Brisville *(né en 1922)*
352 André Du Bouchet *(né en 1924)*
354 Jacques Dupin *(né en 1927)*
356 Yves Bonnefoy *(né en 1923)*
360 Philippe Jaccottet *(né en 1925)*
362 Jacques Réda *(né en 1929)*

Annexes

364 Définitions pour le commentaire de texte
369 Index des auteurs
372 Index des œuvres
375 Index des thèmes
379 Chronologie historique et littéraire

Profil d'un siècle

On peut risquer le mot de « démesure » pour caractériser le XXᵉ siècle. En effet, celui-ci a connu deux guerres d'une ampleur sans précédent, tant par le nombre de nations qui y participèrent que par les ravages subis. Pendant la Seconde Guerre mondiale, notamment, rien ne fut épargné dans l'horreur. Les capacités actuelles de destruction atteignent des proportions inégalées. Parallèlement, des progrès considérables ont été accomplis dans des domaines divers; ils ont transformé en profondeur la vie des populations occidentales. Espoirs et peurs ont été générés en proportion de cette démesure : les textes témoignent de cette dualité.

De l'Exposition universelle à la « Grande Guerre » (1900-1918)

Après l'Exposition Universelle et les premiers Jeux Olympiques à Paris en 1900, les mouvements pacifistes en France et en Allemagne tentent de conjurer la menace de guerre, due aux rivalités impérialistes entre les puissances européennes. Mais l'assassinat de Jean Jaurès signe la fin de ces espérances. Le conflit terriblement meurtrier qui éclate en 1914 laisse l'Europe exsangue, l'obligeant à s'effacer à partir de 1918 devant deux nouvelles puissances : les États-Unis d'Amérique, qui ont démontré leur force au cours de cette guerre, et l'Union soviétique, nouvel État né de la révolution d'octobre 1917 en Russie.

D'une guerre à l'autre (1918-1945)

Période de tensions et de crises, l'entre-deux-guerres ne laisse pas aux populations européennes la possibilité de jouir de la paix retrouvée. Les difficultés économiques de l'Allemagne, la crise de 1929 aux États-Unis, qui touche peu à peu toutes les économies occidentales, favorisent la montée des nationalismes et le renforcement des partis d'extrême droite. À l'opposé, l'Union soviétique, qui s'offre comme modèle d'une société où l'exploitation et l'injustice seraient bannies, se transforme en fait en État totalitaire.

Grèves et manifestations se succèdent au cours des années trente et aboutissent en France au gouvernement du Front populaire qui promulgue en 1936 les premières grandes lois sociales (congés payés, semaine de quarante heures).

En 1939, les menées expansionnistes des puissances de l'Axe (Allemagne, Italie) et du Japon vont concrétiser les tentations belliqueuses présentes des années 1930 : c'est à nouveau la guerre à l'échelle mondiale. Aux dizaines de millions de victimes sur les fronts de l'Est et de l'Ouest s'ajoutent les millions de déportés, en majeure partie des Juifs, dont le régime nazi a planifié l'extermination. La population française, qui a été partagée entre la collaboration avec l'Allemagne et la Résistance, gérera douloureusement, comme bien d'autres nations, la mémoire d'un conflit qui a pris fin avec la reddition de l'Allemagne et les explosions des bombes atomiques sur Hiroshima et Nagasaki en 1945.

Les Trente Glorieuses (1945-1975)

Après les débuts de la reconstruction, le développement économique sans précédent de ces trois décennies fait accéder la majorité des Français au « plaisir » de la consommation dont la voiture et la télévision sont les signes et les symboles. Cette prospérité va transformer les comportements quotidiens et modifier le paysage social.

La vie politique, elle, ne se déroule pas sans heurts : la difficile décolonisation (défaite de Diên Biên Phu en 1954, en Indochine, drame algérien) provoque la chute de la IVe République. La guerre froide laisse planer le risque d'une nouvelle conflagration mondiale ; la paix n'est préservée que grâce à l'équilibre de la terreur entre l'Est et l'Ouest.

En 1958, le général de Gaulle arrive au pouvoir et donne à la nouvelle Ve République une plus grande stabilité grâce au renforcement du pouvoir présidentiel. Il met fin à la guerre d'Algérie, qui empoisonne le climat politique français. En 1962, une fois cette question réglée, la France profite de la prospérité et de la paix jusqu'à l'explosion sociale de 1968 : simple fronde d'étudiants au départ, les événements de mai mettent en évidence les malaises d'une société qui a trop sacrifié au mythe de la consommation. Cette contestation, aux accents très pacifistes la plupart du temps, s'atténuera avec les premiers signes de la crise économique sensible dès 1975 et le déclin de l'idéologie communiste...

Fin de siècle (1975-1994)

La crise économique qui débute avec le premier choc pétrolier de 1973 met au jour les fragilités du système mondial de production et d'échanges. Crises politiques et crise des valeurs s'ensuivent dans une société qui a perdu ses repères idéologiques et moraux. L'arrivée de la gauche au pouvoir en France en 1981 n'empêche pas la dégradation de la situation économique et sociale. La chute du mur de Berlin en 1989 annonce la décomposition des régimes communistes de l'Est et l'émergence des conflits nationalistes (guerre civile en Yougoslavie). L'ancien ordre mondial s'écroule. Cette fin de siècle engendre de nouvelles peurs, de nouvelles interrogations, mais aussi des enjeux à l'échelle de la planète : la gestion des richesses et de l'environnement, l'équilibre des forces politiques et militaires, la limitation de la poussée démographique sont les prochains défis à relever.

Périodes littéraires

Excès et extrêmes

À l'image des tragédies de l'histoire et des boule-
versements techniques et sociologiques, la littérature du XXᵉ siècle, comme les autres arts, est
marquée par les excès et les extrêmes. À la permanence, s'opposent les ruptures et les innovations :
valeurs, doctrines, genres, formes, langage — et
même les notions fondamentales de littérature et
de culture — sont l'objet de remises en question. À
l'écart du grand public, des écrivains solitaires ou
des groupes d'avant-garde expérimentent, trans-
gressent. Ce siècle qui a beaucoup détruit est aussi
très créateur.

1900-1918 : du monde ancien à « l'esprit nouveau »

La plupart des romans du début du siècle, par leur
structure linéaire et leur écriture, restent traditionnels. Péguy et Valéry, malgré leur forte singularité,
sont encore héritiers de la poésie classique. Le
théâtre naturaliste et les comédies de boulevard ex-
ploitent toujours les mêmes schémas, notamment
celui de l'adultère.

Cependant, Jarry vient de tourner en dérision la vieille esthétique théâtrale. Claudel nourrit le genre du drame aussi bien de ses expériences intimes que des grandes traditions culturelles ; il lui apporte la dimension cosmique et le souffle de son lyrisme baroque. Proust inaugure le roman moderne : sa vision fragmentée et subjective du réel est reconstruite par la mémoire et unifiée par le réseau des métaphores poétiques.

Enfin, dans les années 1910, les poètes de « l'esprit nouveau », comme Apollinaire ou Cendrars, trouvent une inspiration neuve dans les réalisations des techniques modernes ; l'écriture poétique donne libre cours à une fantaisie et à un imaginaire déjà surréalistes. La Première Guerre mondiale interrompt bien des aventures artistiques, avant d'en engendrer d'autres. Déjà, en 1916, le nihilisme dévastateur du mouvement dada prépare les renouveaux de l'après-guerre.

1919-1945 : du surréalisme à l'engagement et à l'existentialisme

Dans les années 1920, après les désastres de la Première Guerre mondiale, et sur la « table rase » de dada, la révolution surréaliste libère, par l'écriture automatique, l'inconscient et le rêve. Breton — le théoricien —, Soupault, Aragon, Eluard et Desnos, entre autres, illustrent la richesse créative du mouvement.

Les événements politiques intérieurs et extérieurs conduisent certains écrivains à des prises de conscience et de position. Giraudoux exprime au théâtre son angoisse devant la montée des périls ; les romans de Malraux témoignent de sa participation aux événements historiques ; la poésie d'Aragon et d'Eluard devient acte de militantisme et de résistance à l'occupant.

Dans les années 1940, Camus et Sartre proposent un nouvel humanisme, l'existentialisme : l'homme se doit de construire son existence face à la barbarie de l'histoire et à l'absurdité de sa condition ; l'écrivain, quant à lui, a un devoir de responsabilité. Cette philosophie nourrit largement l'œuvre romanesque et théâtrale de ces deux maîtres à penser.

Le roman, qui suit des voies diverses — roman poétique (Colette, Giono), social (Roger Martin du Gard), moral ou philosophique (Mauriac, Bernanos, Camus) —, évolue lentement, malgré les coups de boutoir des surréalistes et les essais de Gide pour en renouveler la structure. À Céline revient le mérite d'inventer une narration subjective torrentueuse et la langue très travaillée du « parlé » émotionnel.

Quant au théâtre, il porte toujours le poids de la tradition. Certes, des auteurs comme Cocteau, Giraudoux, Montherlant ou Anouilh s'imposent par leur virtuosité ou leur exigence éthique ; des metteurs en scène comme Baty, Dullin, Jouvet, Pitoëff, Copeau, etc. renouvellent non seulement le répertoire mais aussi les pratiques scéniques. À cette époque, les remises en question radicales de Vitrac et d'Artaud, tous deux issus du mouvement surréaliste, restent encore sans effet.

1945-1975 : avant-gardes

Les consciences, désorientées par la barbarie de la Seconde Guerre mondiale et par la décolonisation cherchent de nouvelles valeurs dans la littérature existentialiste et militante. Mais bientôt apparaissent des mouvements dont le caractère commun est le rejet de toute idéologie et des formes littéraires traditionnelles.

Le Nouveau Roman (illustré par Robbe-Grillet, Butor...), rompant avec des codes romanesques quasiment inchangés depuis Balzac, privilégie la multiplication des points de vue, la recherche formelle. Sarraute, Duras, Simon, sans renoncer aux exigences du style et de la composition, s'éloignent de ce formalisme trop abstrait. Yourcenar, Gracq, s'inscrivant dans une tradition plus classique, se distinguent par la spécificité de leur univers personnel et de leur écriture.

Le Nouveau Théâtre bouscule les conventions dramatiques. Ionesco et Beckett, par des moyens différents, expriment le caractère absurde et tragique de la condition humaine. Le théâtre plus directement contestataire — Genet, par exemple — s'enrichit d'un lyrisme baroque. Audiberti et Tardieu jouent davantage sur les fantaisies du langage.

Après la guerre, prennent fin la poésie lyrique et patriotique des années d'occupation et de résistance (Aragon, Eluard, etc.) et l'hégémonie du surréalisme. La poésie retrouve alors l'élémentaire, la matière, les choses, comme en témoignent Saint-John Perse, Char, Ponge.

La « nouvelle critique », quant à elle, cherche des approches différentes du texte, en étudiant le contexte social de sa création ou la personnalité de l'auteur, la structure ou la langue de l'œuvre.

Ces avant-gardes se développent loin du grand public, qui reste fidèle à des œuvres moins innovantes. Seul le théâtre, grâce à des metteurs en scène comme Blin, Serreau, Vilar ou Barrault et à la multiplication des lieux de spectacle, élargit son audience.

1975-1993 : incertitudes de fin de siècle

Le désenchantement de la société moderne et la crise des valeurs expliquent en partie la rareté des élans créateurs en littérature. Les nouvelles conditions du marché du livre encouragent une littérature de consommation facile. Les remises en question fécondes font place au conformisme culturel ; des essayistes tiennent lieu de maîtres à penser. Témoignages, biographies ou autobiographies, ouvrages historiques romancés font recette.

Le roman retourne au vécu et aux formes traditionnelles du récit. Se détachent pourtant sur cette production d'authentiques créateurs, dont Tournier, Modiano, Le Clézio, ou encore Volodine.

La poésie reste mal connue : du Bouchet, Jaccottet, Bonnefoy, Dupin élaborent des poèmes épurés, qui cherchent à rendre la conscience et la parole plus intenses.

Au théâtre, le règne des metteurs en scène, Planchon, Chéreau, Vitez, pour qui les œuvres classiques ont pu devenir prétexte à des mises en scène spectaculaires et inventives, a occulté un temps les écrivains de théâtre contemporains. Mais ceux-ci resurgissent : Dubillard, Vinaver, Grumberg, Brisville, Koltès, parmi d'autres, illustrent les diverses tendances de la dramaturgie d'aujourd'hui.

1900-1918

De l'Exposition universelle à la Grande Guerre

De l'Exposition universelle à la Grande Guerre

Optimisme et pessimisme

L e XXe siècle s'ouvre sur l'Exposition universelle qui a lieu à Paris, pour un temps capitale du monde. On y célèbre la civilisation et le
progrès. L'expansion économique et coloniale de
la France, la stabilité politique de la IIIe République, des inventions récentes telles que le téléphone, l'automobile, l'électricité, le cinéma, qui
apportent confort et distraction, une certaine
douceur de vivre mêlée d'insouciance font de
cette période la « Belle Époque ». Dans les
grandes villes, surtout, aristocrates et bourgeois
aiment à se divertir au music-hall et au cabaret.
Dans ces milieux, le style « nouille », ou « modern
style », façonne les objets de la vie quotidienne :
arabesques et volutes reflètent bien cette florai-
son alanguie des plaisirs. Mais la Première Guerre
mondiale bouleverse définitivement la société
française.

Une période novatrice

C ette première moitié du XXe siècle ne voit
pas apparaître de mouvements littéraires

dominants, mais elle se distingue dans chaque genre à la fois par la fidélité à des formes traditionnelles et par des innovations qui jettent les bases de l'art moderne en littérature comme en peinture et en musique.

Le théâtre : une nouvelle esthétique

Les vaudevilles et les comédies qui offrent un divertissement facile ont encore beaucoup de succès, mais avec Feydeau et Courteline ces genres évoluent vers la comédie de mœurs satirique. Au même moment, Jarry invente avec *Ubu roi* une farce épique qui tourne en dérision toutes les conventions, aussi bien celles du drame shakespearien, que celles du théâtre romantique, de boulevard, etc. On trouve la même volonté de traduire le caractère chaotique, voire absurde, du réel dans *les Mamelles de Tirésias* d'Apollinaire. Claudel, comme les auteurs précédents, renouvelle l'esthétique théâtrale : il ouvre la scène à la parole poétique. Sa foi en Dieu, qui fait naître le souffle lyrique de ses versets, est la source majeure de son inspiration.

Le roman : une autre approche du réel

L'affaire Dreyfus (1894) — du nom d'un officier accusé à tort d'espionnage — a révélé l'antisémitisme d'une partie de l'armée et de la population française et provoque une grave crise de conscience qui amène de nombreux écrivains à prendre parti : Zola le premier, puis Anatole France et Péguy se dressent contre l'injustice et l'intolérance. Dans le camp opposé, on trouve Barrès et Maurras. À propos de ces prises de position, on peut déjà parler d'engagement au sens que lui donnera plus tard J.-P. Sartre (voir p. 174). Romain Rolland est, lui aussi, conscient de la réalité politique, puisque dans son roman-cycle *Jean-Christophe,* il invite à dépasser les nationalismes d'une Europe dont il perçoit déjà les tensions.

À l'écart des écrivains que l'Histoire sollicite, mais sans être toutefois étranger à ces polémiques, Proust se tourne vers l'exploration de la vie intérieure. À cette époque, en Autriche, le psychiatre Sigmund Freud élabore une théorie selon laquelle toute une partie de notre vie psychique nous échappe : l'inconscient. Cette théorie, qui donnera naissance à la psychanalyse, aura une influence considérable sur la pensée du XXᵉ siècle.

De même, les travaux du philosophe Henri Bergson sur la mémoire et l'intuition influencent certains romanciers qui refusent le naturalisme. Pour Proust, la réalité ne peut être authentiquement perçue qu'à travers la conscience d'un narrateur qui, plongé dans le temps, n'est pas omniscient. L'œuvre de Proust, *À la recherche du temps perdu* qui est aussi l'histoire d'une vocation littéraire, ouvre la voie au roman moderne.

La poésie : l'esprit nouveau

C'est peut-être la poésie qui reflète avec le plus d'enthousiasme l'originalité de cette époque. Les dernières inventions, les grands voyages deviennent des sources d'inspiration. Cendrars est le premier à faire souffler cet esprit nouveau et à prendre la vitesse, le train, la tour Eiffel, par exemple, comme thèmes de ses poèmes. Après lui, Apollinaire fait de la « surprise » le ressort essentiel de sa poésie et s'impose comme le chef de file de cet art nouveau qui emprunte également ses formes aux peintres cubistes Picasso, Braque ou Delaunay en donnant du réel une vision fragmentée, en juxtaposant des images différentes. La Grande Guerre dissipera cet émerveillement devant le monde moderne et suscitera dès 1916 un mouvement de protestation né du dégoût de ses atrocités : le dadaïsme.

FEYDEAU (1862-1921)

....

LA PERFECTION DU VAUDEVILLE. Né à Paris, Georges Feydeau se consacre au théâtre dès son adolescence. D'abord auteur de saynètes, comédien, parfois metteur en scène, il triomphe bientôt sur les scènes du Boulevard avec ses nombreux vaudevilles et comédies : 1886, *Tailleur pour dames* ; 1896, *le Dindon* ; 1899, *la Dame de chez Maxim*. À partir de 1908, il écrit essentiellement des pièces en un acte très bien accueillies (*Feu la mère de Madame* en 1908), mais il éprouve quelques difficultés à terminer des œuvres plus importantes : *Cent Millions qui tombent* (1911) restera inachevée. Ruiné par son train de vie, le jeu, les femmes et sa passion pour les toiles impressionnistes, éprouvé par des querelles conjugales, il vit ses dernières années dans la solitude, à l'hôtel, puis dans la maison de santé où il s'éteint en 1921.

Feydeau porte à la perfection toutes les techniques du vaudeville, cette comédie légère à intrigues rebondissantes, parfois agrémentée de couplets chantés. Il piège ses piètres personnages dans des imbroglios cocasses poussés jusqu'à l'extravagance, voire à l'absurde ; la fantaisie verbale et les mots d'auteur s'ajustent au délire de la machine théâtrale. Avec une verve féroce, parfois teintée d'amertume, il raille les ridicules et la médiocrité de la société bourgeoise de la Belle Époque, dont il a été un des acteurs.

CENT MILLIONS QUI TOMBENT (1911). Isidore Raclure, valet chez Paulette de Sertival, une demi-mondaine,

hérite de cent millions, objet de toutes les convoitises :
ici, celles de Paulette et de Mittwoch, homme d'affaires
véreux.

« Être l'amant de ma maîtresse ! »

ISIDORE.   Ce matin encore madame qui me disait :
« Oh ! avoir toujours cette gueule d'idiot devant
moi ! »

PAULETTE.   Mais parce que je cachais mon jeu ! Parce
5 que j'essayais de me mentir à moi-même. Étant
donné nos situations respectives, est-ce que je pouvais !...

ISIDORE.   Oui, oui !

MITTWOCH.   Parbleu !

10 PAULETTE.   Cette gueule ! cette gueule ! mais rien
que ça aurait dû vous éclairer.

ISIDORE.   Ah !

PAULETTE.   Est-ce que ce n'est pas un de ces petits
mots d'amitié, un de ces mots que la femme réserve
15 à chaque instant aux êtres de sa prédilection : « oh !
ma gueule aimée ! oh ! ma petite gueule d'idiot ! »
Mais ça se dit tous les jours ! Et alors ce cri du cœur,
cet aveu échappé d'un désir contenu. *(Avec passion.)*
Oh ! avoir toujours cette gueule d'idiot devant moi !
20 Cette petite gueule d'idiot !

ISIDORE.   Oui ! ben, je ne l'avais pas compris comme
ça !

PAULETTE.   Isidore, ingrat Isidore !

MITTWOCH, *théâtralement.*   Mais, malheureuse en-
25 fant ! mais tu l'aimes !

ISIDORE.   Hein !

PAULETTE, *pudiquement.*   Oh ! non, non !

MITTWOCH.   Mais pourquoi t'en défendre ? Aujour-
d'hui ton amour est légitime ! Hier, oui, tu ne pou-
30 vais pas, je comprends ! La frontière des classes !...
Mais aujourd'hui, Raclure est affranchi ! Raclure est
un monsieur.

PAULETTE.   Oui ! oui !

MITTWOCH.   Il est riche ! il est beau !

35 ISIDORE.   Oh ! non.

MITTWOCH.   Est-ce que vous n'êtes pas faits l'un
pour l'autre ?

ISIDORE.   Moi ! moi !

MITTWOCH.   Est-ce que vous ne ferez pas un beau
40 couple tous les deux ?

ISIDORE.   Oui, oui ! Mais, monsieur le comte, monsieur le comte[1], qu'est-ce qu'il dira ?

MITTWOCH.   Ne vous en préoccupez pas ! il n'a plus
le sou.

45 PAULETTE.   Non, c'est fini nous deux.

MITTWOCH.   Est-ce qu'elle n'est pas belle à souhait !
Vous voilà un gentleman, un de la haute société, eh
bien ! il vous faut une maîtresse qui vous pose, eh
bien ! est-ce que Paulette ne réalise pas l'idéal ?

---

1. Le dernier amant de Paulette.

50 ISIDORE.   Mon Dieu, est-ce que je rêve ?

MITTWOCH.   Assez longtemps vous l'avez eue pour maîtresse... comme domestique, vous pouvez bien maintenant l'avoir pour maîtresse... comme amant.

ISIDORE.   Mon Dieu ! être l'amant de ma maîtresse !
55 avoir ma maîtresse pour amant !

MITTWOCH.   Tu barbottes, Raclure, tu barbottes !

ISIDORE.   Ah ! je ne sais plus ce que je dis ! Ah madame, est-ce vrai ? est-ce possible ?

PAULETTE, *se mettant sur les genoux d'Isidore et cachant*
60 *sa figure dans son cou.*   Isidore ! Ah ! j'ai honte ! Ne me regardez pas rougir !

ISIDORE.   C'est vrai ! c'est vrai ! Madame est ma maîtresse ! Je suis l'amant de Madame !

MITTWOCH, *au-dessus de la chaise-longue rapprochant*
65 *leurs têtes.*   Aimez-vous mes enfants, aimez-vous ! l'amour est la plus belle raison de vivre !

CENT MILLIONS QUI TOMBENT, *1911,*
acte II, scène 6, Bordas.

Guide de lecture
··································· ························

1. Démontez le méca-
nisme dramatique qui
élève le domestique au
rang d'« amant de
Madame ».
2. Étudiez les différents
éléments du comique :
caractères, situations,
gestes, langage.

3. En quoi cette scène
est-elle une satire du
demi-monde ? Mittwoch
n'aide-t-il pas à un
regard critique ?

JARRY   *(1873-1907)*

....

L'INVENTEUR DE LA PATAPHYSIQUE. Né à Laval, Alfred Jarry fait des études secondaires à Rennes. Étudiant à Paris, il fréquente les milieux artistiques : il se lie avec le metteur en scène Lugné-Poe, avec des peintres, avec les poètes Fargue, Mallarmé, Apollinaire. Il collabore à plusieurs revues, écrit des poèmes, des pièces de théâtre, des romans (*le Surmâle*, 1902), parfois illustrés de ses propres dessins. En 1896, *Ubu roi*, monté par Lugné-Poe au Nouveau Théâtre, fait scandale : le public et la critique se sentent agressés par la verdeur du langage, par le schématisme délibéré des personnages et de l'intrigue ; la pièce et la représentation suscitent des controverses que Jarry se plaît à alimenter.

Suit un cycle de pièces dont Ubu est le protagoniste : *Ubu enchaîné* (1900), *Ubu cocu, les Almanachs du père Ubu*. Il écrit, en 1911, *Gestes et opinions du Docteur Faustroll, pataphysicien*, où il définit la pataphysique — dont se réclamait déjà Ubu — comme la science des solutions imaginaires et des exceptions. Tout comme son œuvre, ses années parisiennes sont marquées par le goût de la mystification et par un non-conformisme provocant, devenus pour lui un véritable art de vivre.

UBU ROI (1896). Si Jarry n'a pas inventé Ubu — il s'agit à l'origine de Félix Hébert, un grotesque professeur de physique du lycée de Rennes, ridiculisé par toute une littérature de potaches —, il lui a donné une dimension mythique. L'intrigue de cette tragi-comédie condense l'essentiel du drame historique shakespearien ; les personnages et les dialogues retrouvent l'efficace concision propre au spectacle de marionnettes ; le langage et la dramaturgie sont riches en inventions provocatrices. *Ubu roi* ouvre la voie au théâtre moderne : cette pièce mine avec insolence l'esthétique théâtrale traditionnelle. Mise en garde bouffonne contre toutes les manifestations de la bêtise triomphante, elle porte en germe les angoisses du siècle à venir.

Dans une Pologne de fantaisie, après s'être emparé du trône, le père Ubu exerce un pouvoir tyrannique : il fait massacrer les nobles pour confisquer leurs biens, puis les magistrats et les financiers qui s'opposent à lui. Il est alors contraint de collecter lui-même les impôts.

« Alors je tuerai tout le monde et je m'en irai »

Père Ubu.   Qui de vous est le plus vieux ? *(Un paysan s'avance.)* Comment te nommes-tu ?

Le paysan.   Stanislas Leczinski[1].

Père Ubu.   Eh bien, cornegidouille[2], écoute-moi
5 bien, sinon ces messieurs[3] te couperont les oneilles. Mais vas-tu m'écouter enfin ?

Stanislas.   Mais Votre Excellence n'a encore rien dit.

---

1. Nom d'un authentique roi de Pologne.
2. Juron créé par Jarry.
3. La légion de Grippe-Sous qui escorte Ubu.

Père ubu.   Comment, je parle depuis une heure.
10   Crois-tu que je vienne ici pour prêcher dans le désert ?

Stanislas.   Loin de moi cette pensée.

Père ubu.   Je viens donc te dire, t'ordonner et te signifier que tu aies à produire et exhiber promptement ta finance, sinon tu seras massacré. Allons,
15   messeigneurs les salopins de finance, voiturez ici le voiturin à phynances. *(On apporte le voiturin.)*

Stanislas.   Sire, nous ne sommes inscrits sur le registre que pour cent cinquante-deux rixdales[1] que
20   nous avons déjà payées, il y aura tantôt six semaines à la saint Matthieu.

Père ubu.   C'est fort possible, mais j'ai changé le gouvernement et j'ai fait mettre dans le journal qu'on paierait deux fois tous les impôts et trois fois
25   ceux qui pourront être désignés ultérieurement. Avec ce système, j'aurai vite fait fortune, alors je tuerai tout le monde et je m'en irai.

Paysans.   Monsieur Ubu, de grâce, ayez pitié de nous, nous sommes de pauvres citoyens.

30   Père ubu.   Je m'en fiche. Payez.

Paysans.   Nous ne pouvons, nous avons payé.

Père ubu.   Payez ! ou ji[2] vous mets dans ma poche avec supplice et décollation du cou et de la tête ! Cornegidouille, je suis le roi peut-être !

---

1. Ancienne monnaie d'Europe centrale.
2. Je.

35 Tous.   Ah ! c'est ainsi ! Aux armes ! Vive Bougre-
las[1], par la grâce de Dieu, roi de Pologne et de Li-
thuanie !

Père Ubu.   En avant, messieurs des Finances, faites
votre devoir. *(Une lutte s'engage, la maison est détruite*
40 *et le vieux Stanislas s'enfuit seul à travers la plaine. Ubu*
reste à ramasser la finance.)

Ubu roi, *1896,*
acte III, scène 4.

Guide de lecture
....

1. Montrez l'efficacité
de cette courte scène
en repérant les étapes
de l'exercice du pouvoir
par Ubu et les réactions
de Stanislas et des
paysans.
2. Étudiez les déformations et créations de
mots, les archaïsmes et
les parodies. Quels en
sont les effets ?

3. En quoi Ubu est-il
une caricature tragi-
comique du despote ?
de l'homme ?

---

1. Fils du souverain légitime détrôné par Ubu.

CLAUDEL   *(1868-1955)*

••••••••••••••••••••••••••••••••••••

DE LA PROVINCE AUX RÉVÉLATIONS PARISIENNES. Originaire de l'Aisne, Paul Claudel passe son adolescence au
rythme des affectations d'un père fonctionnaire. En
1882, sa famille s'installe à Paris. Sa sœur Camille travail-
lera la sculpture auprès de Rodin tandis qu'il poursuit des
études de droit et de sciences politiques. Mal à l'aise jusqu'à l'inquiétude, il lit Rimbaud avec exaltation, découvre
le symbolisme et fréquente le cénacle de Mallarmé. Le
jour de Noël 1886, à Notre-Dame, il a l'illumination de la
foi catholique, événement qui marque non seulement
ses premiers drames lyriques, comme *Tête d'or* ou *la Ville*,
mais aussi l'ensemble de son œuvre.

DIPLOMATE ET POÈTE. En 1890 commence pour Claudel une longue et brillante carrière diplomatique.
Consul, puis ambassadeur en Amérique du Nord et du
Sud, en Chine et au Japon, en Europe, il découvre
d'autres traditions culturelles. Il publie *Connaissance de
l'Est,* reportage poétique sur la Chine, la pièce de théâtre
l'Échange, et la traduction d'une tragédie du poète grec
Eschyle, *Agamemnon.* Alors qu'il éprouve la tentation de
la vie monastique, en 1900, sur le bateau qui l'emmène
vers la Chine, il rencontre Rose Vetch, avec qui il partage
pendant quatre ans une liaison passionnée et tumul-
tueuse. Les échos de ces épreuves intimes fécondent *le
Partage de midi* et le recueil de poésie *Cinq Grandes
Odes.* Claudel trouve l'apaisement dans un mariage de
raison en 1906 et a la satisfaction de voir certains de ses

drames enfin portés à la scène : *l'Annonce faite à Marie* — réécriture de *la Jeune Fille Violaine* —, montée en 1911, *l'Échange*, en 1914, puis *l'Otage*, première pièce d'une trilogie. Il poursuit la traduction du théâtre d'Eschyle et achève en 1924 une immense fresque dramatique, *le Soulier de satin*, somme de ses interrogations et de ses certitudes, de ses exigences spirituelles et esthétiques.

LA RETRAITE FÉCONDE. En 1935, Claudel se retire à Brangues, dans le Dauphiné, où il écrit divers articles et textes lyriques inspirés de ses méditations sur les textes bibliques. Il remet sur le métier des œuvres dramatiques anciennes : en 1943, il donne une version abrégée du *Soulier de satin* puis, en 1948, la deuxième version du *Partage de midi*, toutes deux montées à la Comédie-Française. Son oratorio *Jeanne au Bûcher,* avec musique d'Arthur Honegger, composé en 1934, est représenté à l'Opéra de Paris. Ces succès sont couronnés par son élection à l'Académie française. Il meurt en 1955, peu après la première de *l'Annonce faite à Marie* à la Comédie-Française.

L'ÉCHANGE (1901). Dans *l'Échange,* partition à quatre voix, le jeune Claudel exprime les conflits de ses tentations intimes. Sur une plage américaine, Louis Laine, épris de liberté, vend Marthe, son épouse aimante, à un homme d'affaires, Thomas Pollock Nageoire, et se laisse fasciner par l'actrice Lechy Elbernon.

Dans la scène qui suit, Lechy Elbernon s'adresse à Marthe, qui n'est jamais allée au théâtre.

« Le théâtre. Vous ne savez pas ce que c'est ? »

LECHY ELBERNON.   Il y a la scène et la salle.

Tout étant clos, les gens viennent là le soir, et ils sont assis par rangées les uns derrière les autres, regardant.

5   MARTHE.   Quoi ? Qu'est-ce qu'ils regardent puisque tout est fermé ?

LECHY ELBERNON.   Ils regardent le rideau de la scène,

Et ce qu'il y a derrière quand il est levé.

Et il arrive quelque chose sur la scène comme si
10   c'était vrai.

MARTHE.   Mais puisque ce n'est pas vrai ! C'est comme les rêves que l'on fait quand on dort.

LECHY ELBERNON.   C'est ainsi qu'ils viennent au théâtre la nuit.

15   THOMAS POLLOCK NAGEOIRE.   Elle a raison. Et quand ce serait vrai encore ? Qu'est-ce que cela me fait ?

LECHY ELBERNON.   Je les regarde, et la salle n'est rien que de la chair vivante et habillée.

Et ils garnissent les murs comme des mouches,
20   jusqu'au plafond.

Et je vois ces centaines de visages blancs.

L'homme s'ennuie, et l'ignorance lui est attachée depuis sa naissance.

Et ne sachant de rien comment cela commence ou
25   finit, c'est pour cela qu'il va au théâtre.

Et il se regarde lui-même, les mains posées sur les genoux.

Et il pleure et il rit, et il n'a point envie de s'en aller.

30 Et je les regarde aussi, et je sais qu'il y a là le caissier qui sait que demain

On vérifiera les livres, et la mère adultère dont l'enfant vient de tomber malade,

Et celui qui vient de voler pour la première fois, et
35 celui qui n'a rien fait de tout le jour.

Et ils regardent et écoutent comme s'ils dormaient.

L'ÉCHANGE, *première version, 1901,
acte I, Mercure de France (D.R.)*.

Guide de lecture
....

1. **Pourquoi Claudel compare-t-il le théâtre à un rêve ? Pourquoi, selon lui, l'homme a-t-il besoin de théâtre ?**
2. **Commentez l'emploi du verbe « regarder ». Qui regarde ? Quel est l'objet de ces différents regards ?**

3. **Observez attentivement le verset claudélien : en quoi diffère-t-il du vers traditionnel ?**

PARTAGE DE MIDI (1906). Le drame lyrique *Partage de midi* est l'écho brûlant de « l'épreuve du cœur » : au milieu de sa vie, Claudel est déchiré entre l'appel de la foi et sa passion pour Rose Vetch. La tragédie de l'amour vécu dans les égarements se dénoue par le renoncement et l'union des âmes.

Sur le paquebot en route pour la Chine, Amalric retrouve Ysé, qu'il a connue dix ans auparavant sur un autre navire.

« **Cette grande matinée éclatante...** »

AMALRIC.   Et cependant Ysé, Ysé, Ysé,

Cette grande matinée éclatante quand nous nous sommes rencontrés ! Ysé, ce froid Dimanche éclatant, à dix heures sur la mer !

5   Quel vent féroce il faisait dans le grand soleil ! Comme cela sifflait et cinglait, et comme le dur mistral hersait l'eau cassée,

Toute la mer levée sur elle-même, tapante, claquante, riante dans le soleil, détalant dans la tem-
10   pête !

C'est hier sous le clair de lune, dans le plus profond de la nuit

Qu'enfin, engagés dans le détroit de Sicile, ceux qui se réveillaient, se redressant, effaçant la vapeur
15   sur le hublot

Avaient retrouvé l'Europe, tout enveloppée de neige, grande et grise.

Sans voix, sans figure, les accueillant dans le sommeil.

20   Et ce clair jour de l'Épiphanie[1], nous laissions à notre droite derrière nous,

La Corse, toute blanche, toute radieuse, comme une mariée dans la matinée carillonnante !

Ysé, vous reveniez d'Égypte, et moi, je ressortais
25   du bout du monde, du fond de la mer,

Ayant bu mon premier grand coup de la vie et ne rapportant dans ma poche

---

1. Fête chrétienne célébrant la visite des Rois mages à Jésus enfant.

Rien d'autre qu'un poing dur et des doigts sachant
maintenant compter.

30   Alors un coup de vent comme une claque
Fit sauter tous vos peignes et le tas de vos cheveux
me partit dans la figure !

Voilà la grande jeune fille

Qui se retourne en riant ; elle me regarde et je la

35 regardai.

PARTAGE DE MIDI, *première version, 1906,*
acte I, Gallimard.

Guide de lecture

....

1. Montrez que le lieu et les circonstances de la première rencontre sont symboliques.	**3.** Appréciez le lyrisme de ce chant d'amour en étudiant les images, la musique, le rythme du verset et du mouve-
2. Observez les temps verbaux. Qu'en déduisez-vous ?	ment d'ensemble.

LE SOULIER DE SATIN (1944).   Cette pièce est le couronnement de l'œuvre dramatique du poète : tous les thèmes claudéliens s'épanouissent dans cette vaste fresque à l'architecture et à l'écriture baroques, dont la scène est le monde.

Dans l'Espagne des conquistadors, Dona Prouhèze et Don Rodrigue s'aiment d'un amour impossible. Mais les multiples péripéties de leurs destins ne pourront séparer leurs cœurs et leurs âmes : leur passion se réalisera dans un amour spirituel et dans la promesse de la vie éternelle.

Ici, l'Ange Gardien, apparu à Prouhèze pendant son
sommeil, l'incite à dépouiller de tout désir son amour
pour Rodrigue.

« Je ferai de toi une étoile. »

DONA PROUHÈZE.   Je serai à lui[1] pour toujours dans
mon âme et dans mon corps ?

L'ANGE GARDIEN.   Il nous faut laisser le corps en arrière quelque peu.

5 DONA PROUHÈZE.   Eh quoi ! il ne connaîtra point ce
goût que j'ai ?

L'ANGE GARDIEN.   C'est l'âme qui fait le corps.

DONA PROUHÈZE.   C'était beau d'être pour lui une
femme.

10 L'ANGE GARDIEN.   Et moi je ferai de toi une étoile.

DONA PROUHÈZE.   Une étoile ! c'est le nom dont il
m'appelle toujours dans la nuit.

Et mon cœur tressaillait profondément de l'entendre.

15 L'ANGE GARDIEN.   N'as-tu donc pas toujours été
comme une étoile pour lui ?

DONA PROUHÈZE.   Séparée !

L'ANGE GARDIEN.   Conductrice.

DONA PROUHÈZE.   La voici qui s'éteint sur terre.

20 L'ANGE GARDIEN.   Je la rallumerai dans le ciel.

---

1. Don Rodrigue.

DONA PROUHÈZE.   Comment brillerai-je qui suis aveugle ?

L'ANGE GARDIEN.   Dieu soufflera sur toi.

DONA PROUHÈZE.   Je ne suis qu'un tison sous la
25 cendre.

L'ANGE GARDIEN.   Mais moi je ferai de toi une étoile flamboyante dans le souffle du Saint-Esprit !

DONA PROUHÈZE.   Adieu donc ici-bas ! adieu, adieu mon bien-aimé ! Rodrigue, Rodrigue là-bas, adieu
30 pour toujours !

L'ANGE GARDIEN.   Pourquoi adieu ? pourquoi là-bas, quand tu seras plus près de lui que tu ne l'es à présent ? Associée de l'autre côté du voile à cette cause qui le fait vivre[1].

35 DONA PROUHÈZE.   Il me désirera toujours ?

L'ANGE GARDIEN.   Maintenant il ne pourra plus te désirer sans désirer en même temps où tu es.

LE SOULIER DE SATIN, *version pour la scène, 1944,*
2ᵉ partie, scène 4, Gallimard.

Guide de lecture

1. Que symbolise l'Ange ? L'étoile ?
2. En examinant le vocabulaire, les temps et la forme de ce dialogue tendu, vous montrerez que l'Ange Gardien amène progressivement Prouhèze à sublimer sa passion en amour mystique.

---

1. L'amour de l'Espagne.

PROUST   *(1871-1922)*

···

UN ÉTRANGE HUMAIN.   « Moi l'étrange humain, qui, en attendant que la mort le délivre, vit les volets clos, ne sait rien du monde, reste immobile comme un hibou et, comme celui-ci, ne voit un peu clair que dans les ténèbres » : c'est ainsi que se décrit Marcel Proust dans une lettre adressée à un ami en 1920, deux ans avant sa mort. La maladie l'aura accompagné toute sa vie. Né en 1871 dans une famille aisée, il est très tôt sujet à des crises d'asthme qui perturbent sa scolarité. Ses études terminées, il travaille sans grande ardeur comme bibliothécaire et passe son temps dans les salons mondains, où il rencontre ceux qui inspireront quelques personnages de son œuvre. Mais la disparition de sa mère en 1905 le confronte brutalement à la mort. Commencent alors des années d'intense travail. Sortant peu, évitant le jour et les bruits qui le fatiguent (il a fait tapisser sa chambre de liège), il se consacre essentielle-ment à la rédaction de son œuvre majeure, *À la re-cherche du temps perdu*, qui comportera sept volumes. Le premier, *Du côté de chez Swann* (1913), déconcerte ses contemporains. Mais, en 1919, il obtient le prix Goncourt avec le deuxième, *À l'ombre des jeunes filles en fleurs*. Paraissent ensuite *le Côté de Guermantes* (1920) puis *Sodome et Gomorrhe* (1922). Et c'est bien « un étrange humain » que les « ténèbres » ravissent en 1922, alors qu'il achève *in extremis* une œuvre dont il n'aura pas le temps de revoir les trois derniers volumes, qui paraîtront après sa mort : *la Prisonnière* (1923),

Albertine disparue, ou *la Fugitive,* (1925) et *le Temps retrouvé* (1927).

À LA RECHERCHE DU TEMPS PERDU.   Avec plus de trois mille pages près de cinq cents personnages, *À la recherche du temps perdu* domine l'histoire littéraire du XXe siècle par son ampleur et son dessein : faire resurgir grâce à l'écriture « l'édifice immense du souvenir », retrouver la vie oubliée, le temps perdu. Ce monument, Proust le voulait à l'image d'une cathédrale dont les deux principaux piliers seraient le premier et le dernier volume. Entre ces deux limites, *la Recherche* a pu s'enrichir de toutes les expériences du passé : l'enfance à Combray, les premières amours, la vie mondaine, la passion, la jalousie et la découverte d'une vocation d'écrivain. *La Recherche* n'est pas pour autant un roman autobiographique, car Proust, même s'il s'en inspire, n'y raconte pas sa vie et il ne saurait être confondu avec le narrateur du roman, qui, au moment même où il comprend le pouvoir destructeur du temps, a la révélation que seul l'art peut sauver l'homme et les choses de l'oubli, de l'habitude, de la mort.

DU CÔTÉ DE CHEZ SWANN (1913).   C'est en goûtant une madeleine qu'il a trempée dans du thé que le narrateur, envahi d'une joie profonde qu'il n'arrive pas à cerner, prend d'un seul coup conscience du phénomène de la mémoire involontaire.

« L'édifice immense du souvenir »

Arrivera-t-il jusqu'à la surface de ma claire conscience, ce souvenir, l'instant ancien que l'attraction d'un instant identique est venue de si loin solliciter, émouvoir, soulever tout au fond de
5 moi ? Je ne sais. Maintenant je ne sens plus rien, il est arrêté, redescendu peut-être ; qui sait s'il remontera jamais de sa nuit ? Dix fois il me faut recommencer, me pencher vers lui [...].

Et tout d'un coup le souvenir m'est apparu. Ce
10 goût, c'était celui du petit morceau de madeleine que le dimanche matin à Combray (parce que ce jour-là je ne sortais pas avant l'heure de la messe), quand j'allais lui dire bonjour dans sa chambre, ma tante Léonie m'offrait après l'avoir trempé dans son
15 infusion de thé ou de tilleul. La vue de la petite madeleine ne m'avait rien rappelé avant que je n'y eusse goûté : peut-être parce que, en ayant souvent aperçu depuis, sans en manger, sur les tablettes des pâtissiers, leur image avait quitté ces jours de
20 Combray pour se lier à d'autres plus récents ; peut-être parce que, de ces souvenirs abandonnés si longtemps hors de la mémoire, rien ne survivait, tout s'était désagrégé ; les formes — et celle aussi du petit coquillage de pâtisserie, si grassement sensuel
25 sous son plissage sévère et dévot — s'étaient abolies, ou, ensommeillées, avaient perdu la force d'expansion qui leur eût permis de rejoindre la conscience. Mais, quand d'un passé ancien rien ne subsiste, après la mort des êtres, après la destruction

des choses, seules, plus frêles mais plus vivaces, plus
immatérielles, plus persistantes, plus fidèles, l'odeur
et la saveur restent encore longtemps, comme des
âmes, à se rappeler, à attendre, à espérer, sur la ruine
de tout le reste, à porter sans fléchir, sur leur goutte-
lette presque impalpable, l'édifice immense du souvenir.

Et dès que j'eus reconnu le goût du morceau de
madeleine trempé dans le tilleul que me donnait ma
tante (quoique je ne susse pas encore et dusse remettre à bien plus tard de découvrir pourquoi ce
souvenir me rendait si heureux), aussitôt la vieille
maison grise sur la rue, où était sa chambre, vint
comme un décor de théâtre s'appliquer au petit pa-
villon donnant sur le jardin, qu'on avait construit
pour mes parents sur ses derrières (ce pan tronqué
que seul j'avais revu jusque-là) ; et avec la maison, la
ville, depuis le matin jusqu'au soir et par tous les
temps, la Place où on m'envoyait avant déjeuner, les
rues où j'allais faire des courses, les chemins qu'on
prenait si le temps était beau. Et comme dans ce jeu
où les Japonais s'amusent à tremper dans un bol de
porcelaine rempli d'eau de petits morceaux de pa-
pier jusque-là indistincts qui, à peine y sont-ils plon-
gés, s'étirent, se contournent, se colorent, se
différencient, deviennent des fleurs, des maisons,
des personnages consistants et reconnaissables, de
même maintenant toutes les fleurs de notre jardin et
celles du parc de M. Swann, et les nymphéas de la
Vivonne, et les bonnes gens du village et leurs petits
logis et l'église et tout Combray et ses environs, tout

cela qui prend forme et solidité, est sorti, ville et jardins, de ma tasse de thé.

Du côté de chez Swann, *1913,*
Gallimard.

Guide de lecture

1. Quelles sont les étapes de la prise de conscience du narrateur ?

2. Expliquez « la force d'expansion » du souvenir.

3. Pourquoi ce souvenir rend-il le narrateur si heureux ?

La deuxième partie du *Côté de chez Swann* s'intitule *Un amour de Swann*. Amateur d'art, ami des parents du narrateur, Charles Swann est amoureux d'Odette, une demi-mondaine, qui l'introduit dans le salon bourgeois des Verdurin, prétentieux et snobs.

« Mme Verdurin, juchée sur son perchoir »

« Qu'est-ce qu'ils ont à rire, toutes ces bonnes gens-là, on a l'air de ne pas engendrer la mélancolie dans votre petit coin là-bas, s'écria Mme Verdurin. Si vous croyez que je m'amuse, moi, à rester toute seule en pénitence », ajouta-t-elle sur un ton dépité, en faisant l'enfant.

Mme Verdurin était assise sur un haut siège suédois en sapin ciré, qu'un violoniste de ce pays lui avait donné et qu'elle conservait, quoiqu'il rappelât la forme d'un escabeau et jurât avec les beaux meubles anciens qu'elle avait, mais elle tenait à garder en évidence les cadeaux que les fidèles avaient l'habitude de lui faire de temps en temps, afin que les donateurs eussent le plaisir de les reconnaître quand ils venaient. Aussi tâchait-elle de persuader qu'on s'en tînt aux fleurs et aux bonbons, qui du moins se détruisent ; mais elle n'y réussissait pas et c'était chez elle une collection de chauffe-pieds, de coussins, de pendules, de paravents, de baromètres, de potiches, dans une accumulation de redites et un disparate d'étrennes.

De ce poste élevé elle participait avec entrain à la conversation des fidèles et s'égayait de leurs « fumisteries », mais depuis l'accident qui était arrivé à sa mâchoire, elle avait renoncé à prendre la peine de pouffer effectivement et se livrait à la place à une mimique conventionnelle qui signifiait, sans fatigue ni risques pour elle, qu'elle riait aux larmes. Au moindre mot que lâchait un habitué contre un ennuyeux ou contre un ancien habitué rejeté au camp des ennuyeux — et pour le plus grand désespoir de M. Verdurin qui avait eu longtemps la prétention d'être aussi aimable que sa femme, mais qui riant pour de bon s'essoufflait vite et avait été distancé et vaincu par cette ruse d'une incessante et fictive hilarité — elle poussait un petit cri, fermait entièrement ses yeux d'oiseau qu'une taie commençait à voiler, et brusquement, comme si elle n'eût eu que le temps de cacher un spectacle indécent ou de parer à un accès mortel, plongeant sa figure dans ses mains

qui la recouvraient et n'en laissaient plus rien voir,
elle avait l'air de s'efforcer de réprimer, d'anéantir
un rire qui, si elle s'y fût abandonnée, l'eût conduite
à l'évanouissement. Telle, étourdie par la gaieté des
45 fidèles, ivre de camaraderie, de médisance et d'as-
sentiment, Mme Verdurin, juchée sur son perchoir,
pareille à un oiseau dont on eût trempé le colifichet [1]
dans du vin chaud, sanglotait d'amabilité.

Du côté de chez Swann, *1913*,
Gallimard.

---

1. Biscuit léger que l'on donne à un oiseau.

Guide de lecture

**1. Relevez les termes
qui montrent que
l'attitude de Mme Verdu-
rin est fausse.**

**2. En quoi ce texte
est-il une satire ?**

À L'OMBRE DES JEUNES FILLES EN FLEURS (1919). Le narrateur adolescent est en vacances à Balbec au bord de la
mer. Alors qu'il se trouve seul devant le Grand Hôtel,
où il réside, il aperçoit à l'extrémité de la digue, parmi
les promeneurs, un groupe de jeunes filles.

« Une beauté fluide, collective et mobile »

A u milieu de tous ces gens dont quelques-uns
poursuivaient une pensée, mais en trahis-

saient alors la mobilité par une saccade de gestes, une divagation de regards, aussi peu harmonieuses que la circonspecte titubation de leurs voisins, les fillettes que j'avais aperçues, avec la maîtrise de gestes que donne un parfait assouplissement de son propre corps et un mépris sincère du reste de l'humanité, venaient droit devant elles, sans hésitation ni raideur, exécutant exactement les mouvements qu'elles voulaient, dans une pleine indépendance de chacun de leurs membres par rapport aux autres, la plus grande partie de leur corps gardant cette immobilité si remarquable chez les bonnes valseuses. Elles n'étaient plus loin de moi. Quoique chacune fût d'un type absolument différent des autres, elles avaient toutes de la beauté ; mais, à vrai dire, je les voyais depuis si peu d'instants et sans oser les regarder fixement que je n'avais encore individualisé aucune d'elles. Sauf une, que son nez droit, sa peau brune mettaient en contraste au milieu des autres comme, dans quelque tableau de la Renaissance, un roi Mage de type arabe, elles ne m'étaient connues, l'une que par une paire d'yeux durs, butés et rieurs ; une autre que par des joues où le rose avait cette teinte cuivrée qui évoque l'idée de géranium ; et même ces traits, je n'avais encore indissolublement attaché aucun d'entre eux à l'une des jeunes filles plutôt qu'à l'autre ; et quand (selon l'ordre dans lequel se déroulait cet ensemble, merveilleux parce qu'y voisinaient les aspects les plus différents, que toutes les gammes de couleurs y étaient rapprochées, mais qui était confus comme une musique où

je n'aurais pas su isoler et reconnaître au moment de
35 leur passage les phrases, distinguées mais oubliées
aussitôt après) je voyais émerger un ovale blanc, des
yeux noirs, des yeux verts, je ne savais pas si c'était
les mêmes qui m'avaient déjà apporté du charme
tout à l'heure, je ne pouvais pas les rapporter à telle
40 jeune fille que j'eusse séparée des autres et re-
connue. Et cette absence, dans ma vision, des dé-
marcations que j'établirais bientôt entre elles, pro-
pageait à travers leur groupe un flottement
harmonieux, la translation continue d'une beauté
45 fluide, collective et mobile.

À L'OMBRE DES JEUNES FILLES EN FLEURS, *1919,*
Gallimard.

Guide de lecture
....

**1. En quoi les jeunes
filles sont-elles à la fois
différentes et indisso-
ciables ?**

2. Montrez que la

perception du narrateur
est surtout de l'ordre
de la métonymie (voir
p. 364).

LA PRISONNIÈRE (1923).   Le narrateur, épris d'Albertine,
souffre qu'elle lui échappe sans cesse, par ses mensonges et la double vie dont il la soupçonne. Mais, lorsqu'elle s'endort, il peut, à son gré, rêver auprès d'elle.

« Albertine endormie »

Au reste, ce n'était pas seulement la mer à la fin de la journée qui vivait pour moi en Albertine, mais parfois l'assoupissement de la mer sur la grève par les nuits de clair de lune. Quelquefois, en effet,
5 quand je me levais pour aller chercher un livre dans le cabinet de mon père, mon amie, m'ayant demandé la permission de s'étendre pendant ce temps-là, était si fatiguée par la longue randonnée du matin et de l'après-midi, au grand air, que, même
10 si je n'étais resté qu'un instant hors de ma chambre, en y rentrant, je trouvais Albertine endormie et ne la réveillais pas. Étendue de la tête aux pieds sur mon lit, dans une attitude d'un naturel qu'on n'aurait pu inventer, je lui trouvais l'air d'une longue tige en
15 fleur qu'on aurait disposée là ; et c'était ainsi en effet : le pouvoir de rêver que je n'avais qu'en son absence, je le retrouvais à ces instants auprès d'elle, comme si, en dormant, elle était devenue une plante. Par là, son sommeil réalisait, dans une cer-
20 taine mesure, la possibilité de l'amour : seul, je pouvais penser à elle, mais elle me manquait, je ne la possédais pas ; présente, je lui parlais, mais étais trop absent de moi-même pour pouvoir penser. Quand elle dormait, je n'avais plus à parler, je savais
25 que je n'étais plus regardé par elle, je n'avais plus besoin de vivre à la surface de moi-même.

En fermant les yeux, en perdant la conscience, Albertine avait dépouillé, l'un après l'autre, ces différents caractères d'humanité qui m'avaient déçu

30 depuis le jour où j'avais fait sa connaissance. Elle
n'était plus animée que de la vie inconsciente des
végétaux, des arbres, vie plus différente de la
mienne, plus étrange, et qui cependant m'apparte-
nait davantage. Son moi ne s'échappait pas à tous
35 moments, comme quand nous causions, par les is-
sues de la pensée inavouée et du regard. Elle avait
rappelé à soi tout ce qui d'elle était au dehors ; elle
s'était réfugiée, enclose, résumée, dans son corps.
En le tenant sous mon regard, dans mes mains, j'a-
40 vais cette impression de la posséder tout entière que
je n'avais pas quand elle était réveillée. Sa vie m'é-
tait soumise, exhalait vers moi son léger souffle.

J'écoutais cette murmurante émanation mystérieuse, douce comme un zéphir marin, féerique
45 comme un clair de lune, qu'était son sommeil. Tant
qu'il persistait, je pouvais rêver sur elle, et pourtant
la regarder et, quand ce sommeil devenait plus profond, la toucher, l'embrasser. Ce que j'éprouvais
alors, c'était un amour aussi pur, aussi immatériel,
50 aussi mystérieux que si j'avais été devant ces créatures inanimées que sont les beautés de la nature. Et
en effet, dès qu'elle dormait un peu profondément,
elle cessait d'être seulement la plante qu'elle avait
été ; son sommeil, au bord duquel je rêvais avec une
55 fraîche volupté dont je ne me fusse jamais lassé et
que j'eusse pu goûter indéfiniment, c'était pour moi
tout un paysage. Son sommeil mettait à mes côtés
quelque chose d'aussi calme, d'aussi sensuellement
délicieux que ces nuits de pleine lune dans la baie de
60 Balbec devenue douce comme un lac, où les

branches bougent à peine, où, étendu sur le sable, on écouterait sans fin se briser le reflux.

La Prisonnière, *1923,*
Gallimard.

Guide de lecture
···

1. Montrez comment la rêverie du narrateur s'approfondit avec le sommeil d'Albertine.

2. Quels procédés (figures de style, rythme, sonorités) font de cette page un poème en prose ?

APOLLINAIRE   *(1880-1918)*

L'EXILÉ.   Wilhelm Apollinaris de Kostrowitzky est né à Rome en 1880, d'un père inconnu et d'une mère polonaise en exil. Son enfance et son adolescence ont pour décor l'Italie et la Côte d'Azur. Lorsqu'il arrive à Paris en 1899, nourri des lectures de Verlaine, de Mallarmé, des symbolistes, il écrit déjà. En 1901, précepteur dans une riche famille rhénane, il découvre la vallée du Rhin, l'Allemagne puis l'Europe centrale, leurs légendes et leurs mythes, qui deviendront les thèmes du cycle rhénan d'*Alcools*. Amoureux de la gouvernante anglaise de son élève, Annie Playden, mais éconduit par elle, il devient ce « mal-aimé » dont la figure hantera nombre de ses poèmes, « La chanson du mal-aimé » étant l'un des plus célèbres.

LE DÉFENSEUR DE L'AVANT-GARDE.   À la veille de la guerre, Apollinaire apparaît de plus en plus comme le défenseur de l'avant-garde (voir p. 364). Il vit avec le peintre Marie Laurencin de 1907 à 1912, et fréquente les peintres et les poètes du Bateau-Lavoir (voir p. 364) : Max Jacob, André Salmon, Derain, Picasso, plus tard Cendrars, Robert et Sonia Delaunay, Francis Picabia.

Engagé volontaire durant la Première Guerre mondiale, il est blessé en 1916 d'un éclat d'obus à la tempe et deux fois trépané. Renvoyé à l'arrière, il revient à la vie littéraire et fait paraître en 1916 *le Poète assassiné*. Le 24 juin 1917, Apollinaire fait représenter *les Mamelles de Tirésias*, qu'il qualifie de drame « surréaliste ». Cet adjectif sera repris par André Breton en hommage au poète de l'esprit nouveau, qui fondait son art sur la « surprise ». Apollinaire meurt le 9 novembre 1918, emporté par l'épidémie de grippe espagnole.

L'ESPRIT NOUVEAU.   Apollinaire est l'illustration même de la mutation qui s'est opérée dans la poésie française entre 1900 et 1920. Il est le dernier poète élégiaque (voir p. 364), mais surtout le précurseur des formes les plus modernes de la poésie, l'explorateur des voies que suivront dadaïstes et surréalistes (voir p. 196).

Estimant que « le rythme même et la coupe des vers sont la véritable ponctuation », il supprime celle-ci dans *Alcools* (1913). « Las d'un monde ancien », il aspire, à l'instar de ses amis les peintres cubistes (voir p. 364), à toutes les innovations poétiques que réclame « l'esprit nouveau » de ce siècle nouveau : cela aboutira notamment à la mise en page surprenante des *Calligrammes* (1918), qui fait de la disposition du texte sur la page un véritable dessin.

ALCOOLS (1913).   Le titre *Alcools* fait référence au Rimbaud du *Bateau Ivre* et du « dérèglement de tous les sens », ainsi qu'au poème en prose de Baudelaire : « Il faut toujours être ivre : de vin, de vertu ou de poésie ». « Le Pont Mirabeau », paru en 1913 dans le recueil *Alcools* qui mêle des poèmes composés entre 1898 et 1913, est caractéristique de la mélancolie apollinarienne.

Cette élégie, devenue l'un des grands classiques de la poésie française, exprime le regret du temps qui passe et de l'amour qui s'enfuit.

Le Pont Mirabeau

Sous le pont Mirabeau coule la Seine
$\qquad$ Et nos amours
Faut-il qu'il m'en souvienne
La joie venait toujours après la peine

5 $\qquad$ Vienne la nuit sonne l'heure
$\qquad$ Les jours s'en vont je demeure

Les mains dans les mains restons face à face
$\qquad$ Tandis que sous
Le pont de nos bras passe
10 Des éternels regards l'onde si lasse

$\qquad$ Vienne la nuit sonne l'heure
$\qquad$ Les jours s'en vont je demeure

L'amour s'en va comme cette eau courante
$\qquad$ L'amour s'en va
15 Comme la vie est lente
Et comme l'Espérance est violente

$\qquad$ Vienne la nuit sonne l'heure
$\qquad$ Les jours s'en vont je demeure

Passent les jours et passent les semaines
20 $\qquad$ Ni temps passé
Ni les amours reviennent
Sous le pont Mirabeau coule la Seine

Vienne la nuit sonne l'heure
Les jours s'en vont je demeure

ALCOOLS, *1913,*
« *Le Pont Mirabeau* », *Gallimard.*

Guide de lecture

1. **Quels effets de sens provoque la suppression de toute ponctuation ?**
2. **Étudiez précisément la longueur des vers (les différents mètres).**
3. **Observez les rimes : sont-elles constantes ? Quel effet produit sur vous cet agencement ?**
4. **Que signifie le symbole du pont ?**

D'août 1901 à août 1902, Apollinaire se trouve en Rhénanie. « Mai » fait partie des *Rhénanes,* suite de neuf poèmes qui constituent un recueil dans le recueil *Alcools,* et qu'Apollinaire avait d'abord voulu publier séparément sous le titre *Vent du Rhin.* C'est un poème lyrique, élégiaque, qui évoque l'impossibilité de la rencontre.

Mai

Le mai le joli mai en barque sur le Rhin
Des dames regardaient du haut de la montagne
Vous êtes si jolies mais la barque s'éloigne
Qui donc a fait pleurer les saules riverains

5   Or des vergers fleuris se figeaient en arrière
    Les pétales tombés des cerisiers de mai
    Sont les ongles de celle que j'ai tant aimée
    Les pétales flétris sont comme ses paupières

    Sur le chemin du bord du fleuve lentement
10   Un ours un singe un chien menés par des tziganes
    Suivaient une roulotte traînée par un âne
    Tandis que s'éloignait dans les vignes rhénanes
    Sur un fifre[1] lointain un air de régiment

    Le mai le joli mai a paré les ruines
15   De lierre de vigne vierge et de rosiers
    Le vent du Rhin secoue sur le bord les osiers[2]
    Et les roseaux jaseurs[3] et les fleurs nues des vignes

Alcools, *1913*,
« Mai », Gallimard.

Guide de lecture

1. Que représente d'ordinaire le mois de mai ? Que représente-t-il dans ce poème ? À quel autre mot du poème le terme « Mai » s'oppose-t-il ?

2. Définissez le thème particulier illustré par chaque strophe. Quel est le thème général du poème ?

3. Qu'est-ce qui, dans ce poème, est selon vous caractéristique de l'espace rhénan ?

---

1. Petite flûte en bois au son aigu longtemps en usage dans les musiques militaires.

2. Saules de petite taille.

3. Babillards, bavards.

CALLIGRAMMES (1918). Les premiers calligrammes (du grec *kallos*, « beau », et *gramma*, « trace », « écriture ») furent édités en 1912, sous le titre « Et moi aussi, je suis peintre ! ». Apollinaire s'affranchit de la disposition linéaire pour faire de la page un tableau : les mots du poème figurent l'objet que le titre désigne.

Cœur couronne et miroir

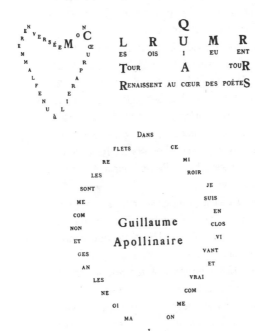

CALLIGRAMMES, *1918*,
« *Cœur couronne et miroir* », Gallimard.

CENDRARS *(1887-1961)*

....

LE « BOURLINGUEUR ».   De son vrai nom Frédéric Sauser-Hall, né à La Chaux-de-Fonds (Suisse) en 1887 d'une mère écossaise et d'un père suisse, Cendrars mène une vie agitée qui n'est pas sans rappeler celle de Rimbaud.

À 16 ans, fugueur, il part « bourlinguer » (titre d'un récit écrit en 1948) sur les routes du monde, en Chine, en Perse, à Moscou où, en 1905, il assiste à différents épisodes de la révolution. Apiculteur en France, jongleur à Londres, ouvrier agricole et conducteur de tracteur aux États-Unis et au Canada, Cendrars entre en littérature avec *les Pâques à New-York* (1912), *la Prose du Transsibérien et de la petite Jehanne de France* (1913), *le Panama ou les Aventures de mes sept oncles* (achevé en 1914, publié en 1918), qui font de lui, aux côtés d'Apollinaire — qui subit son influence —, un grand poète de l'esprit nouveau (voir p. 366). Les poètes Reverdy et Apollinaire, les peintres Chagall, Picasso, Sonia et Robert Delaunay sont ses amis.

En 1914, Cendrars est « engagé volontaire étranger » dans l'armée française ; en septembre 1915, un obus lui emporte le bras droit. Voici « l'homme foudroyé », « l'homme à la main coupée ».

De 1915 à 1926, Cendrars se fait critique d'art (*Peintres*, 1919) et compilateur ; il est un des premiers à s'intéresser à la littérature nègre avec *l'Anthologie nègre* (1921) et les *Petits Contes nègres pour les enfants blancs* (1928). Il travaille pour le cinéma et le ballet, et délaisse la poésie pour une œuvre romanesque, fondée sur ses

propres aventures : *l'Or* (1925), *Moravagine* (1926),
l'Homme foudroyé (1945), *Bourlinguer* (1948). Il meurt à
Paris en 1961.

LA PROSE DU TRANSSIBÉRIEN (1913).   *La Prose du Transsibérien* est le premier livre-objet. Il se présentait à l'origine sous la forme d'un dépliant, composé en une
dizaine de corps (grosseur des caractères d'imprimerie) différents, illustré par le peintre Sonia Delaunay. Le
poète, comblé, écrit alors : « Madame Delaunay a fait
un si beau livre que mon poème est plus trempé de
couleurs que ma vie. Voilà ce qui me rend heureux. Puis
encore que ce livre ait deux mètres de long. Et encore
que l'édition atteigne la hauteur de la Tour Eiffel. »

La Prose du Transsibérien
et de la petite Jehanne de France

dédiée aux musiciens

En ce temps-là j'étais en mon adolescence
J'avais à peine seize ans et je ne me souvenais déjà
    plus de mon enfance
J'étais à 16.000 lieues du lieu de ma naissance
5   J'étais à Moscou, dans la ville des mille et trois
    clochers et des sept gares
Et je n'avais pas assez des sept gares et des mille et
    trois tours
Car mon adolescence était si ardente et si folle

10 Que mon cœur, tour à tour, brûlait comme le temple
        d'Éphèse [1] ou comme la Place Rouge de Moscou
    Quand le soleil se couche.
    Et mes yeux éclairaient des voies anciennes.
    Et j'étais déjà si mauvais poète.
15 Que je ne savais pas aller jusqu'au bout.

    Le Kremlin [2] était comme un immense gâteau tartare
    Croustillé d'or,
    Avec les grandes amandes des cathédrales toutes
        blanches
20 Et l'or mielleux des cloches...
    Un vieux moine me lisait la légende de Novgorode [3]
    J'avais soif
    Et je déchiffrais des caractères cunéiformes [4]
    Puis, tout à coup, les pigeons du Saint-Esprit
25 s'envolaient sur la place
    Et mes mains s'envolaient aussi, avec des
        bruissements d'albatros
    Et ceci, c'était les dernières réminiscences du
        dernier jour
30 Du tout dernier voyage
    Et de la mer.

---

1. Le temple d'Artémis à Éphèse fut incendié en 356 av. J.-C. par
Érostrate, un habitant de la ville qui voulait acquérir ainsi la célébrité.

2. Forteresse de Moscou, siège du gouvernement et, notamment en 1919,
du pouvoir bolchevique.

3. Novgorod fut un des centres les plus brillants de la civilisation russe et
une importante ville commerciale, en relation avec l'Orient et la Baltique.

4. L'écriture cunéiforme est formée de signes en fer de lance ou en forme
de clous diversement combinés.

Pourtant, j'étais fort mauvais poète.

Je ne savais pas aller jusqu'au bout.

J'avais faim

35 Et tous les jours et toutes les femmes dans les cafés
    et tous les verres

J'aurais voulu les boire et les casser

Et toutes les vitrines et toutes les rues

Et toutes les maisons et toutes les vies

40 Et toutes les roues des fiacres qui tournaient en
    tourbillon sur les mauvais pavés

J'aurais voulu les plonger dans une fournaise de
    glaives

Et j'aurais voulu broyer tous les os

45 Et arracher toutes les langues

Et liquéfier tous ces grands corps étranges et nus
    sous les vêtements qui m'affolent...

Je pressentais la venue du grand Christ rouge de la
    révolution russe...

50 Et le soleil était une mauvaise plaie

Qui s'ouvrait comme un brasier.

En ce temps-là j'étais en mon adolescence

J'avais à peine seize ans et je ne me souvenais déjà
    plus de ma naissance

55 J'étais à Moscou, où je voulais me nourrir de
    flammes

Et je n'avais pas assez des tours et des gares que
    constellaient mes yeux

En Sibérie tonnait le canon, c'était la guerre

60 La faim le froid la peste le choléra

Et les eaux limoneuses de l'Amour[5] charriaient des
    millions de charognes
Dans toutes les gares je voyais partir tous les
    derniers trains
65 Personne ne pouvait plus partir car on ne délivrait
    plus de billets
Et les soldats qui s'en allaient auraient bien voulu
    rester...
Un vieux moine me chantait la légende de
70 Novgorode.

LA PROSE DU TRANSSIBÉRIEN
ET DE LA PETITE JEHANNE DE FRANCE, *1913,*
Denoël.

Guide de lecture
··

1. Pourquoi ce poème
s'intitule-t-il « prose » ?
2. Quels sont les
thèmes de ce poème ?
3. Par quels moyens est
rendu le rythme du
train ?

4. En quoi l'adjectif
« épique » (voir p. 364)
peut-il qualifier le
poème ?

---

1. Fleuve du nord-est de l'Asie.

VALÉRY   *(1871-1945)*

LE « POÏÈTE ». Né à Sète en 1871, Paul Valéry, après des études de droit, est nommé professeur à l'université de Montpellier. Au début des années 1890, il fait paraître des poèmes dans différentes revues symbolistes, édités plus tard sous le titre *Album de vers anciens* (1920). En 1892, il quitte la province pour Paris. Une première crise spirituelle lui fait abandonner la littérature. Léonard de Vinci, qui unissait esprit scientifique et esprit artistique, est l'une de ses admirations (*Introduction à la méthode de Léonard de Vinci*, 1895). En 1896, après une seconde crise qui lui impose un long silence, Valéry revient à l'écriture poétique. En 1917, *la Jeune Parque* fait la gloire immédiate de l'auteur.

En ce début de siècle où les surréalistes glorifient l'inconscient et les jeux de mots de l'écriture automatique (voir p. 196), Valéry défend l'idée du « poïète » qui, par son travail, construit le poème comme l'architecte construit un temple (le mot « poète » vient du verbe grec *poïein* qui signifie « faire », « fabriquer »). Il insiste sur l'idée que la beauté du poème est moins le résultat de l'inspiration que celui de la composition, idée qu'il a empruntée à Edgar Allan Poe par la médiation du traducteur de celui-ci, Baudelaire. Pour cet intellectuel officiel, élu en 1925 à l'Académie française, est créée une chaire de poétique au Collège de France, où il est nommé professeur en 1937. Il meurt en 1945, et repose au cimetière marin de Sète, célébré par l'un de ses poèmes les plus connus, « Le cimetière marin », publié dans *Charmes* (1922).

ALBUM DE VERS ANCIENS (1920).   Ce recueil s'ouvre sur le
poème suivant, dont les tercets symboliques développent une métaphore de l'écriture. Auprès d'une fenêtre donnant sur un jardin en fleurs, une jeune fileuse
file au rouet. Peu à peu, l'ombre du soir tombe, tandis
que la jeune fille songe et s'endort.

La fileuse

Lilia..., neque nent [1]

Assise, la fileuse au bleu de la croisée [2]
Où le jardin mélodieux se dodeline [3] ;
Le rouet [4] ancien qui ronfle l'a grisée.

Lasse, ayant bu l'azur, de filer la câline
5 Chevelure, à ses doigts si faibles évasive [5],
Elle songe, et sa tête petite s'incline.

Un arbuste et l'air pur font une source vive
Qui, suspendue au jour, délicieuse arrose
De ses pertes de fleurs le jardin de l'oisive.

10 Une tige, où le vent vagabond se repose,
Courbe le salut vain de sa grâce étoilée,
Dédiant magnifique, au vieux rouet, sa rose.

---

1. « Les lis [ne travaillent] ni ne filent » (Évangile selon Saint Mathieu, VI, 28).
2. Fenêtre.
3. Se balance avec douceur.
4. Machine à filer.
5. Qui s'évade (sens étymologique), se dérobe à ses doigts.

Mais la dormeuse file une laine isolée ;
Mystérieusement l'ombre frêle se tresse
15 Au fil de ses doigts longs et qui dorment, filée.

Le songe se dévide avec une paresse
Angélique, et sans cesse, au doux fuseau[1] crédule[2],
La chevelure ondule au gré de la caresse...

Derrière tant de fleurs, l'azur se dissimule,
20 Fileuse de feuillage et de lumière ceinte :
Tout le ciel vert se meurt. Le dernier arbre brûle.

Ta sœur, la grande rose où sourit une sainte,
Parfume ton front vague au vent de son haleine
Innocente, et tu crois languir... Tu es éteinte

25 Au bleu de la croisée où tu filais la laine.

ALBUM DE VERS ANCIENS, *1920,*
Gallimard.

Guide de lecture

1. **Décrivez la manière** dont le poème est composé (versification, rimes, allitérations).
2. **Quels sont les thèmes de ce poème ?** Y a-t-il des correspondances entre eux ?

3. **La fileuse n'est-elle pas la métaphore du travail poétique ?** Expliquez comment.

---

1. Instrument en bois tourné qui sert à tordre et à enrouler le fil.
2. Ici, obéissant.

PÉGUY   *(1873-1960)*

································

Un homme d'engagements.   Charles Péguy est né à
Orléans en 1873, dans une famille pauvre. Il est élevé par
sa mère et sa grand-mère. Boursier, il prépare le
concours d'entrée à l'École normale supérieure de la rue
d'Ulm, à Paris, où il est reçu en 1894.

Là, ses convictions socialistes s'affirment : il s'engage aux
côtés de Jaurès et de Zola dans la révision de la condamnation de Dreyfus. Il découvre aussi sa vocation de poète,
sous le signe de Jeanne d'Arc (*Jeanne d'Arc*, 1897).

En 1898, il se lance dans le journalisme et fonde les
Cahiers de la quinzaine, revue « socialistement socialiste »,
qui jouera un rôle considérable dans la vie intellectuelle de
1900 à 1914. Les *Cahiers* prennent le parti des peuples
opprimés : Arméniens, Noirs, paysans russes. À partir de
1905, Péguy, qui redoute l'imminence d'une guerre avec
l'Allemagne, devient patriote et nationaliste, s'opposant
même au socialisme internationaliste et pacifiste. Parallèlement, il renoue avec la foi de son enfance, revient à l'écriture poétique et publie le *Mystère de la charité de Jeanne
d'Arc* (1910) et les *Tapisseries* (1912).

Son œuvre lyrique célèbre la terre maternelle, le pa-
triotisme chrétien, la dimension sacrée de l'existence.

Il meurt au combat le 5 septembre 1914, sur le front
de la Marne.

La Tapisserie de Notre-Dame (1913).   Publiée dans les
Cahiers de la quinzaine (XIV, 10), la « Présentation de la
Beauce à Notre-Dame de Chartres » est avec ses 89

quatrains, le poème le plus important de ce recueil. À partir de 1912, ayant retrouvé la foi, Péguy accomplit plusieurs pèlerinages à la cathédrale de Chartres.

« L'océan des blés »

Étoile de la mer voici la lourde nappe
Et la profonde houle et l'océan des blés
Et la mouvante écume et nos greniers comblés
Voici votre regard sur cette immense chape,

5 Et voici votre voix sur cette lourde plaine
Et nos amis absents et nos cœurs dépeuplés,
Voici le long de nous nos poings désassemblés
Et notre lassitude et notre force pleine.

Étoile du matin, inaccessible reine,
10 Voici que nous marchons vers votre illustre cour,
Et voici le plateau de notre pauvre amour,
Et voici l'océan de notre immense peine.

Un sanglot rôde et court par delà l'horizon.
À peine quelques toits font comme un archipel.
15 Du vieux clocher retombe une sorte d'appel.
L'épaisse église semble une basse maison.

Ainsi nous naviguons vers votre cathédrale.
De loin en loin surnage un chapelet de meules,
Rondes comme des tours, opulentes et seules
20 Comme un rang de châteaux sur la barque amirale.

Deux mille ans de labeur ont fait de cette terre
Un réservoir sans fin pour les âges nouveaux.
Mille ans de votre grâce ont fait de ces travaux
Un reposoir sans fin pour l'âme solitaire.

25   Vous nous voyez marcher sur cette route droite,
Tout poudreux, tout crottés, la pluie entre les dents.
Sur ce large éventail ouvert à tous les vents
La route nationale est notre porte étroite.

Nous allons devant nous, les mains le long des
                                          [poches,
30   Sans aucun appareil, sans fatras, sans discours,
D'un pas toujours égal, sans hâte ni recours,
Des champs les plus présents vers les champs les
plus proches.

La Tapisserie de Notre-Dame, *1913,*
« Présentation de la Beauce à Notre-Dame de Chartres », Gallimard.

Guide de lecture
··

**1. Quels sont les deux
thèmes métaphoriques
principaux ? Relevez les
expressions qui les
composent.
2. Relevez les dif-
férentes désignations de
la Vierge Marie, et
explicitez-les. Pourquoi**
ce poème est-il aussi
une prière ?
**3. Comment compre-
nez-vous le terme de
« tapisserie » ? Quelles
sont ses connotations
(voir p. 364) ? À quoi est
comparée alors l'acti-
vité poétique ?**

Inspirations nouvelles

Les premières années du XXe siècle voient l'apparition d'œuvres singulières dans leurs formes puisant à des sources nouvelles : à l'opposé de Feydeau et Courteline qui raillent les travers bourgeois dans des comédies de mœurs, Claudel ouvre la scène théâtrale à une poésie cosmique. Apollinaire invente « l'esprit nouveau » et Proust crée le roman moderne.

Un théâtre dont la scène est le monde

À la croisée des grandes traditions culturelles dont il a une connaissance intime par ses voyages et ses lectures, le théâtre de Claudel s'élabore à partir de la Bible et des tragiques grecs, du Siècle d'or espagnol et du drame shakespearien, du théâtre extrême-oriental et de l'opéra wagnérien. Il a la dimension de la planète et de l'histoire.

Claudel a connu les déchirements d'une tentation double et contradictoire : l'appel de la vie monastique et celui de la sensualité et de la passion. Son mysticisme est ainsi bien éloigné du militantisme catholique auquel certains le réduisent. Si le Dieu-providence apparaît dans son œuvre comme cause et fin de tout, l'action de son

théâtre rayonne autour de la Femme. Par son renoncement sacrificiel à l'amour terrestre, elle est
celle qui permet à l'aimé de connaître l'élévation
de l'ordre du charnel à celui du spirituel.

L'écriture de Claudel ignore les limites : elle
mêle réalisme et épique, registre familier et symboles, comique et tragique ; elle s'épanouit en
houles lyriques. Le poète invente un verset dont
le rythme participe de celui des grands textes sa-
crés ou profanes. Il a pour seules lois les pulsions
vitales et le tohu-bohu des passions, les fantaisies
de l'imaginaire et les élans de l'enthousiasme.
Au-delà des polémiques qu'elle a suscitées,
l'œuvre de Claudel ouvre des voies nouvelles au
théâtre et à la parole poétique.

Le roman de la vocation littéraire

D ans la lignée des fresques romanesques de
Zola ou de Balzac, les romanciers de ce début de siècle, comme Romain Rolland avec *Jean-
Christophe,* créent des « romans-fleuves ». *À la Recherche du temps perdu* de Marcel Proust est aussi
une entreprise gigantesque mais, à la différence
d'autres romanciers de cette époque, l'auteur
s'inspire de ce qu'il a vécu pour écrire son œuvre,
sans faire toutefois son autobiographie. Ce vaste
roman qui a pour thèmes le temps, le désir, la société, l'art, rompt avec les lois traditionnelles du
genre. Il raconte une expérience à la fois intime et
commune à tous, celle de la prise de conscience

du temps. Des pans entiers du passé peuvent ainsi émerger de l'oubli à la faveur de la coïncidence entre une sensation présente et une sensation déjà vécue. Cette résurrection est toujours un miracle fugitif que seule l'écriture a le pouvoir de rendre éternel.

Énigmatiques, les personnages, les paysages s'offrent au regard du narrateur qui les déchiffre. Son désir d'omniscience (tout savoir, tout comprendre) se heurte à l'opacité mystérieuse de ceux qu'il rencontre. Comme un enquêteur, il tente de percer leur mystère : la double vie d'Albertine, les attitudes ambiguës de Charlus, etc.

Proust est aussi le peintre des salons bourgeois et aristocratiques parisiens du début du siècle. Ceux de Mme Verdurin et de la duchesse de Guermantes sont l'occasion de démasquer la comédie sociale qui s'y joue : les rivalités, les jeux d'influence, la futilité des mondanités.

Mais, en fait, *la Recherche* raconte les péripéties d'une vocation littéraire. Atermoiements, déceptions jalonnent la vie du narrateur jusqu'au jour où, au cours d'une promenade qui le mène du côté de chez Swann, il réussit pour la première fois à « traduire ce livre intérieur » que le monde imprime en nous. Il n'a la révélation de son destin qu'au moment où il découvre que « la vraie vie, c'est la littérature ».

Les extases provoquées par la mémoire retrouvée, la contemplation des êtres et des choses révèlent des « images précieuses », soustraites aux contraintes du temps. Les métaphores, le rythme des phrases, le jeu des sonorités ont le pouvoir de métamorphoser les objets et les personnages. Le style de l'auteur n'est alors ni un ornement, ni un luxe de l'écriture. Il est poétique au sens où il crée une autre réalité.

L'esprit nouveau

À monde neuf, poésie nouvelle. Il s'agit désormais pour les poètes de chanter les inventions récentes. Pour Apollinaire qui entend fonder son esthétique sur la « surprise », le poème est un carrefour où s'entrechoquent les lieux proches et lointains, les objets prosaïques et sublimes, les rythmes anciens et nouveaux que ne scande plus la ponctuation, dernière entrave au passage de ce souffle nouveau.

Mais Apollinaire est aussi l'auteur de poèmes d'inspiration plus traditionnelle où revient la hantise du temps qui passe. Renouant avec les complaintes et les lais du Moyen Âge, il exprime la nostalgie des amours mortes. Ses poèmes lyriques sont remarquables à la fois par l'apparente simplicité du vocabulaire et des images et par leur rythme régulier et sans fin, semblable au temps qui s'écoule.

D'une fin de guerre l'autre

D'une fin de guerre l'autre

La barbarie en action

La Première Guerre mondiale, qui éclate en août 1914 et qui se conclut par le traité d'armistice du 11 novembre 1918, se termine sur une amère victoire : 1 400 000 morts pour la seule France, plus de 8 millions de morts au total.

Si Paul Valéry peut ainsi écrire, dans *la Crise de l'Esprit* (1919), « Nous autres, civilisations, nous savons maintenant que nous sommes mortelles », les tourments de cette guerre n'atteignent pas la somme d'atrocités commises de 1939 à 1945. Tandis que les nazis exterminent 6 millions de Juifs de toutes nationalités, mais aussi des dizaines de milliers de Tziganes, 1 million de civils résistant à l'armée allemande sont tués à la seule bataille de Stalingrad et la victoire sur le Japon s'obtient par la disparition de près de 200 000 civils japonais dans l'éclair de la bombe atomique à Hiroshima et Nagasaki. À la même époque, les déportés du goulag et les victimes du stalinisme atteignent plusieurs millions de morts. 50 millions de personnes disparaissent ainsi au cours de la Seconde Guerre mondiale.

Comme l'écrit le philosophe Emmanuel Levinas (né en 1905), « Les guerres mondiales — et locales —, le national-socialisme, le stalinisme, — et même la déstalinisation —, les camps, les chambres à gaz, les arsenaux nucléaires, le terrorisme et le chômage, c'est beaucoup pour une seule génération, n'en eût-elle été que le témoin. »

Pourquoi écrire ?

Après la Première Guerre mondiale, puis après la Seconde — et comme toujours pour l'écrivain même s'il ne l'exprime pas —, la question se pose : « Pourquoi écrire ? » Les surréalistes, qui dominent le champ littéraire à partir de 1920, répondent qu'il faut écrire autrement, en ne se fondant plus sur la raison — dont la faillite vient d'être démontrée —, mais en faisant appel à l'inconscient, au rêve et à l'amour, pour « changer la vie », selon la formule de Rimbaud. Version optimiste qui succède au nihilisme du mouvement dada, né en 1916 à Zurich, et qui avait réuni à Paris jusqu'en 1923 de jeunes inconnus qui avaient pour nom Breton, Aragon, Eluard... Dans la continuité de dada, ceux-ci créent le mouvement surréaliste. Certains d'entre eux rejoignent le Parti communiste dès la fin des années 1920, et Aragon et Eluard défendent plus tard « l'honneur des poètes » dans la clandestinité résistante de la Seconde Guerre mondiale. D'autres, comme Desnos, n'en reviendront pas — il meurt en déportation —, ou, comme Reverdy, se sont retirés depuis longtemps, à l'écart du bruit et de la fureur du monde.

Le roman

Le panorama littéraire se modifie, avec l'apparition d'une nouvelle génération d'écrivains. *Les Faux-Monnayeurs* (1925), de Gide, marquent, après Proust, la naissance du roman moderne, car l'auteur y introduit quelques-unes des techniques les plus fécondes pour l'avenir : diversité des points de vue dans le récit, composition kaléidoscopique, mise en abyme (voir p. 364). Tout comme Proust, Gide dénonce le réalisme d'antan, en affirmant la subjectivité souveraine du romancier.

Autre œuvre majeure de cette période, mais écrite dans une langue populaire encore jamais utilisée en littérature : *le Voyage au bout de la nuit* (1932) de Louis-Ferdinand Céline, qui dénonce la guerre, le colonialisme, le travail à la chaîne, la misère, la banlieue. Son style, qui n'est pas la reproduction de la langue parlée mais une re-création parfois savante, sera salué par Sartre, même s'il constitue un discours antiacadémique qui fait scandale.

Sans bouleverser le style ou la construction du récit, d'autres romanciers, comme Martin du Gard dans *les Thibault* (1922-1940), Mauriac dans *Thérèse Desqueyroux* (1927) ou Aragon dans *les*

Beaux Quartiers (1936), dénoncent l'hypocrisie et les passions cachées des univers bourgeois.

Quels que soient les choix d'écriture, tous ces écrivains, d'une manière ou d'une autre, se sont engagés dans leur œuvre et ont assumé par là des choix politiques. Il reviendra à Sartre, en 1948, de théoriser cet engagement et de le présenter comme un devoir dans *Qu'est-ce que la littérature ?*

Dès 1929, en effet, l'accumulation des périls (débâcle économique, crises politiques, montée des fascismes, etc.) a incité nombre de romanciers à s'engager et à militer par leurs actes et par leurs œuvres. Ainsi, Malraux — qui transpose dans *l'Espoir* (1937) son expérience de combattant aux côtés des républicains espagnols — sera un temps « compagnon de route » du parti communiste. L'œuvre de Gide, le roman cyclique *les Hommes de bonne volonté* de Jules Romains, les récits de Nizan, les pamphlets de Bernanos, pour ne citer qu'eux, ont marqué leurs désaccords avec les politiques de leur époque.

On peut mettre à part, sans qu'il constitue un genre, le roman existentialiste inauguré avec *la Nausée* de Sartre (1938). Ce roman fait suite à ceux « de la condition humaine » ; avec lui s'opère la jonction de la littérature avec la philosophie. *La Nausée* est à peine un roman ; c'est plutôt le compte rendu d'une expérience philosophique : la découverte d'une existence qui déborde, de toutes parts, l'esprit. Empruntant à la philosophie existentialiste des Allemands Husserl et Heidegger, qui ne veut pas dissocier la philosophie de l'existence, Sartre, par le biais de la littérature, institue la réflexion au cœur du quotidien. L'existentialisme littéraire s'incarne notamment dans les figures de Sartre et de Camus (*l'Étranger,* 1942), auteurs qui domineront la vie intellectuelle après 1945.

Le théâtre

L a production théâtrale témoigne d'une grande diversité, à défaut d'un bouleversement profond de la dramaturgie. Pourtant, le théâtre est décrié par les surréalistes. Vitrac, avec *Victor, ou les enfants au pouvoir* (1929), subvertit les formes dramatiques traditionnelles, et Artaud, dans *le Théâtre et son double* (1938), fait le procès du texte théâtral, auquel il veut substituer la violence physique du langage de la scène. Ces remises en question sont fondamentales, annonciatrices du théâtre des années 1950, mais sans effet en leur temps.

Le « boulevard » fonctionne toujours sur des recettes éprouvées, rafraîchies par Guitry et Pagnol. Le théâtre littéraire de Giraudoux triomphe avec le concours du metteur en scène et acteur Jouvet. Nombre d'œuvres témoignent d'inquiétudes ou d'exigences personnelles — celles de Montherlant et d'Anouilh, par exemple. Camus et Sartre portent à la scène le débat philosophique et politique, invitant le spectateur à le partager et à prendre position. Les accents, la thématique sont renouvelés, mais la dramaturgie reste conventionnelle.

Parallèlement, des metteurs en scène (Baty, Jouvet, Pitoëff, Dullin, Lugné-Poe) rénovent la pratique de la scène et élargissent le répertoire. D'autres (Copeau, Gémier, qui crée le T.N.P. en 1937) cherchent à conquérir le public populaire. Mais la guerre interrompt ces aventures, qui féconderont la vie théâtrale des années à venir.

BRETON   *(1896-1966)*

••

LA DÉCOUVERTE DE L'ÉCRITURE AUTOMATIQUE. André Breton est né à Tinchebray, dans l'Orne, le 18 février 1896 ; ses parents s'installent à Pantin, près de Paris, en 1900. À 15 ans, Breton a la révélation de la poésie ; il lit Baudelaire, Rimbaud, Lautréamont, écrit lui-même des poèmes, rencontre Apollinaire. Étudiant en médecine, il est affecté durant les années de guerre à un service de neuropsychiatrie, où il s'initie aux théories de Freud. Une même conception de la poésie, avant tout comme dévoilement d'une sur-réalité et dévoilement de l'inconscient, le rapproche de Louis Aragon et de Philippe Soupault. En mars 1919, ils fondent tous les trois la revue *Littérature,* qui publie notamment les premiers textes obtenus par Breton et Soupault grâce à l'« écriture automatique », méthode dont Breton a été l'initiateur, et qui est fondée sur l'hypnose et sur la méthode freudienne des associations spontanées (*les Champs magnétiques,* 1920).

L'ANIMATEUR DU MOUVEMENT SURRÉALISTE. Entre 1922 et 1924 les rejoignent Eluard, Péret, Desnos, Crevel, et ce groupe constitué prend le qualificatif de « surréaliste ». En 1924 paraît le premier *Manifeste du surréalisme* et, en décembre de la même année, le premier numéro de la revue *la Révolution surréaliste,* dont la couverture déclare : « Il faut aboutir à une nouvelle déclaration des droits de l'homme. » En effet, le surréalisme ne se veut pas seulement mouvement littéraire, mais considère comme équivalents l'appel de Rimbaud à « changer la vie » et l'injonction de Marx de « transformer le monde ». Le surréalisme se veut une révolte totale : révolte intellectuelle contre le rationalisme, révolte morale contre les tabous et les interdits, révolte esthétique contre l'académisme en art (voir p. 364).

Breton adhère au parti communiste en 1927, mais rompt définitivement avec le communisme stalinien lors des procès de Moscou de 1936-1937. De vieilles amitiés comme celles qui l'unissaient à Aragon et à Eluard ne survivent pas à leurs divergences politiques et littéraires ; Breton dénonce l'attitude de mise au pas adoptée par le P.C. à l'égard des intellectuels dans *Misère de la poésie* (1932). Durant la Seconde Guerre mondiale, suspect aux autorités vichyssoises de la Collaboration, Breton choisit de partir aux États-Unis, d'où il ne reviendra qu'en 1946. Se reconstitue alors autour de lui, et autour de Benjamin Péret, un groupe surréaliste largement renouvelé. L'activité du groupe se poursuit au cours des vingt années qui suivent par des expositions, des bulletins ou la création en 1956 de la revue *le Surréalisme même*.

Breton est en 1960 l'un des tout premiers artisans de la « Déclaration des 121 » en faveur du droit à l'insoumission durant la guerre d'Algérie, milite pour l'indépendance des colonies, en préservant toujours son autonomie par rapport aux groupements politiques. Il meurt le 28 septembre 1966. Parmi ses œuvres personnelles, les plus importantes sont *Clair de terre* (1923), le récit *Nadja* (1928), *les Vases communicants* (1932), *l'Amour fou* (1937) et *Signe ascendant* (1948).

Manifeste du surréalisme (1924). Breton propose ici les règles du jeu surréaliste de l'écriture automatique (« la composition surréaliste écrite, ou premier et dernier jet »), celles qui ont présidé à l'écriture des *Champs magnétiques* avec Soupault, et qui seront encore celles d'un ouvrage écrit cette fois à trois (Breton, Eluard, Char) : *Ralentir travaux* (1930).

« Faites-vous apporter de quoi écrire »

Faites-vous apporter de quoi écrire, après vous être établi en un lieu aussi favorable que possible à la concentration de votre esprit sur lui-même. Placez-vous dans l'état le plus passif, ou réceptif,
5 que vous pourrez. Faites abstraction de votre génie, de vos talents et de ceux de tous les autres. Dites-vous bien que la littérature est un des plus tristes chemins qui mènent à tout. Écrivez vite sans sujet préconçu, assez vite pour ne pas retenir et ne pas
10 être tenté de vous relire. La première phrase viendra toute seule, tant il est vrai qu'à chaque seconde il est une phrase étrangère à notre pensée consciente qui ne demande qu'à s'extérioriser. Il est assez difficile de se prononcer sur le cas de la phrase suivante ; elle
15 participe sans doute à la fois de notre activité consciente et de l'autre, si l'on admet que le fait d'avoir écrit la première entraîne un minimum de perception. Peu doit vous importer, d'ailleurs ; c'est en cela que réside, pour la plus grande part, l'intérêt du

20 jeu surréaliste. Toujours est-il que la ponctuation s'oppose sans doute à la continuité absolue de la coulée qui nous occupe, bien qu'elle paraisse aussi nécessaire que la distribution des nœuds sur une corde vibrante. Continuez autant qu'il vous plaira.

25 Fiez-vous au caractère inépuisable du murmure. Si le silence menace de s'établir pour peu que vous ayez commis une faute : une faute, peut-on dire, d'inattention, rompez sans hésiter avec une ligne trop claire. À la suite du mot dont l'origine vous

30 semble suspecte, posez une lettre quelconque, la lettre *l* par exemple, toujours la lettre *l,* et ramenez l'arbitraire en imposant cette lettre pour initiale au mot qui suivra.

Manifeste du surréalisme, *1924,*
« Secrets de l'art magique surréaliste »,
Société nouvelle des éditions Pauvert, 1979.

Guide de lecture

I. **Quelles sont les conditions préalables à l'écriture automatique ? Quel est le rôle de la première phrase ?**

2. **Quel danger représente la ponctuation ?**

3. **Que pensez-vous du rôle du hasard dans cette méthode ?**

SIGNE ASCENDANT (1948). Dans le texte intitulé « Signe ascendant », qui donne son titre au recueil, Breton écrit qu'il n'a « jamais éprouvé le plaisir intellectuel que sur le plan analogique ». Le poème qui suit et qui célèbre Aube, la fille d'André Breton et du peintre

Jacqueline Lamba, est un exemple de cette poétique qui établit « un rapport spontané, extra-lucide, insolent », « entre telle chose et telle autre ».

Écoute au coquillage

Je n'avais pas commencé à te voir tu étais AUBE
Rien n'était dévoilé

Toutes les barques se berçaient sur le rivage
Dénouant les faveurs[1] (tu sais) de ces boîtes
5   de dragées
Roses et blanches entre lesquelles ambule
une navette d'argent
Et moi je t'ai nommée Aube en tremblant

Dix ans après
10 Je te retrouve dans la fleur tropicale
Qui s'ouvre à minuit
Un seul cristal de neige qui déborderait la coupe
de tes deux mains
On l'appelle à la Martinique la *fleur du bal*
15 Elle et toi vous vous partagez le mystère
de l'existence
Le premier grain de rosée devançant de loin tous les
autres follement irisé[2] contenant tout

---

1. Rubans.
2. Qui prend les couleurs du prisme.

Je vois ce qui m'est caché à tout jamais

20 Quand tu dors dans la clairière de ton bras sous les
      papillons de tes cheveux

Et quand tu renais du phénix[1] de ta source

Dans la menthe de la mémoire

De la moire[2] énigmatique de la ressemblance dans

25   un miroir sans fond

Tirant l'épingle de ce qu'on ne verra qu'une fois

Dans mon cœur toutes les ailes du milkweed[3]

Frêtent[4] ce que tu me dis

Tu portes une robe d'été que tu ne te connais pas

30 Presque immatérielle elle est constellée en tous sens

      d'aimants en fer à cheval d'un beau rouge minium

      à pieds bleus

SIGNE ASCENDANT, *1948*,
Sur mer, « *Oubliés* », *1946, Gallimard.*

Guide de lecture

1. Relevez toutes les allitérations des deux premières strophes.
2. À qui s'adresse le poème ? À quel moment du poème s'agit-il d'« écoute » ?
3. Le poète évoque sa fille en quels termes ? Par quelles métaphores ?
4. Quel est le mouvement général du poème ?

---

1. Oiseau mythologique qui une fois brûlé, renaissait de ses cendres.

2. Tissu qui présente des parties mates et des parties brillantes.

3. Mot anglais, « laiteron » en français. Terme de botanique qui désigne un genre de plantes lactescentes (contenant du lait).

4. « Fréter » signifie louer ou équiper un navire. « Frêter » semble être une création de Breton.

ARAGON   *(1897-1982)*

LA RENCONTRE AVEC BRETON.   Né le 3 octobre 1897 à Paris d'un père qui refusa de le reconnaître et d'une mère qui, jusqu'à ses vingt ans, se fit passer pour sa sœur, Louis Aragon connaît un roman familial passablement compliqué.

Avant de devenir le chantre de la Résistance, le dernier poète du parti communiste français — dont il sera membre jusqu'à sa mort —, Aragon est le plus proche ami de Breton. Tous deux étudiants en médecine, ils se rencontrent durant la Première Guerre mondiale à l'hôpital du Val-de-Grâce. Ils se lient aussitôt d'amitié et créent ensemble en 1919 la revue *Littérature*. Auparavant, envoyé au front en juin 1918, Aragon y avait obtenu la croix de guerre.

L'ENGAGEMENT POLITIQUE.   Aragon se consacre donc d'abord aux expériences d'écriture automatique, comme en témoignent les poèmes recueillis en 1926 sous le titre *le Mouvement perpétuel*. À partir de 1925, il veut orienter le surréalisme en direction d'une révolution effective, plus engagée que le mouvement dada ou que la révolte surréaliste. Il adhère au parti communiste en 1927, rencontre en 1928 Elsa Triolet, belle-sœur du poète soviétique Maïakovski, et découvre avec enthousiasme l'U.R.S.S. en 1930, au Congrès international des écrivains, à Kharkov, où le surréalisme est condamné. La rupture avec Breton est alors inévitable. Aragon quitte les surréalistes et s'engage par le roman dans le cycle du « monde réel ». Il apprend également le métier de journaliste à *l'Humanité*, puis devient codirecteur d'un nouveau quotidien communiste, *Ce soir*.

LA RÉSISTANCE. Au début de la Seconde Guerre mondiale, il est mobilisé dans un groupe sanitaire et son courage lui vaut une seconde décoration, la médaille militaire. La démobilisation marque pour lui le début de la Résistance, qu'il mène en zone sud en constituant un réseau d'intellectuels avec le parti communiste clandestin, et en diffusant des poèmes qui, sur des mètres traditionnels (alexandrins et strophes rimées) repris à la tradition des troubadours du Moyen Âge, exaltent l'amour d'Elsa et de la France opprimée : *le Crève-Cœur* (1941), *les Yeux d'Elsa* (1942), *Brocéliande*, *le Musée Grévin* (1943), *la Diane française* (1945). Aragon renoue alors avec une certaine simplicité de langage, avec des formes rhétoriques éprouvées (la litanie, par exemple) et des formes prosodiques classiques.

Après la guerre, la mort de Staline en 1953, le rapport Khrouchtchev et l'écrasement de l'insurrection hongroise à Budapest en 1956 engendrent bien des désillusions, dont l'écho se lit dans le *Roman inachevé* (1956). À la fin des années 1950, beaucoup de vers d'Aragon quittent la page écrite pour être chantés par Lino Léonardi, Jean Ferrat et surtout Léo Ferré.

En 1970 meurt Elsa, qu'il avait tant célébrée (*Elsa*, 1959 ; *le Fou d'Elsa*, 1963). Aragon, lui, meurt en 1982, à 85 ans.

LE MUSÉE GRÉVIN (1943). Sous l'occupation nazie, la poésie clandestine devient la voix de la Résistance. Les vers du *Musée Grévin* sont écrits dans l'illégalité, tandis que la France est toujours occupée, que l'existence des camps d'extermination vient d'être révélée et que nul n'entrevoit la fin de la guerre. Aragon revendique ce long poème comme « une poésie de circonstance », un poème épique, adjectif qu'il définit comme n'étant « pas autre chose que le nom en poésie du sens national ».

« J'écris dans un pays dévasté par la peste »

J'écris dans un pays dévasté par la peste,
Qui semble un cauchemar attardé de Goya[1],
Où les chiens n'ont d'espoir que la manne céleste[2],
Et des squelettes blancs cultivent le soya...

5   Un pays, en tous sens parcouru d'escogriffes[3],
À coup de fouet chassant le bétail devant eux...
Un pays disputé par l'ongle et par la griffe,
Sous le ciel sans pitié des jours calamiteux !

Un pays pantelant sous le pied des fantoches,
10   Labouré jusqu'au cœur par l'ornière des roues,
Mis en coupe réglée au nom du Roi Pétoche...
Un pays de frayeur en proie aux loups-garous.

----

1. Peintre espagnol (1746-1828).

2. Nourriture miraculeuse envoyée aux Hébreux dans le désert (Exode, XVI, 15).

3. Mot dialectal qui signifie, dans ce contexte, voleur, escroc.

J'écris dans ce pays où l'on parque les hommes
Dans l'ordure et la soif, le silence et la faim...
15 Où la mère se voit arracher son fils, comme
Si Hérode[1] régnait, quand Laval est dauphin !

J'écris dans ce pays que le sang défigure,
Qui n'est plus qu'un monceau de douleurs et de
[plaies,
Une halle à tous vents que la grêle inaugure,
20 Une ruine où la mort s'exerce aux osselets...

J'écris dans ce pays tandis que la police
À toute heure de nuit, entre dans les maisons,
Que les inquisiteurs, enfonçant leurs éclisses[2],
Dans les membres brisés guettent les trahisons...

25 J'écris dans ce pays qui souffre mille morts,
Qui montre à tous les yeux ses blessures pourprées,
Et la meute sur lui grouillante qui le mord,
Et les valets sonnants dans le cor la curée !

J'écris dans ce pays que les bouchers écorchent,
30 Et dont je vois les nerfs, les entrailles, les os...
Et dont je vois les bois brûler comme des torches,
Et, sur les blés en feu, la fuite des oiseaux...

---

1. Hérode Ier le Grand (73-4 av. J.-C.). Il fut responsable du « massacre des innocents ».
2. Plaques de bois mince ou bandages de carton qu'on applique le long d'un membre fracturé pour maintenir l'os en place.

J'écris dans cette nuit profonde et criminelle
Où j'entends respirer les soldats étrangers...
35 Et les trains s'étrangler au loin dans les tunnels
Dont Dieu sait si jamais ils pourront déplonger !

J'écris dans un champ clos, où, des deux adversaires,
L'un semble d'une pièce, armure et palefroi[1] ;
Et l'autre, que l'épée atrocement lacère,
40 A, lui, pour tout arroi[2], sa bravoure et son droit !

J'écris dans cette fosse, où, non plus un prophète,
Mais un peuple est parmi les bêtes descendu,
Qu'on somme de ne plus oublier sa défaite
Et de livrer aux ours la chair qui leur est due...

45 J'écris dans ce décor tragique, où les acteurs
Ont perdu leur chemin, leur sommeil et leur rang,
Dans ce théâtre vide où les usurpateurs
Annoncent de grands mots pour les seuls

[ignorants...

J'écris dans la chiourme[3] énorme qui murmure...
50 J'écris dans l'oubliette, au soir, qui retentit
Des messages frappés du poing contre les murs,
Infligeant aux geôliers d'étranges démentis !

LE MUSÉE GRÉVIN, *1943,*
éditions de Minuit.D.R.

---

1. Cheval de marche, de parade, de cérémonie.

2. Équipage accompagnant un personnage, suite brillante.

3. Ensemble des galériens, des forçats.

Guide de lecture
....

1. Relevez toutes les allusions à la période historique où vit Aragon.

2. Quels sont les thèmes dominants de ce poème ? Relevez-en toutes les images.

3. Explicitez les références faites à Goya ainsi qu'au roi Hérode.

4. Pourquoi dit-on d'Aragon qu'il est un poète engagé ?

LES BEAUX QUARTIERS (1936). L'engagement d'Aragon au parti communiste le pousse à écrire des textes plus réalistes et donc plus appropriés, selon lui, pour servir sa vision politique. Dans *les Beaux Quartiers,* la critique de la bourgeoisie parisienne succède à la satire des mœurs provinciales.

« Le tumulte d'un monde artificiel »

C ar la nuit reprend ses droits sur les hommes, elle restitue à la folie, au rire, à l'ivresse, au plaisir, les mannequins corrects de l'ouest[1]. Elle les relance dans la lumière et le tumulte d'un monde
5 artificiel où se perd le mirage de la bonté. Cela commence dans les arbres des Champs-Élysées, cela tourne par les boulevards, jusqu'à la Répu-

---

1. Les habitants des beaux quartiers de l'ouest de Paris.

blique, dans ce domaine des théâtres et des cafés, des boîtes de nuit et des bordels qui grimpent les

10 pentes de Montmartre avec des bouffées de musique et des tamponnements de taxis. Ah, les amateurs de la violence et de la vie peuvent encore épuiser le trop-plein de leurs forces : il reste pour eux un brillant terrain d'expériences où l'orchestre du dan-

15 ger joue au milieu des tables. Ici l'on rêve éveillé. La beauté des femmes et les abîmes de l'argent, l'éclat de l'alcool et la complicité des jeux d'enfance, la brutalité de la joie et la prostitution du cœur : le revolver n'est jamais très loin quand le maître d'hôtel

20 s'incline sur les seaux à champagne. Il y a toujours quelque chose de bleu comme la nuit dans les sourires, quelque chose d'agressif dans l'étincellement des bijoux, quelque chose d'incompréhensible aux revers de soie des habits noirs. Miroirs, romances,

25 encore une bouteille, voulez-vous ? De grosses dames impudiques se plient dans la pâleur des tangos, tournent dans la valse qui emporte des Sud-Américains couleur de cigare. Un carnaval de hideurs, de défaites physiques, tragédies du temps,

30 entoure les êtres féeriques de cet Eldorado moderne. Il rôde un air de la décomposition. Mais que de belles filles, que de seins splendides, de bras à vous damner, au-dessus de la vaisselle et des pailles, dans l'obséquiosité des garçons. Il y a dans chaque

35 homme une incertitude de l'heure suivante, de la folie suivante. Va-t-il rentrer chez lui sagement, vers le matin ? Une liqueur peut toujours le faire verser d'un monde dans l'autre, il sera la proie des proposi-

tions flatteuses, il chavirera dans la nuit, il se retrou-
40 vera dans un lieu de glaces et de rires. Il paiera son
plaisir avec le même billet bleu qui sert à la philan-
thropie. Au-dehors, les ombres louches font un tra-
fic incertain dans les mailles de la lumière
électrique, il y a des êtres qui attendent, des mar-
45 chandages, des menaces, des supplications. Tout
cela se défait à travers l'immense ville vide où rien
ne bat plus après les heures de bureau, sauf le lointain cœur des Halles ; et les rues vides, où file une
auto comme chante un pochard, semblent attendre
50 avec leurs réverbères sans fin un monarque en
voyage qui a changé d'idée au dernier moment.
Rêves, rêves de la pierre : les statues aux yeux blancs
rêvent sur les places.

LES BEAUX QUARTIERS, *1936,*
2ᵉ partie, « Paris », chapitre 1, Denoël.

Guide de lecture
....

**I. Quelle image donne
Aragon du Paris des
plaisirs ?**

**2. Sur quelle opposition
repose la critique sociale ?**

**3. Analysez le rythme
du texte.**

ELUARD   *(1895-1952)*

....

LA JEUNESSE.   Paul Eluard est né en 1895 à Saint-Denis.
En Suisse, où il soigne une tuberculose, il fait la connaissance d'une jeune russe qu'il prénommera Gala et qu'il
épousera en 1916. Il est à peine guéri lorsque la guerre
éclate ; il revient du front avec des *Poèmes pour la paix*
qui le lancent dans l'avant-garde littéraire, où il fait la
connaissance d'Aragon, de Breton et des grands
peintres de son époque : Chirico, Salvador Dalí, Picasso,
et surtout Max Ernst qui devient pour lui le frère aîné, le
modèle et le médiateur.

LE SURRÉALISME.   Eluard participe au mouvement dada
(voir p. 364), puis au mouvement surréaliste, dont il va
être l'un des membres les plus actifs. À cette époque, les
ennuis de santé s'ajoutent aux souffrances sentimentales
dont témoigne *Capitale de la douleur* (1926). Gala le
quitte pour Dalí en 1931, mais Eluard reconstruit une relation amoureuse privilégiée avec Nush, qu'il épouse en
1934. Avec les autres surréalistes, il adhère en 1926 au
parti communiste, et s'en fait exclure comme eux en
1933. Mais, de 1938 à 1942, la guerre d'Espagne puis le
nazisme le décident à revenir au parti communiste, qu'il
ne quittera plus. La guerre d'Espagne lui inspire aussi, dans
Cours naturel (1938), des poèmes d'amour et un poème
intitulé « La victoire de Guernica ».

L'HONNEUR DES POÈTES.   La Seconde Guerre mondiale
met Eluard au premier rang des poètes de la Résistance,

avec son poème « Liberté », mis en musique par Francis Poulenc, traduit en plus de dix langues. Mais il est surtout un poète de l'amour qu'il ne sépare pas de la poésie. La mort de Nush, en 1946, le plonge dans le désespoir, jusqu'à sa rencontre avec Dominique Lemor, sa dernière compagne. Eluard a « la parole facile » et célèbre dans une langue simple et limpide la femme, toutes les femmes : *la Vie immédiate* (1932), *la Rose publique* (1934), *les Yeux fertiles* (1936) témoignent de cette passion. En 1952, Eluard succombe à une crise cardiaque.

CAPITALE DE LA DOULEUR (1926).   Le recueil auquel appartient « La parole » s'intitulait à l'origine « l'Art d'être malheureux ». Femme et parole poétique sont ici encore assimilées.

La parole
J'ai la beauté facile et c'est heureux.
    Je glisse sur le toit des vents
    Je glisse sur le toit des mers
    Je suis devenue sentimentale
5   Je ne connais plus le conducteur
    Je ne bouge plus soie sur les glaces
    Je suis malade fleurs et cailloux
    J'aime le plus chinois aux nues
J'aime la plus nue aux écarts d'oiseau
10   Je suis vieille mais ici je suis belle
Et l'ombre qui descend des fenêtres profondes
Épargne chaque soir le cœur noir de mes yeux.

CAPITALE DE LA DOULEUR, *1926,*
« Répétitions », Gallimard.

Guide de lecture
....

1. Qui est désigné par
le pronom personnel
« je » ?
2. Pourquoi la parole
est-elle alliée à la
beauté ?

3. Quelles sont les
associations d'idées
entre les différentes
expressions de ce
poème ?

Tout poème est un jeu de cette sorte, qui unit des éléments disparates. Leur liaison dans le rythme du vers
est une récompense pour le lecteur.

Le jeu de construction

À Raymond Roussel[1].

L'homme s'enfuit, le cheval tombe,
La porte ne peut pas s'ouvrir,
L'oiseau se tait, creusez sa tombe,
Le silence le fait mourir.

5   Un papillon sur une branche
Attend patiemment l'hiver,
Son cœur est lourd, la branche penche,
La branche se plie comme un ver.

----

1. Écrivain (1877-1933) que les surréalistes ont reconnu comme l'un de
leurs précurseurs.

Pourquoi pleurer la fleur séchée
10 Et pourquoi pleurer les lilas ?
Pourquoi pleurer la rose d'ambre ?

Pourquoi pleurer la pensée tendre ?
Pourquoi chercher la fleur cachée
    Si l'on n'a pas de récompense ?

15   — Mais pour ça, ça et ça.

CAPITALE DE LA DOULEUR, *1926,*
« *Mourir de ne pas mourir* », *1924, Gallimard.*

Guide de lecture

1. Relevez tous les éléments qui évoquent la nature.

2. Comment peut-on comprendre le titre de ce poème ?

3. Comment interprétez-vous « ça, ça et ça » ?

DESNOS (1900-1945)

LE PROPHÈTE DU SURRÉALISME. Né en 1900 à Paris, Robert Desnos publie ses premiers poèmes à 17 ans, et commence à noter ses rêves. Benjamin Péret lui fait connaître le groupe surréaliste. Desnos s'y révèle singulièrement doué pour l'expérience des « sommeils », et Breton déclare : « Le surréalisme est à l'ordre du jour, et Desnos est son prophète». Les deux hommes rompent pourtant quand Breton décide d'entrer au parti communiste, en 1930.

À partir de 1932, Desnos devient journaliste ; il rédige des articles sur la musique, des slogans publicitaires pour la radio, de très nombreux scénarios de cinéma, des albums pour enfants. Et des poèmes fantaisistes comme *Siramour* et *les Sans-Cou,* aussi bien que de la poésie lyrique.

Sous l'occupation nazie, Desnos écrit parmi les plus beaux poèmes inspirés par la Résistance : *les Couplets de la rue Saint-Martin, le Veilleur du Pont-au-Change* (signés du pseudonyme « Valentin Guillois »). Membre d'un réseau de renseignements et de l'équipe des éditions de Minuit, fondées par Vercors (1902-1991), Desnos est déporté à Buchenwald en 1944. Il meurt au camp de Terezín, en Tchécoslovaquie, le 8 juin 1945. Ses principaux recueils sont : *Deuil pour deuil* (1924), *Corps et biens* (1930), *Fortunes* (1942), *État de veille* (1943) et *30 Chantefables pour les enfants sages,* publié la même année.

FORTUNES (1934). L'écriture automatique et la dictée sous hypnose ont accoutumé Desnos à jouer avec les mots. Mais la poésie n'est pas seulement jeu verbal, elle donne à l'univers d'autres dimensions : « je dis comme, et tout se métamorphose. » Ce vers n'énonce-t-il pas la définition même de la poésie ?

Comme

Come, dit l'Anglais à l'Anglais, et l'Anglais vient.
Côme, dit le chef de gare, et le voyageur qui vient
    dans cette ville descend du train sa valise à la main.
Come, dit l'autre, et il mange.
5 Comme, je dis comme et tout se métamorphose,
    le marbre en eau, le ciel en orange, le vin en plaine,
    le fil en six, le cœur en peine, la peur en seine.
Mais si l'Anglais dit as, c'est à son tour de voir le
    monde changer de forme à sa convenance
10 Et moi je ne vois plus qu'un signe unique sur une
    carte
L'as de cœur si c'est en février,
L'as de carreau et l'as de trèfle, misère en Flandre,
L'as de pique aux mains des aventuriers.
15 Et si cela me plaît à moi de vous dire machin,
Pot à eau, mousseline et potiron.
Que l'Anglais dise machin,
Que machin dise le chef de gare,
Machin dise l'autre,
20 Et moi aussi.
Machin.
Et même machin chose.
Il est vrai que vous vous en foutez
Que vous ne comprenez pas la raison de ce poème.

25 Moi non plus d'ailleurs.
Poème, je vous demande un peu ?
Poème ? je vous demande un peu de confiture,
Encore un peu de gigot,
Encore un petit verre de vin
30 Pour nous mettre en train...
Poème, je ne vous demande pas l'heure qu'il est.
Poème, je ne vous demande pas si votre beau-père
    est poilu comme un sapeur.
Poème, je vous demande un peu... ?

35 Poème, je ne vous demande pas l'aumône,
Je vous la fais.
Poème, je ne vous demande pas l'heure qu'il est,
Je vous la donne.
Poème, je ne vous demande pas si vous allez bien,
40 Cela se devine.
Poème, poème, je vous demande un peu...
Je vous demande un peu d'or pour être heureux
    avec celle que j'aime.

FORTUNES, *1934,*
« Les Sans-Cou », Gallimard.

Guide de lecture
....

1. On dit de Desnos qu'il est un poète « fantaisiste » ; à la lecture de ce poème, dites pourquoi.
2. Quelle interprétation donnez-vous à ce vers : « je dis comme et tout se métamorphose ».
3. Étudiez les répétitions et les associations d'idées.

SUPERVIELLE   *(1884-1960)*

....

UN POÈTE ENTRE DEUX MONDES.   Né à Montevideo le 16
janvier 1884, Jules Supervielle est un Uruguayen dont la
famille est originaire du Pays basque. Orphelin à 8 mois,
il est élevé par son oncle et sa tante ; doté d'une double
nationalité et, jusqu'en 1940, d'une fortune en Uruguay,
Supervielle doit à ces circonstances de n'avoir jamais eu
à gagner sa vie et de pouvoir consacrer tout son temps à
la littérature. Il publie en France à partir de 1900 ses
premiers vers, où s'expriment ses thèmes personnels
(les parents perdus, la sympathie pour les peuples opprimés...) : *Débarcadères* (1922), *Gravitations* (1925) puis
un conte, *l'Enfant de la haute mer* (1931).

Les poètes qui écrivent entre les années 1930 et les
années 1960 sont marqués pour la plupart par l'influence du surréalisme ; Jules Supervielle est de ceux-là.
Sa poésie rend sensible le mystère dans la vie quotidienne et cultive ainsi, au cœur du réel, le merveilleux et
le fabuleux.

Supervielle meurt à Paris le 17 mai 1960, après avoir
publié son dernier recueil, *le Corps tragique* (1959).

LES AMIS INCONNUS (1934).   Dans une langue claire, af-
fectée d'un « certain coefficient de prose » — comme
il le dit lui-même —, sa poésie chante les « amis inconnus » que sont les hommes, les plantes et les
animaux.

L'appel

Les dames en noir prirent leur violon
    Afin de jouer, le dos au miroir.

Le vent s'effaçait comme aux meilleurs jours
    Pour mieux écouter l'obscure musique.

5 Mais presque aussitôt pris d'un grand oubli
    Le violon se tut dans les bras des femmes

Comme un enfant nu qui s'est endormi
    Au milieu des arbres.

Rien ne semblait plus devoir animer
10 L'immobile archet, le violon de marbre,

Et ce fut alors qu'au fond du sommeil
Quelqu'un me souffla : « Vous seul le pourriez,
    Venez tout de suite. »

LES AMIS INCONNUS, *1934,*
« L'allée », Gallimard.

Guide de lecture

1. Vous étudierez la construction de ce poème en montrant l'alternance entre l'évocation du violon et celle de l'être humain.
2. Quels sont les personnages évoqués ici ?

3. Ce poème ne comporte pas de rimes : qu'est-ce qui, dans ces conditions, définit la forme poétique ?

PIERRE REVERDY *(1889-1960)*

UN PRÉCURSEUR.   Pierre Reverdy né à Narbonne en 1889, arrive à Paris à l'âge de 19 ans, où il vit pauvrement de son métier de correcteur d'imprimerie. Il habite Montmartre, auprès des artistes du Bateau-Lavoir — peintres (Picasso, Gris, Matisse, Braque) et poètes (Jacob, Apollinaire) —, éditant lui-même ses poèmes : *la Lucarne ovale* (1916), *les Ardoises du toit* (1918). Il fonde en 1916 une revue, *Nord-Sud,* qui s'ouvre sur un article consacré au cubisme (voir p. 365), qu'il définit comme « un art de création et non de reproduction ou d'interprétation », termes qu'il emploiera pour définir sa propre poétique. Reverdy inaugure ainsi une longue et profonde réflexion sur la relation entre la peinture et la poésie.

Les surréalistes utilisent sa théorie de la métaphore poétique : « L'image est une création pure de l'esprit. Elle ne peut naître d'une comparaison mais du rapprochement de deux réalités plus ou moins éloignées. Plus les rapports des deux réalités seront lointains et justes, plus l'image sera forte — plus elle aura de puissance émotive et de réalité poétique. » (*Nord-Sud,* mars 1918.)

En 1926, Reverdy se retire à l'abbaye de Solesmes, où il continue d'écrire [*Sources du vent* et *Flaques de verre* (1929), *Ferraille* (1937), *le Chant des morts* (1948)] et où il meurt en 1960. Reverdy n'est pas un poète du quotidien moderne, comme le furent Apollinaire ou Cendrars, qui célébraient le siècle nouveau. Dans ses vers s'expriment la tristesse, l'angoisse, une intimité grise qui est la mélancolie de tous les temps. Mais il est neuf dans les formes qu'il donne à sa poésie : dépouillée, elle annonce, trente ans à l'avance, les préoccupations d'une nouvelle génération de poètes, à laquelle, par exemple, appartient André du Bouchet.

LES ARDOISES DU TOIT (1918).   Reverdy, dont les vers expriment souvent un univers désolé, accentue dans ce recueil l'effet de dépouillement par des blancs, la disposition décalée des vers et par l'usage d'une syntaxe elliptique.

Nomade

La porte qui ne s'ouvre pas
La main qui passe
Au loin un verre qui se casse
La lampe fume
5 Les étincelles qui s'allument
Le ciel est plus noir
Sur les toits

Quelques animaux
Sans leur ombre
10 Un regard
Une tache sombre

La maison où l'on n'entre pas

LES ARDOISES DU TOIT, *1918,*
« *Plupart du temps* », Flammarion.

Guide de lecture
....

1. **Relevez tous les termes qui expriment la négativité.**

2. **Quel est le rôle, dans la signification du poème, de la mise en page (blancs, disposition typographique) ? Décrivez-la.**

3. **Quels sont les effets de sens produits par l'absence de ponctuation ?**

4. **Qui est le nomade, selon vous ?**

SOURCES DU VENT (1929).   La même année, Reverdy fait paraître deux recueils : *Sources du vent,* qui regroupe les textes en vers, et *Flaques de verre,* les textes en prose. « Gris de poussière », coup de grisou, de gris, de cafard : ce poème déroule, dans sa marche, le temps et son irrémédiable perte.

Chemin tournant

Il y a un terrible gris de poussière dans le temps
Un vent du sud avec de fortes ailes
Les échos sourds de l'eau dans le soir chavirant
Et dans la nuit mouillée qui jaillit du tournant
5   des voix rugueuses qui se plaignent
Un goût de cendre sur la langue
Un bruit d'orgue dans les sentiers
Le navire du cœur qui tangue
Tous les désastres du métier

10   Quand les feux du désert s'éteignent un à un
Quand les yeux sont mouillés comme des
    brins d'herbe
Quand la rosée descend les pieds nus sur les feuilles
Le matin à peine levé
15   Il y a quelqu'un qui cherche
Une adresse perdue dans le chemin caché
Les astres dérouillés et les fleurs dégringolent
À travers les branches cassées
Et le ruisseau obscur essuie ses lèvres molles à peine
20   décollées

Quand le pas du marcheur sur le cadran qui compte
règle le mouvement et pousse l'horizon
Tous les cris sont passés tous les temps se rencontrent
Et moi je marche au ciel les yeux dans les rayons
25   Il y a du bruit pour rien et des noms dans ma tête
Des visages vivants
            Tout ce qui s'est passé au monde
Et cette fête
         Où j'ai perdu mon temps

MAIN D'ŒUVRE, *1949*,
Sources du vent, Mercure de France.

Guide de lecture

....

1. Relevez tous les
termes qui expriment la
temporalité.
2. Quel est le chemin
décrit dans le poème ?

Où mène-t-il ?
3. Que désigne selon
vous l'expression « les
désastres du métier » ?

PRÉVERT   *(1900-1977)*
....

UN POÈTE POPULAIRE. Jacques Prévert est né le 4 février 1900 à Neuilly-sur-Seine. Après avoir fait des études primaires médiocres, il devient employé au Bon Marché dès l'âge de 15 ans. Il est mobilisé en 1918 et, la guerre finie, achève son service militaire au Moyen-Orient. Il y fait la connaissance du peintre Yves Tanguy et de Marcel Duhamel (fondateur chez Gallimard de la célèbre « Série noire »), deux amis avec qui, en 1925, il participe aux activités du groupe surréaliste. Anarchiste bien plus que marxiste, refusant tout embrigadement, il s'éloigne d'André Breton en 1929.

Prévert exerce ses talents artistiques dans des domaines très divers. De 1932 à 1936, il rédige des textes pour une troupe de théâtre militant, *Octobre*. Il collabore en tant qu'adaptateur, scénariste, dialoguiste à près de 35 films, avec les meilleurs metteurs en scène de cinéma de l'époque : Claude Autant-Lara, Jean Grémillon, Pierre Prévert, Jean Renoir et surtout Marcel Carné. Ses poèmes, dispersés jusqu'alors dans des revues et interdits par le gouvernement de collaboration vichyssois, sont d'abord publiés clandestinement en recueil par un groupe de professeurs et d'élèves du lycée de Reims. C'est ce recueil qui forme le noyau de *Paroles* (1945). Joseph Kosma met ces poèmes en musique et un grand nombre de ces textes — volontiers anarchistes et provocateurs — feront le tour du monde.

En 1948, à la suite d'un grave accident, Prévert s'installe à Saint-Paul-de-Vence, où il demeurera jusqu'en

1955, année de son retour à Paris. Une nouvelle activité l'occupe : les collages dont il compose le volume *Fatras* (1965). Il meurt dans sa maison du cap de la Hague, le 12 avril 1977, après une longue maladie.

PAROLES (1945). Les simples « paroles » de Prévert démystifient l'emphase que l'on prête trop souvent à la poésie. Cette parodie de prière témoigne de l'anarchisme anticlérical de Prévert.

Pater noster

Notre Père qui êtes aux cieux
Restez-y
Et nous nous resterons sur la terre
Qui est quelquefois si jolie
5   Avec ses mystères de New York
Et puis ses mystères de Paris
Qui valent bien celui de la Trinité
Avec son petit canal de l'Ourcq
Sa grande muraille de Chine
10   Sa rivière de Morlaix
Ses bêtises de Cambrai
Avec son océan Pacifique
Et ses deux bassins aux Tuilleries
Avec ses bons enfants et ses mauvais sujets
15   Avec toutes les merveilles du monde
Qui sont là
Simplement sur la terre

Offertes à tout le monde

Éparpillées

20 Émerveillées elles-mêmes d'être de telles merveilles

Et qui n'osent se l'avouer

Comme une jolie fille nue qui n'ose se montrer

Avec les épouvantables malheurs du monde

Qui sont légion

25 Avec leurs légionnaires

Avec leurs tortionnaires

Avec les maîtres de ce monde

Les maîtres avec leurs prêtres leurs traîtres et leurs

reîtres[1]

30 Avec les saisons

Avec les années

Avec les jolies filles et avec les vieux cons

Avec la paille de la misère pourrissant dans l'acier des

canons.

PAROLES, *1945,*
« Pater noster », Gallimard.

Guide de lecture

1. Quel est le décalage entre « les mystères de New York », ceux de Paris et ceux de la Trinité ?

2. Prévert mérite-t-il ici la réputation d'anarchiste qu'on lui prête ?

3. Que célèbre-t-il, et de quelle manière ?

---

1. Guerriers brutaux, soudards.

ARTAUD   *(1896-1948)*

....

« L'ÉTERNEL TÉMOIN DE SOI-MÊME ».   Antonin Artaud
souffre depuis son enfance de troubles nerveux, d'une
« effroyable maladie de l'esprit », écrira-t-il, dont
témoignent déjà ses recueils poétiques, *l'Ombilic des
limbes* (1925) et *le Pèse-Nerfs* (1927). Les explorations
des surréalistes dans les domaines du merveilleux et de
l'inconscient l'attirent. Intégré au groupe et à ses travaux,
il en est vite exclu par Breton en raison de la violence de
ses écrits. Comédien, dessinateur, metteur en scène,
Artaud participe à diverses aventures cinématogra-
phiques et théâtrales. En 1926, il fonde avec Vitrac le
Théâtre Alfred-Jarry, où il réalise des spectacles qui
annoncent son idéal d'un « théâtre total ». L'exposition
coloniale de 1931 lui révèle le théâtre rituel balinais, où
se mêlent danse, pantomime, musique et chant. De ces
expériences naîtront les articles et conférences publiés
en 1938 sous le titre *le Théâtre et son double*.

En 1935, la représentation de son unique pièce, *les
Cenci*, où il veut mettre en pratique ses conceptions, est
un échec. Il se lance alors dans la recherche désespérée
d'une culture vivante et d'une mystique qu'il croit trouver
au Mexique dans la civilisation des Indiens Tarahumaras.
En 1939, au retour d'un voyage en Irlande, il est interné.

Pendant ses enfermements successifs (les *Lettres de
Rodez*, publiées en 1946, relatent un de ces séjours), il
poursuit son combat tragique contre la maladie et la
société, à l'exemple du peintre Van Gogh, à qui il consacre
son dernier essai, *Van Gogh, le suicidé de la société* (1947).

LE THÉÂTRE ET SON DOUBLE (1938). Ce recueil réunit des pamphlets et des manifestes à l'éloquence inspirée et au lyrisme violent, qui influenceront largement l'écriture, la représentation et la pensée théâtrales de la seconde moitié du XXe siècle. Artaud y dresse un sévère réquisitoire contre la culture occidentale : le culte du chef-d'œuvre, d'une part, la recherche du divertissement et du profit, de l'autre, l'ont coupée de la vie.

Il dénonce les décadences d'un théâtre dont le seul objet est de « résoudre des conflits sociaux et psychologiques », « de servir de champ de bataille à des passions morales » : il lui reproche de sacraliser la parole au détriment de la mise en scène.

Artaud revendique un « théâtre total », un « théâtre de la cruauté » : tous les moyens de la réalisation scénique et le jeu physique des acteurs doivent agresser violemment l'esprit et le corps des spectateurs, libérant ainsi les instincts primitifs, la cruauté, ce dont le seul langage des mots est incapable. Ainsi, le théâtre retrouvera sa liberté magique et sa dimension métaphysique originelles, telles que le théâtre extrême-oriental ou mexicain les a conservées.

Dans une conférence à la Sorbonne intitulée « Le théâtre et la peste » (1933), Artaud montre que les grandes épidémies provoquent le désordre dans le corps humain et l'anarchie dans l'ordre social. De même, la puissance de la représentation théâtrale fait surgir une cruauté latente, le conflit des « forces noires » de la vie qui sont d'ordinaire refoulées et dissimulées par les conventions sociales.

« Le théâtre comme la peste est une crise »

Le théâtre comme la peste est une crise qui se dénoue par la mort ou la guérison. Et la peste est un
mal supérieur parce qu'elle est une crise complète
après laquelle il ne reste rien que la mort ou qu'une
5 extrême purification. De même le théâtre est un mal
parce qu'il est l'équilibre suprême qui ne s'acquiert
pas sans destruction. Il invite l'esprit à un délire qui
exalte ses énergies ; et l'on peut voir pour finir que
du point de vue humain, l'action du théâtre comme
10 celle de la peste, est bienfaisante, car poussant les
hommes à se voir tels qu'ils sont, elle fait tomber le
masque, elle découvre le mensonge, la veulerie, la
bassesse, la tartuferie ; elle secoue l'inertie as-
phyxiante de la matière qui gagne jusqu'aux don-
15 nées les plus claires des sens ; et révélant à des
collectivités leur puissance sombre, leur force cachée, elle les invite à prendre en face du destin une
attitude héroïque et supérieure qu'elles n'auraient
jamais eue sans cela.

Le Théâtre et son double, *1938,*
« *Le théâtre et la peste* », *1933, Gallimard.*

Guide de lecture
....

I. **Précisez les points
communs à la peste et
au théâtre.**
2. **Quels sont, selon
Artaud, les effets du
spectacle théâtral sur
l'esprit ? Quelles en
sont les conséquences ?**

3. **Comparez la concep-
tion d'Artaud à
d'autres, antérieures
(tragédie et comédie
classique, comédie de
Feydeau), ou posté-
rieures.**

GIRAUDOUX (1882-1944)

FANTAISIES DRAMATIQUES ET MYTHOLOGIQUES. Né à Bellac dans le Limousin, Jean Giraudoux fait des études littéraires, entre à l'École normale supérieure, puis opte pour la carrière diplomatique et l'écriture. Après la Première Guerre mondiale, où il combat dans l'infanterie, il publie de nombreux romans, dont le style brillant et l'atmosphère de rêverie séduisent un public assez large : *Simon le pathétique, Suzanne et le Pacifique* (1921), *Juliette au pays des hommes*. Mais c'est le théâtre qui lui apporte la notoriété. L'acteur et metteur en scène Louis Jouvet, qui apprécie le « beau langage » de Giraudoux, l'incite à adapter pour la scène son roman *Siegfried et le Limousin* : *Siegfried*, joué en 1928, inaugure une fructueuse collaboration entre les deux hommes. Jouvet monte et interprète *Amphitryon 38, La guerre de Troie n'aura pas lieu* (1935), *Électre* (1937), *Ondine* (1939). Le public d'entre les deux guerres fait un succès à ce théâtre littéraire où l'humanisme de l'auteur s'exprime par le moyen des mythes et d'une écriture précieuse. Giraudoux meurt en 1944, avant la Libération et la création de sa dernière pièce par Jouvet, *la Folle de Chaillot*.

LA GUERRE DE TROIE N'AURA PAS LIEU (1935). Avec d'autres dramaturges de son époque — Cocteau, Anouilh, Sartre —, Giraudoux traite les légendes et les mythes grecs comme des paraboles : se prêtant à une grande liberté d'interprétation, ils autorisent les variations poétiques et l'expression d'interrogations ou de

messages philosophiques ; et sous l'occupation, ils per-
mettront de déjouer la censure. S'éloignant du théâtre
psychologique ou réaliste, Giraudoux modernise les
héros de l'Antiquité avec une brillante fantaisie. Ainsi, il
actualise la guerre de Troie pour dénoncer la fureur
belliqueuse des hommes et exprimer son angoisse
devant les menaces d'un nouveau conflit en Europe.

Hélène, épouse du roi grec Ménélas, a été enlevée
par le Troyen Pâris, frère d'Hector. Ce dernier s'efforce
de faire obstacle aux partisans de la guerre. Mais le fa-
natisme et la folie meurtrière l'emporteront : la guerre
de Troie aura lieu.

Dans la scène qui suit, Hector, invité à prononcer
l'éloge funèbre des soldats tombés dans un précédent
combat, va célébrer la vie.

« Mon discours aux morts »

HECTOR. [...] D'ailleurs je l'ai fait déjà, mon discours aux morts. Je le leur ai fait à leur dernière minute de vie, alors qu'adossés un peu de biais aux
oliviers du champ de bataille, ils disposaient d'un
5   reste d'ouïe et de regard. Et je peux vous répéter ce
que je leur ai dit. Et à l'éventré, dont les prunelles
tournaient déjà, j'ai dit : « Eh bien, mon vieux, ça ne
va pas si mal que ça... » Et à celui dont la massue
avait ouvert en deux le crâne : « Ce que tu peux être
10 laid avec ce nez fendu ! » Et à mon petit écuyer, dont
le bras gauche pendait et dont fuyait le dernier

sang : « Tu as de la chance de t'en tirer avec le bras gauche... » Et je suis heureux de leur avoir fait boire à chacun une suprême goutte à la gourde de la vie.

15 C'était tout ce qu'ils réclamaient, ils sont morts en la suçant... Et je n'ajouterai pas un mot. Fermez les portes[1].

LA PETITE POLYXÈNE[2]. Il est mort aussi, le petit écuyer ?

20 HECTOR. Oui, mon chat. Il est mort. Il a soulevé la main droite. Quelqu'un que je ne voyais pas le prenait par sa main valide. Et il est mort.

DEMOKOS[3]. Notre général semble confondre paroles aux mourants et discours aux morts.

25 PRIAM[4]. Ne t'obstine pas, Hector.

HECTOR. Très bien, très bien, je leur parle...

Il se place au pied des portes.

HECTOR. Ô vous qui ne nous entendez pas, qui ne nous voyez pas, écoutez ces paroles, voyez ce cor-
30 tège. Nous sommes les vainqueurs. Cela vous est bien égal, n'est-ce pas ? Vous aussi vous l'êtes. Mais, nous, nous sommes les vainqueurs vivants. C'est ici que commence la différence. C'est ici que j'ai honte. Je ne sais si dans la foule des morts on distingue les
35 morts vainqueurs par une cocarde. Les vivants, vainqueurs ou non, ont la vraie cocarde, la double

---

1. Celles du temple de la Guerre, ouvertes en temps de guerre, fermées en temps de paix.
2. Une petite fille.
3. Poète qui trouve son inspiration dans la guerre.
4. Père d'Hector.

cocarde. Ce sont leurs yeux. Nous, nous avons deux yeux, mes pauvres amis. Nous voyons le soleil. Nous faisons tout ce qui se fait dans le soleil. Nous mangeons. Nous buvons... Et dans le clair de lune !... Nous couchons avec nos femmes... Avec les vôtres aussi...

La guerre de Troie n'aura pas lieu, *1935,*
acte II, scène 5, Grasset. D.R.

Guide de lecture
....

1. **Analysez ce discours aux mourants et aux morts : en quoi est-ce celui d'un homme qui a l'expérience de la guerre ?**

2. **Ce discours aux soldats morts à la guerre n'est pas conforme aux discours traditionnels. Dites pourquoi.**

3. **Montrez qu'Hector exprime le pacifisme de Giraudoux et son amour de la vie.**

COCTEAU *(1889-1963)*

Un artiste complet. Jean Cocteau fait très tôt la connaissance du Tout-Paris artistique, qui le fête dès ses premiers poèmes d'adolescent. En 1913, il compose avec le chorégraphe Diaghilev et le musicien Stravinski *le Sacre du printemps,* un ballet d'avant-garde qui fait scandale. Cet insuccès douloureux engendre, dans la retraite, *le Potomak,* recueil de prose et de dessins. Pendant la guerre, ambulancier volontaire, donc compagnon de la mort, il écrit le *Discours du grand sommeil.* En 1917, il crée avec Picasso et le musicien Érik Satie *Parade,* un ballet dont les audaces surréalistes sont mal accueillies. Son amitié avec le jeune écrivain Raymond Radiguet, dont il fait connaître les romans, correspond à une période féconde : encore un spectacle de choc, *les Mariés de la tour Eiffel* (1924), et un récit, *Thomas l'Imposteur* (1923). Après la mort de Radiguet, il écrit, sur les thèmes du sacré et du destin, des pièces adaptées des mythes grecs : *Orphée, Antigone* (1927), *la Machine infernale* (1934). S'y ajoutent un roman, *les Enfants terribles* (1929), et une pièce de théâtre, *la Voix humaine* (1930). Enfin, sous l'Occupation, il réalise, avec Jean Marais comme principal interprète, deux grands films, *l'Éternel Retour* et *la Belle et la Bête,* qui le font connaître d'un large public. Il revient à l'écriture : du théâtre (*l'Aigle à deux têtes,* 1946), des poèmes, des arguments de ballet, un journal intime... Il se fait aussi peintre, céramiste, décorateur de chapelles. Rarement un artiste aura expérimenté autant de formes artistiques en les habitant de sa mythologie personnelle.

LA VOIX HUMAINE (1930). Cocteau se livre à une expérience d'écriture théâtrale en faisant entrer le téléphone en scène. À partir d'une situation banale, la dernière conversation téléphonique entre une femme et son amant qui vient de la quitter pour en épouser une autre, il compose une mini-tragédie en forme de monologue-dialogue : le spectateur n'entend pas la voix masculine.

Voici la fin de cette conversation.

« J'ai le fil autour de mon cou »

Si, tu prends une voix méchante. Je disais simplement que si tu me trompais par bonté d'âme et que je m'en aperçoive, je n'en aurais que plus de tendresse pour toi............ Allô ! allô !..........
5 Allô !.......... *(Elle raccroche en disant bas et très vite.)* Mon Dieu, faites qu'il redemande[1]. Mon Dieu, faites qu'il redemande. Mon Dieu, faites qu'il redemande. Mon Dieu, faites qu'il redemande. Mon Dieu, faites *(On sonne. Elle décroche.)* On avait coupé.
10 J'étais en train de te dire que si tu me mentais par bonté et que je m'en aperçoive, je n'en aurais que plus de tendresse pour toi ....
.... Bien sûr..................... Tu es fou !.................... Mon amour..................... mon

---

1. Pour obtenir la communication, il fallait alors passer par l'opératrice du bureau de poste ; les coupures étaient fréquentes.

cher amour........................... *(Elle enroule le fil autour*
de son cou.)................... Je sais bien qu'il le faut, mais
c'est atroce............... Jamais je n'aurai ce courage............ Oui. On a l'illusion d'être l'un contre
l'autre et brusquement on met des caves, des
égouts, toute une ville entre soi............ Tu te souviens d'Yvonne qui se demandait comment la voix
peut passer à travers les tortillons du fil. J'ai le fil autour de mon cou. J'ai ta voix autour de mon
cou.............. Il faudrait que le bureau nous coupe
par hasard.......................... Oh ! mon chéri ! Comment peux-tu imaginer que je pense une chose si
laide ? Je sais bien que cette opération est encore
plus cruelle à faire de ton côté que du mien............
non .... non,
non.. À Marseille ?...................... Écoute, chéri, puisque vous serez à Marseille après-demain soir, je voudrais........
enfin j'aimerais........ j'aimerais que tu ne descendes
pas à l'hôtel où nous descendons d'habitude. Tu
n'es pas fâché ?............ Parce que les choses que je
n'imagine pas n'existent pas, ou bien, elles existent
dans une espèce de lieu très vague et qui fait moins
mal............ tu comprends ?............ Merci............
merci. Tu es bon. Je t'aime.
Elle se lève et se dirige vers le lit avec l'appareil à la main.
Alors, voilà........ voilà......... J'allais dire machina-
lement : à tout de suite................. J'en
doute................ On ne sait jamais......... Oh !.......
c'est mieux. Beaucoup mieux.........
Elle se couche sur le lit et serre l'appareil dans ses bras.

Mon chéri.......... mon beau chéri.......... Je suis brave. Dépêche-toi. Vas-y. Coupe ! Coupe vite ! Coupe ! Je t'aime, je t'aime, je t'aime, je t'aime, je t'aime..........

Le récepteur tombe par terre.

50

RIDEAU

LA VOIX HUMAINE, *1930,*
ÉDITIONS STOCK.

Guide de lecture

1. Montrez l'originalité de cette utilisation du téléphone : son rôle, celui du fil, du récepteur qui tombe.
2. Reconstituez le contenu des répliques inaudibles et montrez-en les effets sur le « monologue ».
3. Faîtes apparaître le pathétique de ce texte.

ROGER VITRAC   *(1899-1952)*

LA SUBVERSION AU THÉÂTRE.   L'enfance de Roger Vitrac est marquée par des conflits familiaux, et sa jeunesse, par la guerre et la découverte du surréalisme. En 1922, il adhère au mouvement et collabore à la revue *Révolution surréaliste*. Ses tentatives personnelles pour explorer l'inconscient et le rêve séduisent André Breton, qui cependant ne tardera pas à l'exclure, l'accusant de trahir l'idéal du groupe. Vitrac vient alors de fonder en 1926 avec Antonin Artaud le Théâtre Alfred-Jarry, brève aventure, d'une audience limitée, mais annonciatrice des conceptions théoriques d'Artaud : il s'agit de proposer, en rupture avec la pratique de l'époque, un « théâtre pur », capable d'ébranler à la fois l'esprit et le corps du spectateur. À l'affiche de la salle, des pièces du Suédois Strindberg, de Claudel et de Jarry. Et deux œuvres de Vitrac : en 1927, *les Mystères de l'amour,* drame surréaliste sur l'amour fou, et, en 1928, *Victor ou les Enfants au pouvoir,* mis en scène par Artaud. Ce dernier considère Vitrac comme un « chirurgien de l'esprit », capable de mettre à nu par ses images poétiques et scéniques la vérité du réel et le fonctionnement de l'inconscient. Vitrac est également l'auteur d'autres pièces moins connues, dont *le Coup de Trafalgar* (1929), et de poèmes : *Cruauté de la nuit* et *Connaissance de la mort.*

VICTOR OU LES ENFANTS AU POUVOIR (1928).   Le chef-d'œuvre de Vitrac — et un des meilleurs drames surréalistes — reprend certaines composantes du drame naturaliste et du vaudeville (la famille, l'adultère, par exemple) pour les pervertir. Très vite, l'intrigue tourne à l'absurde, puis à la tragédie ; le langage, toujours poétique, dérape, se dérègle, semble échapper à tout contrôle, comme c'est le cas dans l'écriture automatique. Avec le même plaisir de la provocation, Vitrac tourne en dérision les valeurs bourgeoises, mine simultanément le réel et les conventions théâtrales.

La pièce se déroule en 1909, chez les Paumelle : c'est l'anniversaire de Victor, neuf ans, un mètre quatre-vingt-dix. Avant l'arrivée des invités à cette fête de famille qui se terminera par plusieurs morts, l'enfant-adulte a délibérément cassé un vase de Sèvres et veut en faire porter la responsabilité à la bonne, Lili.

« Il n'y a plus d'enfants »

Victor. On ne me croirait pas, parce que je n'ai jamais rien cassé de ma vie. Pas un piano, pas un biberon. Tandis que toi, tu as déjà à ton actif la pendule, la théière, la bouteille d'eau de noix, etc. Si je m'ac-
5   cuse, voilà mon père : Le cher enfant, il veut sauver Lili. Et ma mère : Victor, ce que tu fais là est très bien ; vous, Lili, je vous chasse. Parce qu'il y aura du monde, on ne t'insultera pas davantage. Que veux-tu, tu as cassé le vase, je n'y peux rien. Rien du
10   tout. Car, puisque je ne puis pas être coupable, je ne peux pas l'avoir cassé.

LILI. Pourtant, il est cassé.

VICTOR. Oui, tu as eu tort. *(Un temps.)* Sans doute, je pourrais dire que c'est le cheval...

15 LILI. Le cheval ?

VICTOR. Oui, le fameux dada qui devait naître du gros coco[1]. Si j'avais trois ans, je le dirais, mais j'en ai neuf, et je suis terriblement intelligent.

LILI. Ah ! si j'avais cassé le verre seulement...

20 VICTOR. Je suis terriblement intelligent. *(S'approchant de Lili et imitant la voix de son père.)* Ne pleurez pas, Lili, ne pleurez pas, chère petite fille.

LILI. Victor ! qu'est-ce qui te prend ?

VICTOR, *même jeu.* Je vous en supplie ne pleurez
25 pas. Madame veut vous congédier, mais madame n'est rien ici. C'est moi qui suis le maître. D'ailleurs madame m'adore, moins pourtant que je ne vous aime. Je plaiderai pour vous, et j'obtiendrai gain de cause. Je vous le jure. Chère Lili. *(Il l'embrasse.)* Je
30 vous sauverai. Comptez sur moi, et au petit jour, je vous apporterai moi-même la bonne nouvelle dans votre chambre. Cher agneau de flamme ! Tour du soir ! Rose de David ! Bergère de l'étoile[2] ! *(Il se lève d'un bond et se met à crier de toutes ses forces, les bras
35 levés.)*

Priez pour nous, priez pour nous, priez pour nous ! *(Puis il part d'un grand éclat de rire.)*

LILI, *se parlant à elle-même, rageusement.* Non, non,

---

1. C'est ainsi que le père de Victor lui parle du vase.
2. Vitrac imite ici les invocations des prières à la Vierge Marie.

non. Je partirai, je partirai. Je veux partir tout de
40 suite. Victor est devenu fou. Ce n'est plus un enfant.
VICTOR.   Il n'y a plus d'enfants. Il n'y a jamais eu
d'enfants.

VICTOR OU LES ENFANTS AU POUVOIR, *1928,*
acte I, scène 1, Gallimard.

Guide de lecture
....

1. Montrez que Victor est « terriblement intelligent ».
2. Expliquez les deux affirmations : « Il n'y a plus d'enfants. Il n'y a jamais eu d'enfants. »
3. Étudiez les procédés par lesquels Victor-Vitrac arrache les masques de la famille bourgeoise et des adultes (point de vue adopté, jeu dans le jeu, parodie).

MONTHERLANT *(1895-1972)*

UN NÉO-CLASSIQUE. Henri de Montherlant est né à Neuilly dans une famille aristocratique aisée. La Grande Guerre, à laquelle il participe comme engagé volontaire, le sport et la tauromachie — exaltés successivement dans *le Songe, les Olympiques* (1924), *les Bestiaires* (1926) — lui permettent ce dépassement de soi qu'il admire chez certains philosophes antiques et modernes, parmi lesquels l'Allemand Nietzsche. Tout en recherchant aventures et plaisirs dans les voyages, il écrit des romans : *les Célibataires,* peinture d'aristocrates décadents, et le cycle des *Jeunes Filles* dans lequel s'exprime un mépris hautain de la femme. C'est en 1942, avec *la Reine morte,* que commence véritablement sa carrière de dramaturge. Suivent, entre autres, *le Maître de Santiago* (1948), *Port-Royal* (1954) et *la Ville dont le prince est un enfant* (1951). Atteint par la cécité, il se donne la mort en 1972.

Dans son théâtre, Montherlant met en scène des héros solitaires et douloureux à travers lesquels il exprime souvent une part de lui-même. Dépouillant à l'extrême une situation conflictuelle, il perpétue la tradition classique par l'exploration des caractères et par une écriture qu'il veut à la fois austère et lyrique.

LA REINE MORTE (1942). Cette pièce s'inspire d'un épisode de l'histoire du Portugal. Le roi Ferrante, pour des raisons politiques, veut marier son fils Pedro à l'Infante de Navarre. Mais Pedro aime Inès de Castro,

qu'il a épousée secrètement. Père et fils s'affrontent ici
dans un impitoyable face à face.

« Je vous reproche de ne pas respirer
à la hauteur où je respire »

FERRANTE.   « Mon père » : durant toute ma jeunesse,
ces mots me faisaient vibrer. Il me semblait — en
dehors de toute idée politique — qu'avoir un fils devait être quelque chose d'immense... Mais regardez-
5   moi donc ! Vos yeux fuient sans cesse pour me cacher tout ce qu'il y a en vous qui ne m'aime pas.

PEDRO.   Ils fuient pour vous cacher la peine que
vous me faites. Vous savez bien que je vous aime.
Mais, ce que vous me reprochez, c'est de n'avoir pas
10   votre caractère. Est-ce ma faute, si je ne suis pas
vous ? Jamais, depuis combien d'années, jamais
vous ne vous êtes intéressé à ce qui m'intéresse.
Vous ne l'avez même pas feint. Si, une fois... quand
vous aviez votre fièvre tierce[1], et croyiez que vous
15   alliez mourir ; tandis que je vous disais quelques
mots auprès de votre lit, vous m'avez demandé : « Et
les loups, en êtes-vous content ? » Car c'était alors
ma passion que la chasse au loup. Oui, une fois seulement, quand vous étiez tout affaibli et désespéré
20   par le mal, vous m'avez parlé de ce que j'aime.

FERRANTE.   Vous croyez que ce que je vous reproche
est de n'être pas semblable à moi. Ce n'est pas tout à

---

1. Fièvre intermittente dont les accès reviennent un jour sur trois.

fait cela. Je vous reproche de ne pas respirer à la hauteur où je respire. On peut avoir de l'indulgence
25 pour la médiocrité qu'on pressent chez un enfant. Non pour celle qui s'étale dans un homme.

PEDRO. Vous me parliez avec intérêt, avec gravité, avec bonté, à l'âge où je ne pouvais pas vous comprendre. Et à l'âge où je l'aurais pu, vous ne m'a-
30 vez plus jamais parlé ainsi, — à moi que, dans les actes publics, vous nommez « mon bien-aimé fils » !

FERRANTE. Parce qu'à cet âge-là non plus vous ne pouviez pas me comprendre. Mes paroles avaient l'air de passer à travers vous comme à travers un fan-
35 tôme pour s'évanouir dans je ne sais quel monde : depuis longtemps déjà la partie était perdue. Vous êtes vide de tout, et d'abord de vous-même. Vous êtes petit, et rapetissez tout à votre mesure. Je vous ai toujours vu abaisser le motif de mes entreprises :
40 croire que je faisais par avidité ce que je faisais pour le bien du royaume ; croire que je faisais par ambition personnelle ce que je faisais pour la gloire de Dieu. De temps en temps vous me jetiez à la tête votre fidélité. Mais je regardais à vos actes, et ils
45 étaient toujours misérables.

LA REINE MORTE, *1942,*
acte II, scène 3, Gallimard.

Guide de lecture

1. Quels reproches le père et le fils s'adressent-ils ?
2. Comment leur tragique incompréhension s'exprime-t-elle
dans le vocabulaire et dans la phrase ?
3. En quoi Ferrante révèle-t-il à la fois sa grandeur et sa petitesse ?

ANOUILH   *(1910-1987)*

UN MISANTHROPE MORALISTE. Jean Anouilh déclarait qu'il n'avait pas de biographie... Grâce à Jouvet, dont il devient le secrétaire, il découvre le théâtre de Giraudoux ; les metteurs en scène Pitoëff et Barsacq l'initient aux rapports du texte théâtral et du plateau. Sa première pièce, *le Voyageur sans bagages*, montée en 1937 par Pitoëff, marque le début de nombreux succès. Sous l'Occupation, le public fait un triomphe en 1944 à *Antigone*, dont le sujet, emprunté à la tragédie antique de Sophocle, semble renvoyer aux situations de l'époque. D'autres réussites, *l'Alouette* (1953), où il fait revivre Jeanne d'Arc, *Becket ou l'Honneur de Dieu* (1959), qu'il met en scène lui-même, font oublier ses dernières pièces où une misanthropie douloureuse s'exprime avec une aigreur sans grâce.

Dans ses pièces à sujet moderne ou antique, « brillantes », « roses », « noires » ou « grinçantes » comme il les qualifie lui-même, Anouilh brosse avec un pessimisme radical le portrait d'une société bourgeoise à laquelle se heurtent des êtres avides de pureté et d'absolu. Il mêle dans sa fantaisie dramatique la farce parfois triviale et des accents tragiques, sans jamais être novateur comme Vitrac, dont il monte en 1962 *Victor ou les Enfants au pouvoir*.

ANTIGONE (1944). Dans cette pièce « noire », Anouilh modernise le mythe d'Antigone, héroïne du poète tragique grec Sophocle, par des anachronismes de langage, de décor et de costumes.

La jeune Antigone a bravé le pouvoir du roi Créon, son oncle : elle a tenté d'ensevelir son frère Polynice, auquel Créon avait refusé des funérailles pour des raisons politiques. Elle mérite donc la mort et elle la revendique : son exigence d'absolu est plus forte que son appétit de vie et que son amour pour Hémon, fils de Créon. Dans l'extrait suivant, Antigone se révolte contre Créon, qui l'incite à accepter de vivre pour connaître le bonheur.

« Vous me dégoûtez tous avec votre bonheur ! »

ANTIGONE.   Oui, j'aime Hémon. J'aime un Hémon dur et jeune ; un Hémon exigeant et fidèle, comme moi. Mais si votre vie, votre bonheur doivent passer sur lui avec leur usure, si Hémon ne doit plus pâlir
5   quand je pâlis, s'il ne doit plus me croire morte quand je suis en retard de cinq minutes, s'il ne doit plus se sentir seul au monde et me détester quand je ris sans qu'il sache pourquoi, s'il doit devenir près de moi le monsieur Hémon, s'il doit apprendre à
10   dire « oui », lui aussi, alors je n'aime plus Hémon !
CRÉON.   Tu ne sais plus ce que tu dis. Tais-toi.
ANTIGONE.   Si, je sais ce que je dis, mais c'est vous qui ne m'entendez plus. Je vous parle de trop loin maintenant, d'un royaume où vous ne pouvez plus
15   entrer avec vos rides, votre sagesse, votre ventre. *(Elle rit.)* Ah ! je ris, Créon, je ris parce que je te vois à

quinze ans, tout d'un coup ! C'est le même air d'impuissance et de croire qu'on peut tout. La vie t'a seulement ajouté tous ces petits plis sur le visage et
20 cette graisse autour de toi.

CRÉON, *la secoue.*   Te tairas-tu, enfin ?

ANTIGONE.   Pourquoi veux-tu me faire taire ? Parce que tu sais que j'ai raison ? Tu crois que je ne lis pas dans tes yeux que tu le sais ? Tu sais que j'ai raison,
25 mais tu ne l'avoueras jamais parce que tu es en train de défendre ton bonheur en ce moment comme un os.

CRÉON.   Le tien et le mien, oui, imbécile !

ANTIGONE.   Vous me dégoûtez tous avec votre bon-
30 heur ! Avec votre vie qu'il faut aimer coûte que coûte. On dirait des chiens qui lèchent tout ce qu'ils trouvent. Et cette petite chance pour tous les jours, si on n'est pas trop exigeant. Moi, je veux tout, tout de suite, — et que ce soit entier — ou alors je refuse !
35 Je ne veux pas être modeste, moi, et me contenter d'un petit morceau si j'ai été bien sage. Je veux être sûre de tout aujourd'hui et que cela soit aussi beau que quand j'étais petite — ou mourir.

ANTIGONE, *1944,*
la Table Ronde.

Guide de lecture
....

1. Qu'est-ce que l'amour et le bonheur pour Antigone ?
2. Pourquoi refuse-t-elle le monde des adultes symbolisé par

Créon ?
3. Montrez que les mots et le rythme des phrases traduisent ses refus et son exigence.

GIDE

(1869-1951)

....

CELUI PAR QUI LE SCANDALE ARRIVE.   André Gide est né dans une famille de la bourgeoisie protestante. Après des études secondaires à l'École alsacienne, à Paris, il commence à écrire et publie en 1891 *les Cahiers d'André Walter*. C'est au cours d'un séjour en Tunisie, de 1893 à 1895, qu'il rompt avec son éducation rigide et prend conscience de son homosexualité. Il se marie toutefois avec sa cousine Madeleine Rondeaux. Après de nombreux voyages, notamment au Congo et au Tchad, il milite contre le colonialisme et devient sympathisant du parti communiste. Un voyage en U.R.S.S. lui dévoile la réalité du régime soviétique, qu'il critique vivement. Pendant la Seconde Guerre mondiale, il séjourne en Afrique du Nord. Son influence est grandissante et il obtient le prix Nobel de littérature en 1947.

Inquiéter, tel est le rôle que Gide assigne à l'écrivain. À son époque, revendiquer son homosexualité comme il le fait, de façon encore discrète, dans *l'Immoraliste* (1902), puis dans *Corydon* (1924) est jugé subversif, comme peut l'être aussi tout ce qui ébranle les conventions : l'exaltation des sens dans *les Nourritures terrestres* (1897), la critique de la religion, la reconnaissance de l'acte gratuit dans *les Caves du Vatican* (1914), le rejet des formes romanesques traditionnelles dans *Paludes* (1895) et *les Faux-Monnayeurs* (1926), qui ouvrent la voie du Nouveau Roman (voir p. 267). André Gide s'est essayé à tous les genres littéraires (poésie, roman, sotie, théâtre, essais, journaux...), ce qui est le signe d'un esprit toujours en mouvement, vivant avec son temps et qui ne se laisse enfermer dans aucune forme.

La Symphonie pastorale (1925).   Gertrude, l'héroïne de ce court roman, orpheline et aveugle de naissance, est recueillie par un pasteur qui entreprend son éducation et qui se souvient, dans ses cahiers, des difficultés et des progrès de la jeune fille. Gertrude vient à peine d'apprendre à sourire lorsque le pasteur lui propose une promenade.

« Le chant des oiseaux »

Craignant que Gertrude ne s'étiolât à demeurer auprès du feu sans cesse, comme une vieille, j'avais commencé de la faire sortir. Mais elle ne consentait à se promener qu'à mon bras. Sa surprise
5 et sa crainte d'abord, dès qu'elle avait quitté la maison, me laissèrent comprendre, avant qu'elle n'eût su me le dire, qu'elle ne s'était encore jamais hasardée au dehors. Dans la chaumière où je l'avais trouvée, personne ne s'était occupé d'elle autrement que
10 pour lui donner à manger et l'aider à ne point mourir, car je n'ose point dire : à vivre. Son univers obscur était borné par les murs mêmes de cette unique pièce qu'elle n'avait jamais quittée : à peine se hasardait-elle, les jours d'été, au bord du seuil, quand
15 la porte restait ouverte sur le grand univers lumineux. Elle me raconta plus tard qu'entendant le

chant des oiseaux elle l'imaginait alors un pur effet de la lumière, ainsi que cette chaleur même qu'elle sentait caresser ses joues et ses mains, et que, sans

20 du reste y réfléchir précisément, il lui paraissait tout naturel que l'air chaud se mît à chanter, de même que l'eau se met à bouillir près du feu. Le vrai c'est qu'elle ne s'en était point inquiétée, qu'elle ne faisait attention à rien et vivait dans un engourdisse-

25 ment profond, jusqu'au jour où je commençai de m'occuper d'elle. Je me souviens de son inépuisable ravissement lorsque je lui appris que ces petites voix émanaient de créatures vivantes, dont il semble que l'unique fonction soit de sentir et d'exprimer l'é-

30 parse joie de la nature. (C'est de ce jour qu'elle prit l'habitude de dire : « Je suis joyeuse comme un oiseau. ») Et pourtant l'idée que ces chants racontaient la splendeur d'un spectacle qu'elle ne pouvait point contempler avait commencé par la rendre mélanco-

35 lique.

— Est-ce que vraiment, disait-elle, la terre est aussi belle que le racontent les oiseaux ? Pourquoi ne le dit-on pas davantage ? Pourquoi, vous, ne me le dites-vous pas ? Est-ce par crainte de me peiner en

40 songeant que je ne puis la voir ? Vous auriez tort. J'écoute si bien les oiseaux ; je crois que je comprends tout ce qu'ils disent.

— Ceux qui peuvent y voir ne les entendent pas si bien que toi, ma Gertrude, lui dis-je en espérant la

45 consoler.

LA SYMPHONIE PASTORALE, *1925,*
« 27 février » Gallimard.

Guide de lecture

1. Pourquoi Gertrude entend-elle mieux les oiseaux que d'autres personnes ne le font ?

2. Quel est le rôle du pasteur auprès d'elle ?

Les Faux-Monnayeurs.   Dans ce roman, Édouard écrit un roman qui s'intitule « les Faux-Monnayeurs » et tient son journal. Amoureux de Laura, une jeune femme qu'il a rencontrée, il s'interroge, dans le passage suivant, sur les effets de cet amour.

Journal d'Édouard

18 octobre.   Laura ne semble pas se douter de sa puissance ; pour moi qui pénètre dans le secret de mon cœur, je sais bien que jusqu'à ce jour, je n'ai pas écrit une ligne qu'elle n'ait indirectement inspirée.
5   Près de moi, je la sens enfantine encore, et toute l'habileté de mon discours, je ne la dois qu'à mon désir constant de l'instruire, de la convaincre, de la séduire. Je ne vois rien, je n'entends rien, sans penser aussitôt : qu'en dirait-elle ? J'abandonne mon
10   émotion et ne connais plus que la sienne. Il me paraît même que si elle n'était pas là pour me préciser, ma propre personnalité s'éperdrait en contours trop vagues : je ne me rassemble et ne me définis qu'autour d'elle. Par quelle illusion ai-je pu croire jusqu'à
15   ce jour que je la façonnerais à ma ressemblance ?

Tandis qu'au contraire c'est moi qui me pliais à la sienne ; et je ne le remarquais pas ! Ou plutôt : par un étrange croisement d'influences amoureuses, nos deux êtres, réciproquement, se déformaient. In-
20 volontairement, inconsciemment, chacun des deux êtres qui s'aiment se façonne selon l'exigence de l'autre, travaille à ressembler à cette idole qu'il contemple dans le cœur de l'autre... Quiconque aime vraiment renonce à la sincérité.

25 C'est ainsi qu'elle m'a donné le change. Sa pensée accompagnait partout la mienne. J'admirais son goût, sa curiosité, sa culture et je ne savais pas que ce n'était que par amour pour moi qu'elle s'intéres-sait si passionnément à tout ce dont elle me voyait
30 m'éprendre. Car elle ne savait rien découvrir. Cha-cune de ses admirations, je le comprends aujour-d'hui, n'était pour elle qu'un lit de repos où allonger sa pensée contre la mienne ; rien ne répondait en ceci à l'exigence profonde de sa nature. « Je ne m'or-
35 nais et ne me parais que pour toi », disait-elle. Préci-sément, j'aurais voulu que ce ne fût que pour elle et qu'elle cédât, ce faisant, à quelque intime besoin personnel.

Les Faux-Monnayeurs, *1925,*
Gallimard.

Guide de lecture

1. Quelle sorte d'in-fluence Laura exerce-t-elle sur le narrateur ?

2. Expliquez la phrase : « Quiconque aime vraiment renonce à la sincérité. »

Les Nouvelles Nourritures (1936).   *Les Nourritures terrestres*, publiées plus de trente ans auparavant, visaient à enseigner à un jeune disciple, Nathanaël, l'immoralisme, c'est-à-dire la libération des désirs, la disponibilité, le détachement. Dans *les Nouvelles Nourritures,* Gide exprime ses préoccupations sociales et son souci des autres. Son interlocuteur s'appelle toujours Nathanaël, et Gide exalte ici auprès de lui « le miracle étourdissant » de la vie et de ses rencontres.

Rencontres

C'était à Florence, un jour de fête. Quelle fête ? Je ne sais plus. De ma fenêtre, qui donnait sur un quai de l'Arno, entre le Ponte San Trinità et le Ponte Vecchio, je contemplais la foule, attendant le
5   désir d'y plonger, vers le soir, quand elle deviendrait plus fervente. Et, tandis que je regardais en amont, une rumeur, des gens qui courent et, sur le Ponte Vecchio, à cet endroit précisément où le décor des maisons qui ourlent le haut du pont cède et, tout au
10   milieu du pont, laisse un espace à découvert, je vis la foule s'empresser, se pencher sur le parapet, et des bras s'allonger et des mains tendues désigner, dans l'eau limoneuse du fleuve, un petit objet qui flottait, disparaissait dans un remous, reparaissait, et que le
15   courant emportait. Je descendis. Les passants que j'interrogeai me dirent qu'une petite fille était tombée à l'eau ; sa jupe ballonnée l'avait maintenue

quelque temps à la surface ; à présent elle avait disparu. Des barques se décrochèrent du rivage, jusqu'au soir des hommes armés de gaffes, fouillèrent l'eau du fleuve ; en vain.

Eh quoi ! Dans cette foule épaisse, personne n'avait su remarquer cette enfant ; la retenir ?... Je gagnai le Ponte Vecchio. À l'endroit même où venait de se précipiter la fillette, un garçon d'une quinzaine d'années répondait aux questions des passants. Il racontait qu'il avait vu cette petite fille enjamber tout à coup la balustrade ; il s'était élancé, avait pu lui saisir le bras et, quelque temps, l'avait maintenue au-dessus du vide ; la foule derrière lui passait sans se douter de rien ; il voulait appeler à l'aide, n'ayant pas la force à lui seul de ramener l'enfant sur le pont ; mais elle lui avait dit alors : « Non, laisse-moi aller », et cela d'une voix si plaintive qu'à la fin il avait lâché prise. Il sanglotait en racontant cela.

On lui demanda s'il la connaissait ; mais non, il la voyait pour la première fois ; personne ne savait qui c'était et toutes les enquêtes que l'on fit les jours suivants furent vaines. On retrouva le corps. C'était celui d'une enfant de quatorze ans ; très maigre et couverte de vêtements très misérables. Que n'eussé-je donné pour en savoir davantage ! et si son père avait une maîtresse, ou sa mère un amant, et ce qui tout à coup devant elle avait cédé, sur quoi elle s'appuyait pour vivre...

— *Mais pourquoi ce récit, me demanda Nathanaël, dans un livre que tu consacres à la joie ?*

— *Ce récit, j'aurais voulu le faire en termes plus*

simples encore. En vérité, le bonheur qui prend élan sur la
50   misère, je n'en veux pas. Une richesse qui prive un autre,
je n'en veux pas. Si mon vêtement dénude autrui, j'irai
nu. Ah ! tu tiens table ouverte, Seigneur Christ ! et ce qui
fait la beauté de ce festin de ton royaume, c'est que tous y
sont conviés.

*

55   Il y a sur terre de telles immensités de misère, de dé-
tresse, de gêne et d'horreur, que l'homme heureux n'y
peut songer sans prendre honte de son bonheur. Et pourtant ne peut rien pour le bonheur d'autrui celui qui ne sait
être heureux lui-même. Je sens en moi l'impérieuse obli-
60   gation d'être heureux. Mais tout bonheur me paraît haïs-
sable qui ne s'obtient qu'aux dépens d'autrui et par des
possessions dont on le prive.

Les Nouvelles Nourritures, *1936,*
livre I, Gallimard.

Guide de lecture
••

I. **Quelles sont les
réactions des specta-
teurs de ce drame et
particulièrement celle
du narrateur ?**
2. **Qu'est-ce qui rend
cette scène pathétique ?**

3. **Comment compre-
nez-vous : « ne peut
rien pour le bonheur
d'autrui celui qui ne sait
être heureux lui-
même » ?**

COLETTE   *(1873-1954)*

COLETTE LA LIBERTINE.   Colette est née dans un petit village de la Puisaye, en Bourgogne. De cette enfance elle tirera les thèmes essentiels de son inspiration : la figure maternelle (Sido), un rapport privilégié avec la nature et peut-être son goût de la liberté. En 1893, elle épouse Henry Gautier-Villars, dit Willy, écrivain et journaliste qui l'introduit dans les cercles mondains parisiens. Commence alors une période intense de création, avec la série des *Claudine* (1900-1903), qui paraît sous le nom de son mari. Après sa rupture avec ce dernier en 1906, elle s'émancipe et, pour gagner sa vie, fait de la pantomime et du théâtre. *Sept Dialogues de bêtes* (1905), *la Vagabonde* (1910), *Chéri* (1920), *le Blé en herbe* (1923), *Sido* (1930) font sa renommée et lui valent l'admiration de Proust et de Gide, entre autres. Inspirée par sa vie, l'œuvre de Colette est remarquable par la précision de ses descriptions et par la sensualité du regard qu'elle porte sur les êtres vivants.

LES VRILLES DE LA VIGNE (1908).   Cette œuvre est un recueil de nouvelles, de contes ou de poèmes en prose postérieurs à la rupture avec Willy : ils chantent la liberté retrouvée, l'amour des bêtes, et Colette y dévoile la sensualité qui imprègne sa vie et son œuvre.

Ce passage s'adresse à la personne que Colette aime, et dont on ne sait si c'est un homme ou une femme.

Chanson de la danseuse

Ô toi qui me nommes danseuse, sache, aujour-d'hui, que je n'ai pas appris à danser. Tu m'as rencontrée petite et joueuse, dansant sur la route et chassant devant moi mon ombre bleue. Je virais
5 comme une abeille, et le pollen d'une poussière blonde poudrait mes pieds et mes cheveux couleur de chemin...

Tu m'as vue revenir de la fontaine, berçant l'am-phore au creux de ma hanche tandis que l'eau, au
10 rythme de mon pas, sautait sur ma tunique en larmes rondes, en serpents d'argent, en courtes fu-sées frisées qui montaient, glacées, jusqu'à ma joue... Je marchais lente, sérieuse, mais tu nommais mon pas une danse. Tu ne regardais pas mon visage,
15 mais tu suivais le mouvement de mes genoux, le ba-lancement de ma taille, tu lisais sur le sable la forme de mes talons nus, l'empreinte de mes doigts écartés, que tu comparais à celle de cinq perles inégales...

Tu m'as dit : « Cueille ces fleurs, poursuis ce papil-
20 lon... » car tu nommais ma course une danse, et chaque révérence de mon corps penché sur les œil-lets de pourpre, et le geste, à chaque fleur re-commencé, de rejeter sur mon épaule une écharpe glissante...

25 Dans ta maison, seule entre toi et la flamme haute d'une lampe, tu m'as dit : « Danse ! » et je n'ai pas dansé.

Mais nue dans tes bras, liée à ton lit par le ruban de feu du plaisir, tu m'as pourtant nommée dan-

30 seuse, à voir bondir sous ma peau, de ma gorge ren-
versée à mes pieds recourbés, la volupté inévitable...

Lasse, j'ai renoué mes cheveux, et tu les regardais,
dociles, s'enrouler à mon front comme un serpent
que charme la flûte...

35 J'ai quitté ta maison durant que tu murmurais :
« La plus belle de tes danses, ce n'est pas quand tu
accours, haletante, pleine d'un désir irrité et tour-
mentant déjà, sur le chemin, l'agrafe de ta robe...
C'est quand tu t'éloignes de moi, calmée et les ge-
40 noux fléchissants, et qu'en t'éloignant tu me regardes, le menton sur l'épaule... Ton corps se souvient de moi, oscille et hésite, tes hanches me re-
grettent et tes reins me remercient... Tu me
regardes, la tête tournée, tandis que tes pieds divina-
45 teurs tâtent et choisissent leur route...

Tu t'en vas, toujours plus petite et fardée par le
soleil couchant, jusqu'à n'être plus, en haut de la
pente, toute mince dans ta robe orangée, qu'une
flamme droite, qui danse imperceptiblement... »

50 Si tu ne me quittes pas, je m'en irai, dansant, vers
ma tombe blanche.

D'une danse involontaire et chaque jour ralentie,
je saluerai la lumière qui me fit belle et qui me vit
aimée.

55 Une dernière danse tragique me mettra aux prises
avec la mort, mais je ne lutterai que pour succomber
avec grâce.

Que les dieux m'accordent une chute harmo-
nieuse, les bras joints au-dessus de mon front, une
60 jambe pliée et l'autre étendue, comme prête à fran-

chir, d'un bond léger, le seuil noir du royaume des ombres...

Tu me nommes danseuse, et pourtant je ne sais pas danser.

Les Vrilles de la vigne, *1908,*
« Chanson de la danseuse », Hachette.

Guide de lecture
....

I. Quel est le ton de ce passage ?

2. Relevez les termes qui appartiennent au champ lexical

de la danse et commentez-les.

3. Quelle signification prend la danse à la fin du passage ?

La Naissance du jour (1928).   Dans ce récit en partie autobiographique, écrit dans sa maison située en Provence, Colette dit son émerveillement devant la nature.

« Et soumis, Provence, à tes vœux »

Une petite aile de lumière bat entre les deux contrevents et touche, par pulsations inégales, le mur ou la longue, lourde table à écrire, à
lire, à jouer, l'interminable table qui revient de Bre-
tagne, comme j'en reviens. Tantôt l'aile de lumière
est rose sur le mur de chaux rose, et tantôt bleue sur
le tapis bleu de cotonnade chleuh[1]. Vaisseliers char-

———————
1. D'origine berbère.

gés de livres, fauteuils et commodes ont fait avec
moi, par deux ou trois provinces françaises, un
grand détour de quinze années. Fins fauteuils à bras
fuselés, rustiques comme des paysannes aux at-
taches délicates, assiettes jaunes chantant comme
cloches sous le doigt plié, plats blancs épaissis d'une
crème d'émail, nous retrouvons ensemble, étonnés,
un pays qui est le nôtre. Qui me montrerait, sur le
Mourillon, à soixante kilomètres d'ici, la maison de
mon père et de mes grands-parents ? D'autres pays
m'ont bercée, c'est vrai, — certains d'une main
dure. Une femme se réclame d'autant de pays natals
qu'elle a eu d'amours heureux. Elle naît aussi sous
chaque ciel où elle guérit la douleur d'aimer. À ce
compte, ce rivage bleu de sel, pavoisé de tomates et
de poivrons, est deux fois mien. Quelle richesse, et
que de temps passé à l'ignorer ! L'air est léger, le soleil ride et confit sur le cep la grappe tôt mûrie, l'ail a
grand goût. Majestueux dénûment qu'impose parfois au sol la soif, paresse élégante qu'enseigne un
peuple sobre, ô mes biens tardifs... Ne nous plai-
gnons pas. C'est ma maturité qui vous était due. Ma
jeunesse encore anguleuse eût saigné d'accoster le
roc feuilleté, pailleté, l'aiguille bifide[1] des pins,
l'agave[2], l'écharde des oursins, l'amer ciste[3] poisseux et le figuier dont chaque feuille au revers est
une langue de fauve. Quel pays ! L'envahisseur le
dote de villas et de garages, d'automobiles, de faux

---

1. Fendue en deux.
2. Plante décorative.
3. Arbrisseau odorant.

« mas » où l'on danse ; le sauvage du nord morcelle, spécule, déboise, et c'est tant pis, certes. Mais combien de ravisseurs se sont, au cours des siècles, épris d'une telle captive ? Venus pour concerter sa 40 ruine, ils s'arrêtent tout à coup, et l'écoutent respirer endormie. Puis, doucement, ils ferment la grille et le palis[1], deviennent muets, respectueux ; et soumis, Provence, à tes vœux, ils rattachent ta couronne de vigne, replantent le pin, le figuier, sèment le melon 45 brodé, et ne veulent plus, belle, que te servir et s'y complaire.

Les autres, fatalement, te délaisseront. Auparavant, ils t'auront déshonorée. Mais tu n'en es pas à une horde près. Ils te laisseront, ceux qui sont venus 50 sur la foi d'un casino, d'un hôtel ou d'une carte postale. Ils fuiront, brûlés, mordus par ton vent tout blanc de poussière. Garde tes amants buveurs d'eau à la cruche, buveurs du vin sec qui mûrit dans le sable ; garde ceux qui versent l'huile religieusement, 55 et qui détournent la tête en passant devant les viandes mortes ; garde ceux qui se lèvent matin et se bercent le soir, déjà couchés, au petit halètement des bateaux de fête, sur le golfe, — garde-moi...

LA NAISSANCE DU JOUR, *1928,*
Flammarion.

Guide de lecture
....

1. **À quels aspects du paysage provençal l'auteur est-il sensible ?**
2. **Relevez les termes et** les procédés stylistiques qui traduisent l'émerveillement, l'amour pour la Provence.

———————

1. Enceinte formée de pieux.

GIONO   *(1895-1970)*

JEAN **G**IONO, CHANTRE DE LA TERRE.   La haute Provence
où est né Jean Giono est peut-être le véritable personnage d'une œuvre tout entière dédiée à la nature dans
un siècle où la ville ne cesse d'étendre son emprise : les
scènes de vie paysanne décrites dans *Un de Baumugnes*
(1929) ou dans *Regain* (1930) évoquent une vie simple
et rude dans un décor de pierres, où l'individu découvre,
dans la lutte, les joies qu'une nature primitive lui apporte.

   Cette nostalgie d'une civilisation où l'homme se rapproche de ses racines n'a pas empêché Giono d'être
aussi de son époque par ses engagements : son pacifisme convaincu lui valut d'ailleurs un emprisonnement
en 1939. Sans doute est-ce là la raison d'une « seconde
manière » dans son œuvre, où le lyrisme fait place à l'ironie, au désenchantement (*Un roi sans divertissement*,
1947).

REGAIN (1930).   Le titre fait allusion à l'herbe qui re-
pousse après une première coupe, le regain. Giono
conte la reconquête sur une nature inhumaine d'un village abandonné où vit, solitaire et sauvage, un paysan
du nom de Panturle. C'est grâce à Arsule, une pauvre
jeune femme, exploitée d'abord par Tony, puis par Gé-
démus le remouleur que Panturle pourra faire revivre
son village. Traversé par la description des magnifiques
paysages déserts de la Haute-Provence, ce roman re-
trace en même temps la vie misérable, mais authentique, de ses habitants.

« Arsule »

A rsule ?
Ah, c'est toute une histoire !

Arsule, elle s'est d'abord appelée « Mademoiselle
Irène » et même : « Mademoiselle Irène des grands
5   théâtres de Paris et de l'Univers ». Ça, vous comprenez bien, c'étaient des mensonges. Pourtant, c'était
écrit sur une affiche faite à la main et collée sur la
vitre du « Café des Deux-Mondes ».

En réalité, c'était arrivé par la route de Montbrun,
10 derrière une carriole bâchée de vieux draps sales.
Un homme qui semblait un assassin menait la
mule par la figure. Celui-là, il était inscrit sur
l'affiche pour être : « L'illustre Tony dans son
répertoire ». Pour le moment, son répertoire
15 c'étaient toutes les saloperies qu'il criait à son
carcan de mule butée des quatre fers contre l'ombre
du lavoir.

Mademoiselle Irène était derrière la voiture. Elle
était bien fatiguée d'avoir fait la route à pied avec
20 des vieilles bottines d'homme à boutons trop
grandes pour son pied et elle se faisait traîner en se
tenant à la corde du frein. Elle était enfarinée de
poussière jusqu'à la taille.

Au « Café des Deux-Mondes » on avait fait une
25 estrade avec six tables de marbre là-bas, dans le coin
où était le vieux billard qu'on a brûlé. Le soir, ça s'est
rempli de monde. Il y en avait jusque dans la cuisine.
La mère Alloison ne savait plus où donner de la tête.
Tout le monde tapait : « Un café, un café. » Et elle,

30 elle était là à dire : « Levez-vous un peu que j'attrape
    ma débéloire[1]. »

    Ah ! oui, on riait et c'était pareil ; ils pouvaient ta-
    per les autres. Enfin, ça s'est un peu arrangé : tout le
    monde y a mis du sien et quand ça a été à peu près
35 calme Mademoiselle Irène est montée sur l'estrade.
    Elle avait de pauvres mains d'éplucheuse de
    pommes de terre. Elle avait des yeux, on ne savait
    pas dire, ça vous faisait peine, tenez. Elle était là,
    toute fatiguée de mille choses. Elle était là pour
40 chanter et elle se souvenait avec douleur de la
    longue route et de mille choses, je vous dis, bien
    plus pénibles encore que la route, pour une femme.
    Elle était là.

    Ça a fait rire.

45 Et elle n'a plus su que dire.

    Ça a fini par une bataille. Le « Tony dans son ré-
    pertoire » voulait lui casser une bouteille sur la fi-
    gure et ça, on ne l'aurait pas permis. Ça a fini par
    une bonne bataille. Il y a eu des cris de femmes et
50 des verres cassés.

REGAIN, *1930,*
partie 1, chapitre 3, Grasset.

Guide de lecture
....

1. **Quelle place occupe**
le narrateur ?
2. **Comment le carac-**
tère pitoyable de la
scène est-il suggéré ?

3. **Sur quoi repose**
l'humour du texte ?

---

1. Appareil servant à préparer le café.

MAURIAC *(1885-1970)*

LE ROMANCIER TRAGIQUE. Enraciné dans le pays borde-
lais où il est né, dans la bourgeoisie des grands proprié-
taires terriens et dans le catholicisme, François Mauriac
n'a cessé, sans pour autant renier son éducation, d'en
dénoncer l'hypocrisie. Homme de combat (il s'engage
dans la Résistance aux côtés de Charles de Gaulle), il est
avant tout un romancier influencé par Pascal, Racine et
le jansénisme. Dans la plupart de ses romans, les héros
ont deux visages, partagés qu'ils sont entre la perversité
et la sainteté, leurs pulsions et la morale, placés sous le
joug d'une fatalité que seul l'élan vers Dieu peut dénouer. C'est le cas de Thérèse, héroïne de *Thérèse Desqueyroux* (1927) et du cycle romanesque qui lui est
consacré, de Louis, héros du *Nœud de vipères* (1932), ou
des personnages du *Désert de l'amour* (1926).

THÉRÈSE DESQUEYROUX (1927). Épouse de Bernard,
propriétaire terrien dans les Landes, Thérèse vit enfer-
mée dans la solitude d'un mariage sans amour. Elle se
souvient ici de l'acte qu'elle a commis, la tentative
d'empoisonnement de son mari.

« Elle demeura muette »

C'était ce jour du grand incendie de Mano. Des
hommes entraient dans la salle à manger où
la famille déjeunait en hâte. Les uns assuraient que

le feu paraissait très éloigné de Saint-Clair; d'autres
insistaient pour que sonnât le tocsin. Le parfum de
la résine brûlée imprégnait ce jour torride et le soleil
était comme sali. Thérèse revoit Bernard, la tête
tournée, écoutant le rapport de Balion, tandis que sa
forte main velue s'oublie au-dessus du verre et que
les gouttes de Fowler tombent dans l'eau. Il avale
d'un coup le remède sans, qu'abrutie de chaleur,
Thérèse ait songé à l'avertir qu'il a doublé sa dose
habituelle. Tout le monde a quitté la table — sauf
elle qui ouvre des amandes fraîches, indifférente,
étrangère à cette agitation, désintéressée de ce
drame, comme de tout drame autre que le sien. Le
tocsin ne sonne pas. Bernard rentre enfin : « Pour
une fois, tu as eu raison de ne pas t'agiter : c'est du
côté de Mano que ça brûle... » Il demande : « Est-ce
que j'ai pris mes gouttes ? » et sans attendre la réponse, de nouveau il en fait tomber dans son verre.
Elle s'est tue par paresse, sans doute, par fatigue.
Qu'espère-t-elle à cette minute ? « Impossible que
j'aie prémédité de me taire. »

Pourtant, cette nuit-là, lorsqu'au chevet de Bernard vomissant et pleurant, le docteur Pédemay l'in-
terrogea sur les incidents de la journée, elle ne dit
rien de ce qu'elle avait vu à table. Il eût été pourtant
facile, sans se compromettre, d'attirer l'attention du
docteur sur l'arsenic que prenait Bernard. Elle aurait
pu trouver une phrase comme celle-ci : « Je ne m'en
suis pas rendu compte au moment même... Nous
étions tous affolés par cet incendie... mais je jure-
rais, maintenant, qu'il a pris une double dose... »

147

35 Elle demeura muette ; éprouva-t-elle seulement la
tentation de parler ? L'acte qui, durant le déjeuner,
était déjà en elle à son insu, commença alors d'é-
merger du fond de son être — informe encore, mais
à demi baigné de conscience.

40 Après le départ du docteur, elle avait regardé Bernard endormi enfin ; elle songeait : « Rien ne prouve
que ce soit *cela ;* ce peut être une crise d'appendicite,
bien qu'il n'y ait aucun autre symptôme... ou un cas
de grippe infectieuse. » Mais Bernard, le surlende-
45 main, était sur pied. « Il y avait des chances pour que
ce fût *cela.* » Thérèse ne l'aurait pas juré ; elle aurait
aimé à en être sûre. « Oui, je n'avais pas du tout le
sentiment d'être la proie d'une tentation horrible ; il
s'agissait d'une curiosité un peu dangereuse à satis-
50 faire. Le premier jour où, avant que Bernard entrât
dans la salle, je fis tomber des gouttes de Fowler
dans son verre, je me souviens d'avoir répété : "Une
seule fois, pour en avoir le cœur net... je saurai si
c'est cela qui l'a rendu malade. Une seule fois, et ce
55 sera fini." »

THÉRÈSE DESQUEYROUX, *1927,*
chapitre VIII, Grasset.

Guide de lecture
••

I. **Quel rôle joue l'in-**   3. **Quelle est la valeur**
cendie ?   **de l'emploi du présent**
2. **De quoi Thérèse**   **dans ce récit ?**
est-elle coupable ?

BERNANOS   *(1888-1948)*

LA QUÊTE. « Je ne suis pas écrivain », déclarait Georges Bernanos dans le pamphlet *les Grands Cimetières sous la lune* (1938), inspiré par la guerre d'Espagne. Il est d'abord journaliste, et ses convictions politiques l'amènent à diriger un journal d'extrême-droite. Mais il rompt avec ce milieu dès 1930 et il soutiendra de Gaulle pendant la guerre. Ses nombreux voyages (Baléares, Brésil, Tunisie) ne l'empêchent pas de s'engager dans la vie de l'écriture, qui semble être pour lui une torture nécessaire pour retrouver le langage oublié de l'enfance.

Les héros de ses romans sont souvent en quête d'un absolu qui les isole. Êtres simples, pauvres, ils peuvent devenir saints ou pécheurs : l'abbé Donissan, dans *Sous le soleil de Satan* (1926), lutte contre l'esprit du mal ; Mouchette, dans *la Nouvelle Histoire de Mouchette* (1937), aspire sans le savoir à l'amour divin ; le curé d'Aubricourt, dans *le Journal d'un curé de campagne* (1936), accomplit, malade et incompris, son office malgré « le silence de Dieu » ; Chantal de Clergerie, dans *la Joie* (1929), provoque autour d'elle la honte des péchés.

LA NOUVELLE HISTOIRE DE MOUCHETTE (1937). L'héroïne de ce fait divers, une enfant de quatorze ans, sauvage et misérable, est violée par Arsène, un braconnier qu'elle connaît. Elle ne peut partager sa souffrance avec personne et, à la fin du roman, ne trouve d'autre issue que le suicide.

« Mais mille fois plus douce la voix »

Tournant le dos à la mare, elle leva les yeux vers le paysage familier avec le vague souhait d'y trouver une défense, un appui. Et déjà elle laissait reposer son regard sur la route qui, contournant le
5 bois, plonge brusquement dans la vallée, suspendue entre ciel et terre. C'était là le chemin qu'elle avait pris tant de fois, les dimanches d'automne, le long des haies pleines de mûres... Les larmes lui vinrent aux yeux. Du moins elle en sentit la brûlure sous ses
10 paupières. Mais, à l'instant même, les fers d'un cheval sonnèrent sur la route de Mézargues, et presque aussitôt la lourde jument du père Ménétrier apparut au haut de la pente. L'homme et la bête étaient tout proches, si proches qu'elle entendait le vieux grommeler à part lui, selon son habitude, car il souffrait
15 d'un catarrhe.

Le premier mouvement de la fille fut de fuir, mais ses jambes étaient de plomb. À mesure que s'avançait le promeneur (la courbe du chemin le rapprochant d'elle), le cœur de Mouchette battait à se
20 rompre ainsi que celui du joueur qui épie entre les doigts du donneur la carte qui va décider de sa vie. Un moment, elle surprit le regard du vieux tourné vers elle, aussi indifférent que celui de la bête. Elle eût voulu crier, appeler, courir au-devant de ce gro-
25 tesque sauveur. Mais il s'éloigna de son pas pesant, et aussitôt Mouchette crut voir son image falote glisser avec une rapidité prodigieuse comme aspirée par le vide. Elle la suivit une seconde dans sa course ver-

tigineuse. L'être dont les muscles obéissaient encore à sa volonté, son propre corps, n'était lui-même guère plus qu'un fantôme.

Le geste du suicide n'épouvante réellement que ceux qui ne sont point tentés de l'accomplir, ne le seront sans doute jamais, car le noir abîme n'accueille que les prédestinés. Celui qui déjà dispose de la volonté meurtrière l'ignore encore, ne s'en avisera qu'au dernier moment. La dernière lueur de conscience du suicidé, s'il n'est pas un dément, doit être celle de la stupeur, d'un étonnement désespéré. À l'exception des fous justiciables d'une autre loi plus obscure, personne ne tente deux fois de se tuer.

Observée de près, l'eau semblait claire. La vase du fond était d'un gris presque vert, douce aux yeux comme un velours.

Mais mille fois plus douce la voix qui parlait au cœur de Mouchette. Est-ce voix qu'il faut dire ? Mouchette écoutait cette voix à peu près comme un animal celle de son maître, qui l'encourage et l'apaise. Elle ressemblait à la voix de la vieille sacristine, mais aussi à celle d'Arsène, et parfois même elle prenait l'accent de Madame[1]. Cette voix ne parlait naturellement aucun langage. Elle n'était qu'un chuchotement confus, un murmure, et qui allait s'affaiblissant. Puis elle se tut tout à fait.

Mouchette se laissa glisser sur la côte jusqu'à ce qu'elle sentît le long de sa jambe et jusqu'à son flanc la douce morsure de l'eau froide. Le silence qui s'était fait soudain en elle était immense. C'était celui

151

de la foule qui retient son haleine lorsque l'équili-
briste atteint le dernier barreau de l'échelle vertigi-
neuse. La volonté défaillante de Mouchette acheva
de s'y perdre. Pour obéir, elle avança un peu plus, en
65 rampant, une de ses mains posée contre la rive. La
simple pression de sa paume suffisait à maintenir
son corps à la surface de l'eau, pourtant peu profonde. Un moment, par une sorte de jeu sinistre, elle
renversa la tête en arrière, fixant le point le plus haut
70 du ciel. L'eau insidieuse glissa le long de sa nuque,
remplit ses oreilles d'un joyeux murmure de fête. Et,
pivotant doucement sur les reins, elle crut sentir la
vie se dérober sous elle tandis que montait à ses narines l'odeur même de la tombe.

LA NOUVELLE HISTOIRE DE MOUCHETTE, *1937,*
chapitres 16 et 17, Plon.

Guide de lecture
....
I. **Mouchette a-t-elle**   3. **Quelle est la valeur**
envie de mourir ?   **symbolique de l'eau**
2. **Mouchette est-elle**   **dans ce passage ?**
consciente de son acte ?

----

1. L'institutrice du village.

Martin du Gard
(1881-1958)

Un pacifiste. Après des études à l'École des Chartes qui lui donnent le goût de l'histoire, Roger Martin du Gard, profitant de l'aisance financière de sa famille, entreprend une carrière littéraire et se fait connaître avec le roman dialogué *Jean Barois* en 1913. En 1920, il décide de se lancer dans une œuvre d'envergure qui l'occupera vingt ans, *les Thibault* (7 volumes), pour laquelle il se verra attribuer le prix Nobel de littérature en 1937. Cette longue saga familiale qui illustre la vogue des romans-fleuves (Romain Rolland avait donné *Jean-Christophe* en 1904 et Jules Romains *les Hommes de bonne volonté* en 1932) est l'image d'une génération vue à travers le destin de deux frères, Antoine et Jacques Thibault, de « tempéraments aussi différents, aussi divergents que possible ». L'histoire de leur famille bourgeoise prise dans la tourmente de la Première Guerre mondiale, restitue les débats idéologiques d'alors et laisse clairement percevoir les convictions pacifistes de l'auteur à l'approche des périls qui menacent l'Europe.

Épilogue (1940). Le récit de ce dernier volume des *Thibault* est situé en 1918 : Antoine a été gazé au cours de la guerre et sait que ses jours sont comptés. Il rédige un journal-testament, destiné à l'enfant de son frère, journal qui est une méditation sur la destinée de l'homme et qui lui permet de retrouver la figure du père, personnage essentiel des épisodes précédents.

« On n'échappe pas à son père »

Minuit.

Insomnie. Spectres à « exorciser ».

Un mois et demi, maintenant, sept semaines, que je me sais perdu. Ces mots : *savoir qu'on est perdu,* ces

5 mots que j'écris, qui sont pareils à d'autres, et que tout le monde croit comprendre, et dont personne, sauf un condamné à mort, ne peut pénétrer intégralement le sens... Révolution foudroyante, qui brusquement fait le vide total dans un être.

10 Pourtant, un médecin qui vit en contact avec la mort, devrait... Avec la mort ? Celle des autres ! Ai déjà essayé bien des fois de rechercher les causes de cette impossibilité physique d'acceptation. (Qui tient peut-être à un caractère particulier de ma vita-

15 lité. Idée qui m'est venue ce soir.)

Cette vitalité d'autrefois — cette activité que je mettais à entreprendre, ce perpétuel rebondissement, — je l'attribue en grande partie au besoin que j'avais de me prolonger par la création : de « sur-

20 vivre ». Terreur instinctive de disparaître. (Assez générale, bien sûr. Mais à des degrés très variables.) Chez moi, trait héréditaire. Beaucoup réfléchi à mon père. Désir, qui le hantait, de donner son nom : à ses œuvres, à des prix de vertu, à la grande place

25 de Crouy[1]. Désir, qu'il a réalisé, de voir son nom *(Fondation Oscar-Thibault)* gravé au fronton du péni-

_____
1. Village de l'Aisne.

tencier[1]. Désir d'imposer son prénom (le seul élément qui, dans son état civil, lui était personnel), à toute sa descendance, etc. Manie de coller son mo-
30 nogramme[2] partout, sur la grille de son jardin, sur sa vaisselle, sur ses reliures, jusque sur le cuir de son fauteuil !... Beaucoup plus qu'un instinct de propriétaire (ou, comme je l'ai cru, un signe de vanité). Besoin superbe[3] de lutter contre l'effacement, de
35 laisser son empreinte. (La survie, l'au-delà, en fait, ne lui suffisaient pas.) Besoin que j'ai hérité de lui. Moi aussi, secret espoir d'attacher mon nom à une œuvre qui me prolonge, à une découverte, etc.

On n'échappe pas à son père !

Les Thibault, *1940*,
« Épilogue », *8ᵉ partie, chapitre XVI, Gallimard.*

Guide de lecture

1. **Quels différents rôles jouent les parenthèses dans le texte ?**

2. **Comment expliquer l'abondance des phrases nominales ? Commentez leur effet.**

3. **Quelles relations entre le père et le fils le texte suggère-t-il ?**

---

1. Maison de redressement où son frère Jacques avait été enfermé par leur père.
2. Marque constituée de l'entrelacement de lettres initiales.
3. Ici, orgueilleux.

CÉLINE   *(1894-1961)*

....

L'ÉCRIVAIN DE TOUTES LES RANCŒURS. Céline, de son vrai nom Louis Destouches, est né en 1894 dans une famille de petits commerçants de la banlieue parisienne. Après des études sommaires, il s'engage en 1912 pour trois ans dans l'armée. Blessé dès le début de la guerre, puis réformé, il s'embarque en 1916 pour le Cameroun, où il travaille pour une compagnie forestière. Quelque temps après son retour en France, il passe son baccalauréat puis entreprend des études de médecine, qu'il achève en 1923. Il entre alors à la section d'hygiène de la S.D.N. (Société des Nations), pour laquelle il se rendra aux États-Unis puis en Afrique. En 1928, il s'installe à Clichy et ouvre un cabinet.

C'est là qu'il rédige, à partir de 1929, *Voyage au bout de la nuit,* qu'il publie en 1932. L'œuvre est nourrie de ses propres expériences, sans pour autant en être le reflet exact. Avec *Mort à crédit,* en 1936, il poursuit la même veine autobiographique et ne dément pas la réputation scandaleuse du roman précédent. Après la guerre, sa vie et son œuvre s'interpénètrent de plus en plus. On peut lire dans ses écrits suivants (*Guignol's Band,* 1944, *Féerie pour une autre fois,* 1952, *Entretiens avec le professeur Y,* 1955) les révoltes, les rancœurs, l'amertume d'un homme que ses violents pamphlets antisémites ont fait condamner par contumace et ont éloigné de toute vie sociale. S'étant réfugié au Danemark en juin 1944, il est amnistié, et rentre en France en 1951. Il mène alors une vie solitaire, plein de haine pour ceux qui ne lui pardonnent pas ses positions. Isolé dans une banlieue dont il a donné une image si tragique, Céline continue à écrire. L'importance de son œuvre, son talent original le signalent à ceux qui ont bien voulu oublier son passé peu glorieux : en 1957, la parution d'un nouveau récit, *D'un château l'autre*, le sort de l'oubli. À sa mort, en 1961, il laisse des manuscrits qui seront publiés quelques années plus tard *(le Pont de Londres, Rigodon)*.

UNE ÉCRITURE INIMITABLE. Quand il s'agit de juger son époque ou ses contemporains, Céline ne connaît guère la mesure et se laisse facilement aveugler par sa révolte, ses refus et peut-être son manque d'humanité, autre forme d'un profond pessimisme. La folie des hommes justifie à ses yeux la folie de l'écriture, car, comme il le dit à propos de Rabelais, la création ne peut naître que d'un « moment de délire ». Et cette hargne qui l'habite est sans doute ce qui fait la force de son œuvre : l'invention verbale, l'humour — noir et cynique — parcourent tous ses textes, ligne après ligne. Cette écriture inimitable, mélange de verdeur populaire et de lyrisme soutenu, au service d'un sens aigu du tragique moderne, le place au premier rang des romanciers du XXᵉ siècle.

VOYAGE AU BOUT DE LA NUIT (1932). Ce roman est aussi désespéré que le titre le suggère : le héros, Bardamu — anti-héros plutôt, et double imaginaire de l'auteur —, va parcourir le monde, ses misères, ses atrocités, à la façon du Candide de Voltaire. Au début du roman, il s'engage avec enthousiasme pour défendre la France, mais la réalité de la guerre le fait vite changer d'état d'esprit.

« Et alors ? »

Nos Allemands accroupis au fin bout de la route venaient justement de changer d'instrument. C'est à la mitrailleuse qu'ils poursuivaient à présent leurs sottises ; ils en craquaient comme de gros pa-
5   quets d'allumettes et tout autour de nous venaient voler des essaims de balles rageuses, pointilleuses comme des guêpes.

L'homme arriva tout de même à sortir de sa bouche quelque chose d'articulé :
10   — Le maréchal des logis Barousse vient d'être tué, mon colonel, qu'il dit tout d'un trait.
— Et alors ?
— Il a été tué en allant chercher le fourgon à pain sur la route des Etrapes, mon colonel !
15   — Et alors ?
— Il a été éclaté par un obus !
— Et alors, nom de Dieu !
— Et voilà ! Mon colonel...
— C'est tout ?
20   — Oui, c'est tout, mon colonel.
— Et le pain ? demanda le colonel.

Ce fut la fin de ce dialogue parce que je me souviens bien qu'il a eu le temps de dire tout juste : « Et
le pain ? » Et puis ce fut tout. Après ça, rien que du
25   feu et puis du bruit avec. Mais alors un de ces bruits
comme on ne croirait jamais qu'il en existe. On en a
eu tellement plein les yeux, les oreilles, le nez, la
bouche, tout de suite, du bruit, que je croyais bien

que c'était fini que j'étais devenu du feu et du bruit
30 moi-même. [...]

Tout de suite après ça, j'ai pensé au maréchal des
logis Barousse qui venait d'éclater comme l'autre
nous l'avait appris. C'était une bonne nouvelle. Tant
mieux ! que je pensais tout de suite ainsi : « C'est
35 une bien grande charogne en moins dans le régiment ! » Il avait voulu me faire passer au Conseil
pour une boîte de conserves. « Chacun sa guerre ! »
que je me dis. De ce côté-là, faut en convenir, de
temps en temps, elle avait l'air de servir à quelque
40 chose la guerre ! J'en connaissais bien encore trois
ou quatre dans le régiment, de sacrées ordures que
j'aurais aidé bien volontiers à trouver un obus
comme Barousse.

Quant au colonel, lui, je ne lui voulais pas de mal.
45 Lui pourtant aussi il était mort. Je ne le vis plus, tout
d'abord. C'est qu'il avait été déporté sur le talus, al-
longé sur le flanc par l'explosion et projeté jusque
dans les bras du cavalier à pied, le messager, fini lui
aussi. Ils s'embrassaient tous les deux pour le mo-
50 ment et pour toujours, mais le cavalier n'avait plus
sa tête, rien qu'une ouverture au-dessus du cou,
avec du sang dedans qui mijotait en glouglous
comme de la confiture dans la marmite. Le colonel
avait son ventre ouvert ; il en faisait une sale gri-
55 mace. Ça avait dû lui faire du mal ce coup-là au moment où c'était arrivé. Tant pis pour lui ! S'il était
parti dès les premières balles, ça ne lui serait pas arrivé.

Toutes ces viandes saignaient énormément en-
60 semble.

Des obus éclataient encore à la droite et à la
gauche de la scène.

J'ai quitté ces lieux sans insister, joliment heureux
d'avoir un aussi beau prétexte pour foutre le camp.

Voyage au bout de la nuit, *1932*,
Gallimard.

Guide de lecture

1. Que cherche à faire
ressortir le dialogue au
début du texte ?
2. Caractérisez
le tableau qu'offrent
le colonel et le soldat
embrassés dans la mort.
3. Quelle vision de la
guerre Bardamu pro-
pose-t-il au lecteur ?

Quelque peu indésirable en France après avoir été réformé, Bardamu s'embarque pour l'Afrique coloniale
française. Céline donne de la colonisation et des
voyages une peinture bien éloignée des illusions en-
chanteresses diffusées par les agences de voyage.

« L'aveu biologique »

Notre navire avait nom : l'*Amiral Bragueton*. Il
ne devait tenir sur ces eaux tièdes que grâce à
sa peinture. Tant de couches accumulées par pelures
avaient fini par lui constituer une sorte de seconde
5 coque à l'*Amiral Bragueton* à la manière d'un oignon.

Nous voguions vers l'Afrique, la vraie, la grande ;
celle des insondables forêts, des miasmes délétères,
des solitudes inviolées, vers les grands tyrans nègres
vautrés aux croisements de fleuves qui n'en fi-
10 nissent plus. Pour un paquet de lames « Pilett » j'allais trafiquer avec eux des ivoires longs comme ça,
des oiseaux flamboyants, des esclaves mineures.
C'était promis. La vie quoi ! Rien de commun avec
cette Afrique décortiquée des agences et des monu-
15 ments, des chemins de fer et des nougats. Ah ! non.
Nous allions nous la voir dans son jus, la vraie
Afrique ! Nous les passagers boissonnants de l'*Amiral Bragueton !*

Mais, dès après les côtes du Portugal, les choses se
20 mirent à se gâter. Irrésistiblement, certain matin au
réveil, nous fûmes comme dominés par une am-
biance d'étuve infiniment tiède, inquiétante. L'eau
dans les verres, la mer, l'air, les draps, notre sueur,
tout, tiède, chaud. Désormais impossible la nuit, le
25 jour, d'avoir plus rien de frais sous la main, sous le
derrière, dans la gorge, sauf la glace du bar avec le
whisky. Alors un vil désespoir s'est abattu sur les
passagers de l'*Amiral Bragueton,* condamnés à ne
plus s'éloigner du bar, envoûtés, rivés aux ventila-
30 teurs, soudés aux petits morceaux de glace, échan-
geant menaces après cartes et regrets en cadences
incohérentes.

Ça n'a pas traîné. Dans cette stabilité désespé-
rante de chaleur, tout le contenu humain du navire
35 s'est coagulé dans une massive ivrognerie. On se
mouvait mollement entre les ponts, comme des

poulpes au fond d'une baignoire d'eau fadasse.
C'est depuis ce moment que nous vîmes à fleur de
peau venir s'étaler l'angoissante nature des blancs,
40 provoquée, libérée, bien débraillée enfin, leur vraie
nature, tout comme à la guerre. Étuve tropicale pour
instincts tels crapauds et vipères qui viennent enfin
s'épanouir au mois d'août, sur les flancs fissurés des
prisons. Dans le froid d'Europe, sous les grisailles
45 pudiques du Nord, on ne fait, hors les carnages, que
soupçonner la grouillante cruauté de nos frères,
mais leur pourriture envahit la surface dès que les
émoustille la fièvre ignoble des tropiques. C'est
alors qu'on se déboutonne éperdument et que la sa-
50 loperie triomphe et nous recouvre entiers. C'est l'a-
veu biologique. Dès que le travail et le froid ne nous
astreignent plus, relâchent un moment leur étau, on
peut apercevoir des blancs, ce qu'on découvre du gai
rivage, une fois que la mer s'en retire : la vérité,
55 mares lourdement puantes, les crabes, la charogne
et l'étron.

Voyage au bout de la nuit, *1932,*
Gallimard.

Guide de lecture
....

1. Qu'est-ce que Bar-
damu appelle
« l'Afrique, la vraie, la
grande » ?
2. Comment caractéri-
ser la vision que donne
Céline de l'humanité ?

3. Étudiez les images
du texte.
4. Quels sont les effets
de l'oisiveté et de la
chaleur ?

Après l'expérience africaine, Bardamu cède au mirage de l'Amérique, dont il va connaître la face cachée : celle du travail à la chaîne et de la misère des émigrants.

« C'était ça, Ford ? »

Ils m'ont parlé les passants comme le sergent m'avait parlé dans la forêt. « Voilà ! qu'ils m'ont dit. Vous pouvez pas vous tromper, c'est juste en face de vous. »

5 Et j'ai vu en effet des grands bâtiments trapus et vitrés, des sortes de cages à mouches sans fin, dans lesquelles on discernait des hommes à remuer, mais remuer à peine, comme s'ils ne se débattaient plus que faiblement contre je ne sais quoi d'impossible.

10 C'était ça Ford ? Et puis tout autour et au-dessus jusqu'au ciel un bruit lourd et multiple et sourd de torrents d'appareils, dur, l'entêtement des mécaniques à tourner, rouler, gémir, toujours prêtes à casser et ne cassant jamais.

15 « C'est donc ici que je me suis dit... C'est pas excitant... » C'était même pire que tout le reste. Je me suis approché de plus près, jusqu'à la porte où c'était écrit sur une ardoise qu'on demandait du monde.

J'étais pas le seul à attendre. Un de ceux qui pa-
20 tientaient là m'a appris qu'il y était lui depuis deux jours, et au même endroit encore. Il était venu de

Yougoslavie, ce brebis, pour se faire embaucher. Un autre miteux m'a adressé la parole, il venait bosser qu'il prétendait, rien que pour son plaisir, un ma-
25 niaque, un bluffeur.

Dans cette foule presque personne ne parlait l'anglais. Ils s'épiaient entre eux comme des bêtes sans confiance, souvent battues. De leur masse montait l'odeur d'entrejambes urineux comme à l'hôpital.
30 Quand ils vous parlaient on évitait leur bouche à cause que le dedans des pauvres sent déjà la mort.

Il pleuvait sur notre petite foule. Les files se tenaient comprimées sous les gouttières. C'est très compressible les gens qui cherchent du boulot. Ce
35 qu'il trouvait de bien chez Ford, que m'a expliqué le vieux Russe aux confidences, c'est qu'on y embauchait n'importe qui et n'importe quoi. « Seulement, prends garde, qu'il a ajouté pour ma gouverne, faut pas crâner chez lui, parce que si tu crânes on te fou-
40 tra à la porte en moins de deux et tu seras remplacé en moins de deux aussi par une des machines mécaniques qu'il a toujours prêtes et t'auras le bonsoir alors pour y retourner ! » Il parlait bien le parisien ce Russe, à cause qu'il avait été « taxi » pendant des an-
45 nées et qu'on l'avait vidé après une affaire de cocaïne à Bezons, et puis en fin de compte qu'il avait joué sa voiture au zanzi avec un client à Biarritz et qu'il avait perdu.

C'était vrai, ce qu'il m'expliquait qu'on prenait
50 n'importe qui chez Ford. Il avait pas menti. Je me méfiais quand même parce que les miteux ça délire facilement. Il y a un moment de la misère où l'esprit

n'est plus déjà tout le temps avec le corps. Il s'y trouve vraiment trop mal. C'est déjà presque une âme
55 qui vous parle. C'est pas responsable une âme.

VOYAGE AU BOUT DE LA NUIT, *1932,*
Gallimard.

Guide de lecture
....

1. Quelle image Céline donne-t-il des pauvres ?
2. Comment est présenté le machinisme ?

3. Étudiez la diversité des niveaux de langue employés (soutenu, courant, familier, vulgaire).

Bardamu exerce maintenant la médecine à La Garenne-Rancy, banlieue imaginaire de Paris. C'est un nouveau voyage qu'il entreprend, cette fois au cœur de la misère, physique et morale.

« Là-dedans, c'est nous »

L a lumière du ciel à Rancy, c'est la même qu'à Detroit, du jus de fumée qui trempe la plaine depuis Levallois. Un rebut de bâtisses tenues par des gadoues noires au sol. Les cheminées, des petites et
5 des hautes ça fait pareil de loin qu'au bord de la mer les gros piquets dans la vase. Là-dedans, c'est nous.

Faut avoir le courage des crabes aussi, à Rancy, surtout quand on prend de l'âge et qu'on est bien certain d'en sortir jamais plus. Au bout du tramway

10 voici le pont poisseux qui se lance au-dessus de la
Seine, ce gros égout qui montre tout. Au long des
berges, le dimanche et la nuit les gens grimpent sur
les tas pour faire pipi. Les hommes ça les rend médi-
tatifs de se sentir devant l'eau qui passe. Ils urinent
15 avec un sentiment d'éternité, comme des marins.
Les femmes, ça ne médite jamais. Seine ou pas. Au
matin donc le tramway emporte sa foule se faire
comprimer dans le métro. On dirait à les voir tous
s'enfuir de ce côté-là, qu'il leur est arrivé une cata-
20 strophe du côté d'Argenteuil, que c'est leur pays qui
brûle. Après chaque aurore, ça les prend, ils s'ac-
crochent par grappes aux portières, aux rambardes.
Grande déroute. C'est pourtant qu'un patron qu'ils
vont chercher dans Paris, celui qui vous sauve de
25 crever de faim, ils ont énormément peur de le
perdre, les lâches. Il vous la fait transpirer pourtant
sa pitance. On en pue pendant dix ans, vingt ans et
davantage. C'est pas donné.

Et on s'engueule dans le tramway déjà un bon
30 coup pour se faire la bouche. Les femmes sont plus
râleuses encore que des moutards. Pour un billet en
resquille, elles feraient stopper toute la ligne. C'est
vrai qu'il y en a déjà qui sont saoules parmi les pas-
sagères, surtout celles qu descendent au marché
35 vers Saint-Ouen, les demi-bourgeoises. « Combien
les carottes ? » qu'elles demandent bien avant d'y arriver pour faire voir qu'elles ont de quoi.

Comprimés comme des ordures qu'on est dans la
caisse en fer, on traverse tout Rancy et on odore
40 ferme en même temps, surtout quand c'est l'été.

Aux fortifications on se menace, on gueule un dernier coup et puis on se perd de vue, le métro avale tous et tout, les complets détrempés, les robes découragées, bas de soie, les métrites[1] et les pieds sales
45 comme des chaussettes, cols inusables et raides comme des termes, avortements en cours, glorieux de la guerre, tout ça dégouline par l'escalier au coaltar[2] et phéniqué[3] et jusqu'au bout noir, avec le billet de retour qui coûte autant à lui tout seul que deux
50 petits pains.

VOYAGE AU BOUT DE LA NUIT, *1932,*
Gallimard.

Guide de lecture
....

1. **Quels sont les éléments du décor que retient Bardamu ?**
2. **Quelle vision du travail est donnée dans ce texte ?**

3. **Étudiez la syntaxe (construction des phrases, ordre des mots, ellipses...).**

---

1. Maladies de l'utérus.
2. Goudron utilisé comme désinfectant.
3. Lavé au phénol, un antiseptique.

Malraux (1901-1976)

L'ENGAGEMENT. André Malraux n'aimait guère que l'on fouille le « misérable tas de petits secrets » qu'est la vie d'un homme et il disait même détester son enfance ; aussi s'est-il employé à brouiller les cartes concernant sa propre existence. Tenté par l'aventure à la sortie de l'adolescence, il s'embarque pour l'Extrême-Orient, où ses activités et ses positions politiques lui valent quelques démêlés avec la justice. Il y puise les sujets et les cadres de ses premiers romans. *La Condition humaine*, publiée en 1933, préfigure, par les thèmes développés — engagement politique, situation de l'homme sans Dieu —, les interrogations existentialistes. Son goût de l'action et ses convictions poussent Malraux à participer à la guerre civile espagnole aux côtés des républicains en 1936 ; il en fera le récit dans un style proche du documentaire (*l'Espoir*, 1937).

La Seconde Guerre mondiale le voit rejoindre les rangs de la Résistance dès la première heure, à l'appel du général de Gaulle, dont il devient un admirateur et un ami indéfectible. Après la guerre, à côté de ses activités politiques (ministre de la Culture de 1959 à 1969), il consacre l'essentiel de son temps à une réflexion approfondie et originale sur l'art (*les Voix du silence*, 1951).

LA CONDITION HUMAINE (1933). Ce roman mêle action et réflexion philosophique. La première page du livre est à cet égard révélatrice. À Shanghaï, en 1927, au moment où les troupes du Kuomintang (« parti nationaliste ») de Chang-Kaï-Shek vont envahir la ville, une insurrection communiste se prépare. Tchen, un anarchiste, est chargé de tuer un marchand d'armes.

21 mars 1927

Minuit et demi.

Tchen tenterait-il de lever la moustiquaire ? Frapperait-il au travers ? L'angoisse lui tordait l'estomac ; il connaissait sa propre fermeté, mais n'était
5   capable en cet instant que d'y songer avec hébétude, fasciné par ce tas de mousseline blanche qui tombait du plafond sur un corps moins visible qu'une ombre, et d'où sortait seulement ce pied à demi incliné par le sommeil, vivant quand même — de la
10   chair d'homme. La seule lumière venait du building voisin : un grand rectangle d'électricité pâle, coupé par les barreaux de la fenêtre dont l'un rayait le lit juste au-dessous du pied comme pour en accentuer le volume et la vie. Quatre ou cinq klaxons grin-
15   cèrent à la fois. Découvert ? Combattre, combattre des ennemis qui se défendent, des ennemis éveillés !

La vague de vacarme retomba : quelque embarras de voitures (il y avait encore des embarras de voitures, là-bas, dans le monde des hommes...). Il se re-

20 trouva en face de la tache molle de la mousseline et du rectangle de lumière, immobiles dans cette nuit où le temps n'existait plus.

Il se répétait que cet homme devait mourir. Bête-ment : car il savait qu'il le tuerait. Pris ou non, exé-
25 cuté ou non, peu importait. Rien n'existait que ce pied, cet homme qu'il devait frapper sans qu'il se défendît — car, s'il se défendait, il appellerait.

Les paupières battantes, Tchen découvrait en lui, jusqu'à la nausée, non le combattant qu'il attendait,
30 mais un sacrificateur. Et pas seulement aux dieux qu'il avait choisis : sous son sacrifice à la révolution grouillait un monde de profondeurs auprès de quoi cette nuit écrasée d'angoisse n'était que clarté. « As-sassiner n'est pas seulement tuer... » Dans ses
35 poches, ses mains hésitantes tenaient, la droite un rasoir fermé, la gauche un court poignard. Il les en-fonçait le plus possible, comme si la nuit n'eût pas suffi à cacher ses gestes. Le rasoir était plus sûr, mais Tchen sentait qu'il ne pourrait jamais s'en servir ; le
40 poignard lui répugnait moins. Il lâcha le rasoir dont le dos pénétrait dans ses doigts crispés ; le poignard était nu dans sa poche, sans gaine. Il le fit passer dans sa main droite, la gauche retombant sur la laine de son chandail et y restant collée. Il éleva légère-
45 ment le bras droit, stupéfait du silence qui conti-nuait à l'entourer, comme si son geste eût dû déclen-cher quelque chute. Mais non, il ne se passait rien : c'était toujours à lui d'agir.

La Condition humaine, *1933,*
chapitre premier, Gallimard.

Guide de lecture
....

1. **Comment l'auteur
fait-il entrer le lecteur
dans la conscience
du meurtrier ?**
2. **Pourquoi Tchen
appelle-t-il l'extérieur le**

**« monde des hommes »
(l.19) ?**
3. **À quel genre litté-
raire pourrait appparte-
nir ce début de roman ?
Justifiez votre réponse.**

L'Espoir (1937).   Nourri des expériences de l'auteur,
l'Espoir est une réflexion neuve sur l'homme et la révolution. Espoir, parce que, malgré les échecs et le sang, la
fraternité existe. Dans cet extrait, Shade, journaliste
américain proche des républicains, qui s'opposent au
coup d'État de Franco, envoie ses dépêches sous les
bombardements de Madrid assiégé.

« Et il faut bien comprendre que tout cela est pour rien. »

Bientôt Shade put commencer à dicter. Pendant
que se succédaient ses notes de la matinée, les
obus se rapprochaient, les pointes des crayons sau-
tant toutes ensemble sur les blocs de sténo à chaque
5 explosion. Le tir cessa, et l'angoisse s'accrut. Les canons, là-bas, rectifiaient-ils leur tir ? On attendait.
On attendait. On attendait. Shade dictait. Paris
transmettait à New York.

« Ce matin, virgule, j'ai vu les bombes encadrant
un hôpital où se trouvaient plus de mille blessés,
point. Le sang que laissent derrière eux, virgule, à la
chasse, virgule, les animaux blessés, virgule, s'appelle des traces, point. Sur le trottoir, virgule, sur le
mur, virgule, était un filet de traces... »

L'obus tomba à moins de vingt mètres. Cette fois,
ce fut une ruée vers le sous-sol. Dans la salle
presque vide ne restaient que les standardistes et les
correspondants « en ligne ». Les standardistes écou-
taient les communications, mais leur regard semblait chercher l'arrivée des obus. Les journalistes qui
dictaient continuèrent à dicter : la communication
coupée, ils ne la retrouveraient plus à temps pour
l'édition du matin. Shade dictait ce qu'il avait vu au
Palace.

« Cet après-midi, je suis arrivé, quelques minutes
après une explosion, devant une boucherie : là où
les femmes avaient fait queue étaient des taches ; le
sang du boucher tué coulait de l'étal, entre les bœufs
ouverts et les moutons pendus aux crochets de fer,
sur le sol où l'entraînait l'eau d'une conduite crevée.

Et il faut bien comprendre que tout cela est pour
rien.

Pour rien.

C'est bien moins la terreur que l'horreur qui secoue les habitants de Madrid. Un vieillard m'a dit,
sous les bombes : "J'ai toujours méprisé toute politique, mais comment admettre de donner le pouvoir
à ceux qui usent ainsi de celui qu'ils n'ont pas encore ?" Pendant une heure j'ai fait partie d'une

40 queue devant une boulangerie. Il y avait là quelques
hommes et une centaine de femmes. Chacun croit
que rester au même endroit une heure est plus dangereux que de marcher. À cinq mètres de la boulangerie, de l'autre côté de la rue étroite, on mettait en
45 bière les cadavres d'une maison éventrée, comme
on le fait en ce moment dans chaque maison dé-
chirée de Madrid. Quand on n'entendait ni canon ni
avion, on entendait les coups de marteau résonner
dans le silence. À côté de moi, un homme dit à une
50 femme : "Elle a le bras arraché, Juanita ; vous croyez
que son fiancé l'épousera dans cet état-là ?" »

L'ESPOIR, *1937,*
2ᵉ partie, II, chapitre x, Gallimard

Guide de lecture
....

1. Peut-on distinguer,
par le style et le ton, les
propos du narrateur de
ceux de Shade ?
2. Quelle différence
Shade fait-il entre
l'horreur et la terreur ?

3. Quelle perspective
choisit-il pour montrer
la réalité de la guerre à
ses lecteurs lointains ?

SARTRE　(1905-1980)

LE CHEF DE FILE DE L'EXISTENTIALISME. Orphelin de père, choyé par sa mère et son grand-père, Jean-Paul Sartre découvre très tôt la magie des livres. Brillant élève, il entreprend des études de philosophie qui le conduisent à la carrière de professeur. C'est à cette époque qu'il rencontre Simone de Beauvoir, qui va être la compagne de toute sa vie. En 1938, *la Nausée*, son premier roman, puis *le Mur*, un recueil de nouvelles (1939), montrent l'homme confronté à l'absurdité du monde ; *la Nausée* constitue la préfiguration des analyses de *l'Être et le Néant* (1943), son ouvrage philosophique majeur. Devenu après la guerre le chef de file de l'existentialisme (voir p. 366), Sartre connaît une notoriété mondiale. Il publie des pièces de théâtre (voir p. 182), notamment *Huis clos*, un ensemble romanesque — inachevé —, *les Chemins de la liberté*, puis une autobiographie, *les Mots* (1964).

L'INTELLECTUEL ENGAGÉ. Après *les Mots*, Sartre abandonne la littérature. Il ne cesse pas pour autant d'écrire, mais la politique et, de façon plus générale, toutes les questions sociales, les drames humains l'occupent pleinement ; il use de son nom pour défendre les causes auxquelles il croit : l'indépendance de l'Algérie, la défense des minorités, les mouvements étudiants de mai 1968, les journaux d'extrême gauche des années 1970.

Il refuse en 1964 le prix Nobel, qu'il juge trop « bourgeois » et qui ferait de lui un écrivain « officiel ». Devenu aveugle les dernières années de sa vie, Sartre poursuit néanmoins son activité jusqu'à sa mort, en 1980. Son œuvre, sous ses aspects multiples, témoigne d'une unité que lui assurent une pensée philosophique et une conception du monde qui, malgré certains tournants, ont toujours mis en avant son attachement à la liberté. *L'Idiot de la famille* que Sartre publie en 1971, est à la fois une étude sur Flaubert, un roman biographique, un essai sociologique et philosophique, où il tente de répondre à ses interrogations.

Devant un monde absurde jusqu'à la nausée, l'homme s'aperçoit qu'il serait vain de fuir, sauf à se condamner à l'inexistence, et le regard d'autrui renforce cette impression de n'être qu'un objet, l'impression d'être « chosifié » *(Huis clos)*. S'il veut conserver son authenticité, s'il veut éviter le piège de la « mauvaise foi » — ces mensonges qu'il tente de se faire à lui-même et aux autres —, il lui faut accepter sa liberté, puisque sa condition d'homme l'y condamne. Et cette liberté, il ne peut la fonder qu'en actes : ainsi seulement justifie-t-il son existence. Pour l'écrivain, l'engagement est un de ces actes essentiels dont l'œuvre et la vie de Sartre offrent un témoignage sans cesse répété.

LA NAUSÉE (1938). Dans ce roman, Sartre met en scène un personnage, Antoine Roquentin, pris au piège de l'existence, et dont le sentiment nauséeux devant l'absurde ne pourra trouver d'échappatoire que dans la création d'une œuvre, peut-être un roman. Roquentin tient un journal dans lequel il raconte les étranges sensations qui le traversent.

« Comme je me sens loin d'eux... »

Je regarde, à mes pieds, les scintillements gris de
Bouville[1]. On dirait, sous le soleil, des monceaux
de coquilles d'écailles, d'esquilles d'os, de graviers.
Perdu entre ces débris, de minuscules éclats de verre
5 ou de mica jettent par intermittence des feux légers.
Les rigoles, les tranchées, les minces sillons qui
courent entre les coquilles, dans une heure ce seront
des rues, je marcherai dans ces rues, entre des murs.
Ces petits bonshommes noirs que je distingue dans
10 la rue Boulibet, dans une heure je serai l'un d'eux.

Comme je me sens loin d'eux, du haut de cette
colline. Il me semble que j'appartiens à une autre espèce. Ils sortent des bureaux, après leur journée de
travail, ils regardent les maisons et les squares d'un
15 air satisfait, ils pensent que c'est *leur* ville, une
« belle cité bourgeoise ». Ils n'ont pas peur, ils se
sentent chez eux. Ils n'ont jamais vu que l'eau appri-
voisée qui coule des robinets, que la lumière qui jaillit des ampoules quand on appuie sur l'interrupteur,
20 que les arbres métis, bâtards, qu'on soutient avec
des fourches. Ils ont la preuve, cent fois par jour, que
tout se fait par mécanisme, que le monde obéit à des
lois fixes et immuables. Les corps abandonnés dans
le vide tombent tous à la même vitesse, le jardin pu-
25 blic est fermé tous les jours à seize heures en hiver, à
dix-huit heures en été, le plomb fond à 335 °, le dernier tramway part de l'Hôtel de Ville à vingt-trois

---

1. Ville imaginaire de Normandie.

heures cinq. Ils sont paisibles, un peu moroses, ils
pensent à Demain, c'est-à-dire, simplement, à un
30 nouvel aujourd'hui ; les villes ne disposent que
d'une seule journée qui revient toute pareille à
chaque matin. À peine la pomponne-t-on un peu,
les dimanches. Les imbéciles. Ça me répugne, de
penser que je vais revoir leurs faces épaisses et ras-
35 surées. Ils légifèrent, ils écrivent des romans popu-
listes, ils se marient, ils ont l'extrême sottise de faire
des enfants. Cependant, la grande nature vague
s'est glissée dans leur ville, elle s'est infiltrée, partout, dans leur maison, dans leurs bureaux, en eux-
40 mêmes. Elle ne bouge pas, elle se tient tranquille et
eux, ils sont en plein dedans, ils la respirent et ils ne
la voient pas, ils s'imaginent qu'elle est dehors, à
vingt lieues de la ville. Je la *vois,* moi, cette nature, je
la *vois...* Je sais que sa soumission est paresse, je sais
45 qu'elle n'a pas de lois : ce qu'ils prennent pour sa
constance... Elle n'a que des habitudes et elle peut
en changer demain.

LA NAUSÉE, *1938,*
« *Mardi à Bouville* », *Gallimard.*

Guide de lecture
....

1. **Que reproche Ro-
quentin aux hommes
qu'il regarde ?**
2. **Relevez les termes
ou expressions qui
expriment sa solitude.**

3. **Quel rôle le narra-
teur assigne-t-il
à la nature ?**

LE MUR (1938). Les personnages de cet ensemble de cinq nouvelles illustrent l'échec de tentatives dérisoires pour échapper à leurs responsabilités. « L'enfance d'un chef » est l'une des cinq nouvelles du recueil : avec beaucoup d'ironie, Sartre trace en Lucien Fleurier le portrait d'un futur chef d'industrie.

« Est-ce que je deviendrai aussi un chef ? »

L e dimanche était une éclaircie. Les brouillards se déchiraient quand Lucien se promenait avec papa sur la route de Paris. Il avait son beau petit costume marin, et on rencontrait des ouvriers de papa
5   qui saluaient papa et Lucien. Papa s'approchait d'eux, et ils disaient : « Bonjour, monsieur Fleurier », et aussi « Bonjour, mon petit monsieur ». Lucien aimait bien les ouvriers parce que c'étaient des grandes personnes mais pas comme les autres. D'a-
10   bord, ils l'appelaient : monsieur. Et puis ils portaient des casquettes et ils avaient de grosses mains aux ongles ras qui avaient toujours l'air souffrantes et gercées. Ils étaient responsables et respectueux. Il n'aurait pas fallu tirer la moustache du père Bouli-
15   gaud : papa aurait grondé Lucien. Mais le père Bouligaud, pour parler à papa, ôtait sa casquette, et papa et Lucien gardaient leurs chapeaux sur leurs têtes, et papa parlait d'une grosse voix souriante et bourrue : « Eh bien, père Bouligaud, on attend son fiston,
20   quand est-ce qu'il aura sa permission ? — À la fin du mois, monsieur Fleurier, merci, monsieur Fleurier. »

Le père Bouligaud avait l'air tout heureux et il ne se serait pas permis de donner une tape sur le derrière de Lucien en l'appelant Crapaud, comme M. Bouffardier. Lucien détestait M. Bouffardier, parce qu'il était si laid. Mais quand il voyait le père Bouligaud, il se sentait attendri et il avait envie d'être bon. Une fois, au retour de la promenade, papa prit Lucien sur ses genoux et lui expliqua ce que c'était qu'un chef. Lucien voulut savoir comment papa parlait aux ouvriers quand il était à l'usine, et papa lui montra comment il fallait s'y prendre, et sa voix était toute changée. « Est-ce que je deviendrai aussi un chef ? demanda Lucien. — Mais bien sûr, mon bonhomme, c'est pour cela que je t'ai fait. — Et à qui est-ce que je commanderai ? — Eh bien, quand je serai mort, tu seras le patron de mon usine et tu commanderas à mes ouvriers. — Mais ils seront morts aussi. — Eh bien, tu commanderas à leurs enfants, et il faudra que tu saches te faire obéir et te faire aimer. — Et comment est-ce que je me ferai aimer, papa ? » Papa réfléchit un peu et dit : « D'abord, il faudra que tu les connaisses tous par leur nom. » Lucien fut profondément remué, et, quand le fils du contremaître Morel vint à la maison annoncer que son père avait eu deux doigts coupés, Lucien lui parla sérieusement et doucement, en le regardant tout droit dans les yeux et en l'appelant Morel. Maman dit qu'elle était fière d'avoir un petit garçon si bon et si sensible.

Le Mur, *1938,*
« L'enfance d'un chef », Gallimard.

**1. Quelles sont les
marques du langage
enfantin ?**

**2. Comment se perçoit
la critique du milieu
décrit ?**

**3. Quelle position
occupe le narrateur
dans ce récit ?**

LES MOTS (1964). Sartre n'a pas sacrifié de façon
conventionnelle au genre autobiographique : *les Mots*
ne racontent que la petite enfance de l'auteur et démystifient avec une ironie mordante cette période de la
vie qui suscite toujours un attendrissement doucereux.
Composée de deux chapitres « Lire » et « Écrire »,
l'œuvre narre l'enfance d'un écrivain.

« Au milieu des livres »

J' ai commencé ma vie comme je la finirai sans
doute : au milieu des livres. Dans le bureau de
mon grand-père, il y en avait partout ; défense était
faite de les épousseter sauf une fois l'an, avant la
5 rentrée d'octobre. Je ne savais pas encore lire que,
déjà, je les révérais, ces pierres levées : droites ou
penchées, serrées comme des briques sur les rayons
de la bibliothèque ou noblement espacées en allées
de menhirs, je sentais que la prospérité de notre fa-
10 mille en dépendait. Elles se ressemblaient toutes, je

m'ébattais dans un minuscule sanctuaire, entouré
de monuments trapus, antiques qui m'avaient vu
naître, qui me verraient mourir et dont la permanence me garantissait un avenir aussi calme que le
15 passé. Je les touchais en cachette pour honorer mes
mains de leur poussière mais je ne savais trop qu'en
faire et j'assistais chaque jour à des cérémonies dont
le sens m'échappait : mon grand-père — si mala-
droit, d'habitude, que ma mère lui boutonnait ses
20 gants — maniait ces objets culturels avec une dex-
térité d'officiant. Je l'ai vu mille fois se lever d'un air
absent, faire le tour de sa table, traverser la pièce en
deux enjambées, prendre un volume sans hésiter,
sans se donner le temps de choisir, le feuilleter en
25 regagnant son fauteuil, par un mouvement combiné
du pouce et de l'index puis, à peine assis, l'ouvrir
d'un coup sec « à la bonne page » en le faisant cra-
quer comme un soulier. Quelquefois je m'appro-
chais pour observer ces boîtes qui se fendaient
30 comme des huîtres et je découvrais la nudité de
leurs organes intérieurs, des feuilles blêmes et moi-
sies, légèrement boursouflées, couvertes de veinules
noires, qui buvaient l'encre et sentaient le champi-
gnon.

LES MOTS, *1964,*
1ère partie « Lire », Gallimard.

Guide de lecture

1. Relevez les termes
qui font du livre un
objet sacré.

2. Étudiez ce qui carac-
térise la vision
de l'enfant.

SARTRE DRAMATURGE. Le théâtre de Sartre est insépa-
rable de son système philosophique et de son engagement politique, dont il est à la fois l'illustration et la
démonstration. Dans ses deux premières pièces, *les
Mouches* (1943), où le héros mythique Oreste devient
symbole de la liberté et de la Résistance, et *Huis clos*
(1944), il met en spectacle les principaux concepts
existentialistes exposés dans *l'Être et le Néant* : la
conscience, la mauvaise foi, la liberté et la responsabilité, l'existence d'autrui et pour autrui. Les personnages de son théâtre, coincés dans des situations
extrêmes, confrontés aux autres et à l'histoire, doivent
exercer leur liberté par des choix, des actes : ainsi, ils
s'inventent eux-mêmes et se situent par rapport à autrui. Le spectateur est invité à juger les attitudes — et
non les caractères — de ces personnages : il apprendra
ainsi à se déterminer par rapport aux situations mises
en scène, par exemple dans *les Mains sales* (1948), qui
pose le problème de la fin et des moyens dans l'action
politique, *le Diable et le Bon Dieu* (1951) ou *les Séques-
trés d'Altona* (1959) dont les thèmes centraux sont le
mal et la responsabilité individuelle et historique.

HUIS CLOS (1944). Dans cette pièce, Sartre met en
scène trois morts vivants, Garcin, Estelle et Inès
condamnés à cohabiter pour l'éternité dans un salon
second Empire sans issue, un étrange enfer, dont ils
comprendront progressivement le fonctionnement.
Chacun d'eux est ainsi contraint d'exister sous le regard et le jugement des deux autres.

« Nous sommes en enfer »

INÈS.   Je vois. *(Un temps.)* Pour qui jouez-vous la comédie ? Nous sommes entre nous.

ESTELLE, *avec insolence.*   Entre nous ?

INÈS.   Entre assassins. Nous sommes en enfer, ma
5   petite, il n'y a jamais d'erreur et on ne damne jamais les gens pour rien.

ESTELLE.   Taisez-vous.

INÈS.   En enfer ! Damnés ! Damnés !

ESTELLE.   Taisez-vous. Voulez-vous vous taire ? Je
10   vous défends d'employer des mots grossiers.

INÈS.   Damnée, la petite sainte. Damné, le héros sans reproche. Nous avons eu notre heure de plaisir, n'est-ce pas ? Il y a des gens qui ont souffert pour nous jusqu'à la mort et cela nous amusait beaucoup.
15   À présent, il faut payer.

GARCIN, *la main levée.*   Est-ce que vous vous tairez ?

INÈS, *le regarde sans peur, mais avec une immense surprise.*   Ha ! *(Un temps.)* Attendez ! J'ai compris, je sais pourquoi ils nous ont mis ensemble !

20   GARCIN.   Prenez garde à ce que vous allez dire.

INÈS.   Vous allez voir comme c'est bête. Bête comme chou ! Il n'y a pas de torture physique, n'est-ce pas ? Et cependant, nous sommes en enfer. Et personne ne doit venir. Personne. Nous resterons
25   jusqu'au bout seuls ensemble. C'est bien ça ? En somme, il y a quelqu'un qui manque ici : c'est le bourreau.

GARCIN, *à mi-voix.*   Je le sais bien.

INÈS.   Eh bien, ils ont réalisé une économie de per-
30   sonnel. Voilà tout. Ce sont les clients qui font le service eux-mêmes, comme dans les restaurants coo-
pératifs[1].

ESTELLE.   Qu'est-ce que vous voulez dire ?

INÈS.   Le bourreau, c'est chacun de nous pour les
35   deux autres.

HUIS CLOS, *1944,*
scène 5, Gallimard.

Guide de lecture
....

1. Inès mène la scène :
pourquoi et comment ?
2. Chacun des person-
nages est, à des degrés
divers, un bourreau
pour les autres et une
victime des autres :
montrez-le.

3. Par quels moyens le
dialogue rend-il compte
de la tension entre les
personnages ?

1. Restaurants d'associations, où tous les membres participent au travail
et au profit.

CAMUS   *(1913-1960)*

ENTRE LA MISÈRE ET LA LUMIÈRE.   Orphelin de père, Camus a vécu son enfance dans les quartiers pauvres d'Alger, « à mi-distance de la misère et du soleil ». On peut voir là les deux sources de son inspiration. La condamnation des injustices, la défense de la liberté seront les thèmes principaux de sa longue carrière de journaliste : dans *Alger républicain,* il dénonce les excès de la colonisation, puis dans *Combat,* journal clandestin de la Résistance, il appelle à la révolte contre l'Occupation allemande. Parallèlement, dans ses premiers essais, *Noces* et *l'Été* (1939), il peint avec beaucoup de lyrisme les magnifiques paysages de l'Algérie.

En 1940, Camus s'installe en France. Son premier récit, *l'Étranger,* et un essai, *le Mythe de Sisyphe,* publiés en 1942, le signalent comme un penseur et un écrivain tout à fait original. Mais c'est avec *la Peste* qu'il obtient en 1947 un succès considérable, tant en France qu'à l'étranger. Refusant l'étiquette d'existentialiste qu'on lui prête, se séparant de ses amis politiques (Sartre notamment), Camus défend dans un nouvel essai, *l'Homme révolté* (1951), une conception très individualiste de la lutte sociale et politique. Le divorce s'accroît quand commencent les événements d'Algérie : entre son attachement à sa terre natale et la légitimité des revendications algériennes, il refuse de choisir et s'enferme dans le silence.

En 1956, il publie un récit, *la Chute,* qui renouvelle son inspiration mais révèle le pessimisme désespéré qui affecte une grande partie de son œuvre. L'année suivante, à 44 ans, il reçoit la consécration avec le prix Nobel, dont il est un des plus jeunes lauréats. Cette distinction l'angoisse plus encore. Sa mort en 1960 dans un accident de voiture, laisse ses entreprises inachevées.

LA RÉVOLTE CONTRE L'ABSURDE.   Sans être véritablement un maître à penser — il refusait d'être considéré comme un philosophe —, Camus a exercé et exerce encore par son œuvre une influence considérable. L'ombre et la lumière se partagent sa conception du monde. À l'absurdité de l'existence, l'individu, privé de toute référence au divin, doit répondre par la révolte ; il découvre alors la valeur qui peut fonder ses actes : la solidarité dans le combat. En effet, Camus n'est pas le désespéré que l'on a dit : il a cette passion de la vie que ses premiers textes *(Noces)* laissent percevoir ; simplement, comme le personnage principal de sa pièce de théâtre *Caligula* (1945), il ne peut accepter cette vérité : « les hommes meurent et ils ne sont pas heureux ».

L'ÉTRANGER (1942).   Ce roman a surpris tant par la sécheresse du style que par l'étrangeté de son « héros » qui ne trouve d'autre réponse à l'absurdité de la vie que l'absurdité de ses actes.

Meursault, le narrateur de *l'Étranger,* est apparu dans les chapitres précédents du récit comme un personnage indifférent et insensible. Impliqué dans une histoire qui ne le concerne pas, il est amené à commettre un meurtre sans raison apparente.

« C'est alors que tout a vacillé »

J'ai pensé que je n'avais qu'un demi-tour à faire et ce serait fini. Mais toute une plage vibrante de soleil se pressait derrière moi. J'ai fait quelques pas vers la source. L'Arabe n'a pas bougé. Malgré
5 tout, il était encore assez loin. Peut-être à cause des ombres sur son visage, il avait l'air de rire. J'ai attendu. La brûlure du soleil gagnait mes joues et j'ai senti des gouttes de sueur s'amasser dans mes sourcils. C'était le même soleil que le jour où j'avais en-
10 terré maman et, comme alors, le front surtout me faisait mal et toutes ses veines battaient ensemble sous la peau. À cause de cette brûlure que je ne pouvais plus supporter, j'ai fait un mouvement en avant. Je savais que c'était stupide, que je ne me débarras-
15 serais pas du soleil en me déplaçant d'un pas. Mais j'ai fait un pas, un seul pas en avant. Et cette fois, sans se soulever, l'Arabe a tiré son couteau qu'il m'a présenté dans le soleil. La lumière a giclé sur l'acier et c'était comme une longue lame étincelante qui
20 m'atteignait au front. Au même instant, la sueur amassée dans mes sourcils a coulé d'un coup sur les paupières et les a recouvertes d'un voile tiède et épais. Mes yeux étaient aveuglés derrière ce rideau de larmes et de sel. Je ne sentais plus que les cym-
25 bales du soleil sur mon front et, indistinctement, le glaive éclatant jailli du couteau toujours en face de moi. Cette épée brûlante rongeait mes cils et fouillait mes yeux douloureux. C'est alors que tout a vacillé. La mer a charrié un souffle épais et ardent. Il

30 m'a semblé que le ciel s'ouvrait sur toute son étendue pour laisser pleuvoir du feu. Tout mon être s'est
tendu et j'ai crispé ma main sur le revolver. La gâ-
chette a cédé, j'ai touché le ventre poli de la crosse et
c'est là, dans le bruit à la fois sec et assourdissant,
35 que tout a commencé. J'ai secoué la sueur et le soleil. J'ai compris que j'avais détruit l'équilibre du
jour, le silence exceptionnel d'une plage où j'avais
été heureux. Alors, j'ai tiré encore quatre fois sur un
corps inerte où les balles s'enfonçaient sans qu'il y
40 parût. Et c'était comme quatre coups brefs que je
frappais sur la porte du malheur.

L'Étranger, *1942*,
première partie, chapitre 6, Gallimard.

Guide de lecture
••

1. Étudiez le rôle du
soleil et de la mer dans
cet épisode.
2. Pourquoi Meursault
tire-t-il encore « quatre
fois sur un corps
inerte » ?

3. Le récit que fait
Meursault permet-il
de comprendre
les raisons de son acte ?

LA PESTE (1947).   Ce roman décrit les comportements
des hommes face à un fléau. La peste qui a ravagé la ville
d'Oran vient de s'éloigner comme elle a surgi. Dans
cette dernière page, on apprend que le docteur Rieux,
qui a combattu l'épidémie, est le narrateur de cette

chronique. En 1947, la peste a été perçue comme l'image de la guerre ou du fascisme, mais la leçon va sans doute au-delà.

« Pour ne pas être de ceux qui se taisent »

Rieux montait déjà l'escalier. Le grand ciel froid scintillait au-dessus des maisons et, près des collines, les étoiles durcissaient comme des silex. Cette nuit n'était pas si différente de celle où Tarrou et lui étaient venus sur cette terrasse pour oublier la peste. La mer était plus bruyante qu'alors, au pied des falaises. L'air était immobile et léger, délesté des souffles salés qu'apportait le vent tiède de l'automne. La rumeur de la ville, cependant, battait toujours le pied des terrasses avec un bruit de vagues. Mais cette nuit était celle de la délivrance, et non de la révolte. Au loin, un noir rougeoiement indiquait l'emplacement des boulevards et des places illuminés. Dans la nuit maintenant libérée, le désir devenait sans entraves et c'était son grondement qui parvenait jusqu'à Rieux.

Du port obscur montèrent les premières fusées des réjouissances officielles. La ville les salua par une longue et sourde exclamation. Cottard, Tarrou, ceux et celle que Rieux avait aimés et perdus, tous, morts ou coupables, étaient oubliés. Le vieux avait raison, les hommes étaient toujours les mêmes. Mais c'était leur force et leur innocence et c'est ici que, par-dessus toute douleur, Rieux sentait qu'il les

25 rejoignait. Au milieu des cris qui redoublaient de force et de durée, qui se répercutaient longuement jusqu'au pied de la terrasse, à mesure que les gerbes multicolores s'élevaient plus nombreuses dans le ciel, le docteur Rieux décida alors de rédiger le récit

30 qui s'achève ici, pour ne pas être de ceux qui se taisent, pour témoigner en faveur de ces pestiférés, pour laisser du moins un souvenir de l'injustice et de la violence qui leur avaient été faites, et pour dire simplement ce qu'on apprend au milieu des fléaux,

35 qu'il y a dans les hommes plus de choses à admirer que de choses à mépriser.

Mais il savait cependant que cette chronique ne pouvait pas être celle de la victoire définitive. Elle ne pouvait être que le témoignage de ce qu'il avait fallu

40 accomplir et que, sans doute, devraient accomplir encore, contre la terreur et son arme inlassable, malgré leurs déchirements personnels, tous les hommes qui, ne pouvant être des saints et refusant d'admettre les fléaux, s'efforcent cependant d'être des

45 médecins.

Écoutant, en effet, les cris d'allégresse qui montaient de la ville, Rieux se souvenait que cette allégresse était toujours menacée. Car il savait ce que cette foule en joie ignorait, et qu'on peut lire dans

50 les livres, que le bacille de la peste ne meurt ni ne disparaît jamais, qu'il peut rester pendant des dizaines d'années endormi dans les meubles et le linge, qu'il attend patiemment dans les chambres, les caves, les malles, les mouchoirs et les paperasses,

55 et que, peut-être, le jour viendrait où, pour le malheur et l'enseignement des hommes, la peste réveillerait ses rats et les enverrait mourir dans une cité heureuse.

La Peste, *1947,*
cinquième partie, Gallimard.

Guide de lecture
....

1. **Comment expliquer que le docteur Rieux ne participe pas à l'allégresse générale ?**

2. **Quelle vision a-t-il des hommes ?**
3. **Quelle fonction assigne-t-il à son récit ?**

Le Mythe de Sisyphe (1942).   Dans cet essai, Camus développe ce que l'on peut considérer comme le premier volet de sa pensée : le tragique de l'existence vient de l'impossibilité de lui donner un sens. La punition infligée par les dieux à Sisyphe, selon la mythologie grecque, symbolise la condition de l'homme dans le monde : il pousse éternellement sur la pente d'une montagne un énorme rocher qui toujours retombe au moment d'atteindre le sommet.

« Le héros absurde »

On a compris déjà que Sisyphe est le héros absurde. Il l'est autant par ses passions que par son tourment. Son mépris des dieux, sa haine de la mort et sa passion pour la vie, lui ont valu ce sup-

plice indicible où tout l'être s'emploie à ne rien
achever. C'est le prix qu'il faut payer pour les passions de cette terre. On ne nous dit rien sur Sisyphe
aux enfers. Les mythes sont faits pour que l'imagination les anime. Pour celui-ci on voit seulement
tout l'effort d'un corps tendu pour soulever l'é-
norme pierre, la rouler et l'aider à gravir une pente
cent fois recommencée ; on voit le visage crispé, la
joue collée contre la pierre, le secours d'une épaule
qui reçoit la masse couverte de glaise, d'un pied qui
la cale, la reprise à bout de bras, la sûreté tout humaine de deux mains pleines de terre. Tout au bout
de ce long effort mesuré par l'espace sans ciel et le
temps sans profondeur, le but est atteint. Sisyphe
regarde alors la pierre dévaler en quelques instants
vers ce monde inférieur d'où il faudra la remonter
vers les sommets. Il redescend dans la plaine.

C'est pendant ce retour, cette pause, que Sisyphe
m'intéresse. Un visage qui peine si près des pierres
est déjà pierre lui-même ! Je vois cet homme redes-
cendre d'un pas lourd mais égal vers le tourment
dont il ne connaîtra pas la fin. Cette heure qui est
comme une respiration et qui revient aussi sûrement que son malheur, cette heure est celle de la
conscience. À chacun de ces instants, où il quitte les
sommets et s'enfonce peu à peu vers les tanières des
dieux, il est supérieur à son destin. Il est plus fort
que son rocher.

Si ce mythe est tragique, c'est que son héros est
conscient. Où serait en effet sa peine, si à chaque
pas l'espoir de réussir le soutenait ? L'ouvrier d'au-

jourd'hui travaille, tous les jours de sa vie, aux
mêmes tâches et ce destin n'est pas moins absurde.
Mais il n'est tragique qu'aux rares moments où il devient conscient. Sisyphe, prolétaire des dieux, im-
40 puissant et révolté, connaît toute l'étendue de sa
misérable condition : c'est à elle qu'il pense pendant
sa descente. La clairvoyance qui devait faire son
tourment consomme du même coup sa victoire. Il
n'est pas de destin qui ne se surmonte par le mépris.

Le Mythe de Sisyphe, *1942*,
4ᵉ partie, Gallimard.

Guide de lecture

1. Qu'est-ce qu'un
mythe ?
2. Peut-on assimiler le
travail à une punition ?

3. La vision de Camus
est-elle totalement
pessimiste ?

Discours de Suède (1957).   Dans la conférence qu'il
donne le 14 décembre 1957 à Stockholm à l'occasion
de la remise du prix Nobel, Camus reprend un thème
qui parcourt tout le siècle : l'engagement de l'écrivain
dans les luttes idéologiques et politiques. La question
avait déjà été abordée par Sartre dans *Qu'est-ce que la
littérature ?* : le texte de Camus en est l'écho, mais témoigne aussi de ses réserves.

« Tout artiste aujourd'hui est embarqué »

U n sage oriental demandait toujours, dans ses
prières, que la divinité voulût bien lui épar-
gner de vivre une époque intéressante. Comme
nous ne sommes pas sages, la divinité ne nous a pas
5 épargnés et nous vivons une époque intéressante.
En tout cas, elle n'admet pas que nous puissions
nous désintéresser d'elle. Les écrivains d'aujour-
d'hui savent cela. S'ils parlent, les voilà critiqués et
attaqués. Si, devenus modestes, ils se taisent, on ne
10 leur parlera plus que de leur silence, pour le leur re-
procher bruyamment.

Au milieu de ce vacarme, l'écrivain ne peut plus
espérer se tenir à l'écart pour poursuivre les réflexions et les images qui lui sont chères. Jusqu'à
15 présent, et tant bien que mal, l'abstention a toujours
été possible dans l'histoire. Celui qui n'approuvait
pas, il pouvait souvent se taire, ou parler d'autre
chose. Aujourd'hui, tout est changé, le silence
même prend un sens redoutable. À partir du mo-
20 ment où l'abstention elle-même est considérée
comme un choix, puni ou loué comme tel, l'artiste,
qu'il le veuille ou non, est embarqué. Embarqué me
paraît ici plus juste qu'engagé. Il ne s'agit pas en effet pour l'artiste d'un engagement volontaire, mais
25 plutôt d'un service militaire obligatoire. Tout artiste
aujourd'hui est embarqué dans la galère de son
temps. Il doit s'y résigner, même s'il juge que cette
galère sent le hareng, que les gardes-chiourme y
sont vraiment trop nombreux et que, de surcroît, le

30 cap est mal pris. Nous sommes en pleine mer. L'artiste, comme les autres, doit ramer à son tour, sans mourir, s'il le peut, c'est-à-dire en continuant de vivre et de créer.

Discours de Suède, *1957,*
Gallimard.

Guide de lecture
....

1. Quel sens Camus donne-t-il à l'expression « une époque intéressante » ?
2. Quelle différence fait-il entre « embarqué » et « engagé » ?

3. Quels sont les champs lexicaux dominants dans le texte ?

Le surréalisme

On doit distinguer dans le surréalisme un mouvement esthétique qui domine le champ littéraire et artistique de 1921 à 1939 et un « esprit surréaliste ». Après le carnage que fut la Première Guerre mondiale, ce mouvement littéraire apparaît d'abord dans la continuité du dadaïsme (1916-1922), dont il conserve la morale de la révolte, mais rompt avec le nihilisme radical prôné par Tzara. Les surréalistes, ayant lu Freud, veulent dépasser la négation dadaïste par une « exploration du domaine de l'automatisme psychique ». De l'inconscient, ils se proposent de faire une force subversive. À la logique cartésienne, le surréalisme substitue la mentalité magique, exaltant la liberté des fous, des enfants, des primitifs. Il postule une morale nouvelle fondée sur la trilogie « Liberté, Amour, Poésie » : ainsi le surréalisme déborde-t-il largement le cadre traditionnel imparti à la littérature, la poésie étant conçue comme un mode de vie.

Antécédents littéraires

Dans les références littéraires que reconnaissent les surréalistes apparaissent les poètes qui ont fait appel à l'irrationnel, à la voyance : Hugo, Baudelaire, Rimbaud. Les écrivains romantiques allemands, ainsi que Sade, Charles Fourier (l'inventeur d'une utopie sociale fondée sur les phalanstères) et Freud — ces trois grands émancipateurs du désir —, sont également les ascendants dont ils se réclament. Ils vouent aussi un culte à Nerval, qui les avait précédés sur la voie du « surnaturalisme », ainsi qu'à Lautréamont et Jarry (voir p. 26).

Plus proches d'eux, ils reconnaissent l'influence d'Apollinaire (voir p. 52) — à qui ils ont d'ailleurs emprunté l'épithète « surréaliste », qu'il avait inventé pour sous-titrer *les Mamelles de Tirésias* (1917) —, comme celle de Reverdy, dont ils ont adopté la conception de « l'image poétique » (voir p. 101).

L es poètes qui se rassemblent sous la « bannière » du surréalisme autour de la personnalité charismatique d'André Breton — d'aucuns le nomment « le pape » du surréalisme — n'ont pas le désir de fonder une école, mais celui de « changer la vie », c'est-à-dire celui de changer l'homme et la société car, comme l'écrit Eluard : « la poésie véritable est incluse dans tout ce qui ne se conforme pas à cette morale qui, pour maintenir son ordre, son prestige, ne sait construire que des banques, des casernes, des prisons, des églises, des bordels ».

En 1924, la revue créée par les surréalistes, *Révolution surréaliste,* porte ce mot d'ordre inscrit sur la couverture : « Il faut aboutir à une nouvelle déclaration des droits de l'homme ». Pour prouver qu'ils ne se bornent pas à la spéculation intellectuelle, Aragon, Péret, Breton, Eluard s'inscrivent au parti communiste et intitulent leur revue, *le Surréalisme au service de la Révolution* (1930-1933). Artaud, Soupault et Vitrac, qui s'y refusent, sont alors exclus du mouvement par Breton. Cet accord d'un mouvement littéraire avec un parti politique ne va pas sans heurts : Breton, exclu du P.C. en 1933, se rapprochera plus tard de Trotski et n'aura de cesse de dénoncer le stalinisme.

Pendant la Seconde Guerre mondiale, ceux qui sont restés au parti communiste, comme Aragon et Eluard, s'engagent dans les rangs de la Résistance, tandis que les « purs » surréalistes, Péret et Breton notamment, s'exilent aux États-Unis. Péret parlera après la guerre du « déshonneur des poètes » contre la prétention qui consiste à « mettre la poésie au service d'une action révolutionnaire ». À la Libération, les surréalistes auront perdu de leur crédit, Sartre, le maître à penser de l'époque, les qualifiant même de « parasites de la bourgeoisie ».

L'acte poétique

L es surréalistes ne séparent pas l'art de la vie. Ils récusent totalement cette dichotomie, tout comme la théorie qui fait du poète un être élu. Ils pensent, comme Lautréamont, que « la poésie sera faite par tous, non par un ». Ils élaborent donc des œuvres collectives comme *les Champs magnétiques* (1920) rédigé en commun par André Breton et Philippe Soupault. De plus, ils conçoivent l'art comme un acte vital, aussi nécessaire à l'homme que la respiration ou l'amour.

L'amour

L'amour est célébré par les surréalistes, qui proclament, inspirés par Apollinaire, la « grande force du désir », et revendiquent à la fois la liberté sexuelle et l'amour unique. Ils enquêtent sur le thème de l'amour dans leur revue *Révolution surréaliste*.

Passionnée, illuminante, la femme est considérée comme la médiatrice et la révélatrice de la nature, tandis que nombre d'œuvres exaltent le combat d'Éros (dieu de l'Amour dans la mythologie grecque, mais aussi nom donné par Freud aux pulsions sexuelles opposées aux pulsions de mort) contre les forces répressives de la société. Les surréalistes revivifient notamment le mythe de l'androgyne originel engendrant le cosmos.

Reconsidérant l'amour, la création et l'action, le surréalisme est une éthique qui se fonde sur une théorie de la connaissance pour explorer le continent intérieur (le sujet) en même temps que le monde (l'objet), afin d'opérer la synthèse du réel et de l'imaginaire.

Le surréel

L'idée qu'il existe un certain point de l'esprit « d'où la vie et la mort, le réel et l'imaginaire, le passé et le futur, le communicable et l'incommunicable cessent d'être perçus contradictoirement » (André Breton) constitue le surréel, où s'abolit la distinction entre irréel et réel.

La quête même de ce « point sublime » en constitue la réalité, qui se manifeste sous la forme du merveilleux. L'univers est ainsi interprété par les surréalistes comme un cryptogramme. Dans les promenades errantes, les attentes, les rencontres, dans la réalité quotidienne, c'est le merveilleux qu'ils recherchent, captant les signaux du mystère, qu'ils regroupent sous la notion de « hasard objectif ».

Méthodes

L'écriture automatique, les sommeils hypnotiques, les récits de rêves, l'écriture collective, les « cadavres exquis », la voyance : ces diverses techniques favorisent la dynamique de l'imagination, la capacité de voir le surréel au sein même du réel. L'hypnose et le rêve permettent à l'homme de « se faire voyant » selon la formule de Rimbaud.

« L'universelle analogie » entre le microcosme et le macrocosme est au fondement de la connaissance du monde et à l'origine de la production poétique, où l'image est favorisée. Les poètes unis dans le mouvement surréaliste se sont d'abord accordés sur la définition de l'image que donnait Reverdy : « L'image est une création pure de l'esprit. Elle ne peut naître d'une comparaison, mais du rapprochement de deux réalités plus ou moins éloignées. » Pour Breton, ce rapprochement s'opère fortuitement, de sorte que le hasard — par exemple le hasard des mots surgis de la profondeur de l'inconscient, grâce à l'écriture automatique — domine toute la création artistique du surréalisme. Le surréalisme tente ainsi, en modifiant la relation du sujet à sa langue, de modifier la société. Le « stupéfiant image » dont parle Aragon devient un moyen de déstabiliser le monde, sinon de le changer.

Influence du surréalisme

Le surréalisme est né de la foi dans le génie de la jeunesse, et du désir d'abolir les antinomies constitutives de la civilisation occidentale : réel/imaginaire, pensée/action, esprit/matière, rationnel/irrationnel. Il a favorisé, dans l'art, la littérature, le langage, tout ce qui était spontané. Les œuvres des peintres et des poètes surréalistes portent la marque de cette aspiration commune plutôt qu'elles ne se conforment à des canons esthétiques. Qu'y a-t-il de commun en effet entre une toile de Miró, une peinture de Dalí, une sculpture de Giacometti ?

Le groupe surréaliste tente de réaliser une certaine symbiose entre écrivains et artistes, peintres notamment. Ainsi peut-on dire qu'il existe tout de même un art surréaliste, représenté par les œuvres de Miró, Max Ernst, Dalí ou Chirico, les sculptures d'Arp et de Giacometti, et aussi les films de Cocteau et Buñuel, ou les photographies de Man Ray.

Les « trente glorieuses »

Les « trente glorieuses »

Reconstruction et contestation

L a période de la Libération est vécue comme la fin d'un cauchemar ; pourtant, les témoignages des rescapés des camps de concentration (Robert Antelme, David Rousset), les images des brûlés d'Hiroshima, les violences de l'épuration tempèrent les joies de la liberté retrouvée.

Mais l'heure est à la reconstruction. Les progrès scientifiques et techniques vont permettre un formidable essor de la production, et le niveau de vie de la population française ne cessera de progresser pendant trente ans. Dans tous les domaines, le besoin de tourner la page fait éclore des talents nouveaux. La jeunesse des années 1950 affirme son désir de vivre et sa singularité par la musique (le rock'n roll), les jeunes cinéastes de la Nouvelle Vague (François Truffaut, Jean-Luc Godard...) filment caméra au poing, dans la rue, les « nouveaux réalistes » de l'école de Nice (Arman, César, Christo, Klein...) utilisent les matériaux et les objets de la vie quotidienne pour réaliser leurs peintures ou leurs sculptures.

Si l'horizon de l'an 2000 semble plein de promesses, certains, cependant, se méfient et doutent : très tôt, des voix s'élèvent pour contester une société qui propose un bonheur fondé sur la seule consommation. Luttes sociales, politiques, idéologiques sont paradoxalement très virulentes durant cette période de prospérité et de développement, et rares sont les écrivains qui, d'une manière ou d'une autre, ne témoignent pas de leur engagement.

Les maîtres à penser

L'époque a besoin de se rassurer ou de s'enthousiasmer : on cherche des modèles, des maîtres à penser. Si l'essentiel de la philosophie existentialiste date d'avant-guerre (voir période précédente), le succès de cette théorie et ses avatars populaires (tout peut être existentialiste, une danse, un lieu...) se fait sentir dans les années d'après-guerre : Camus et, surtout, Sartre restent les références de la génération des années 1950. Le structuralisme, dont Lévi-Strauss est le principal représentant, succède à l'existentialisme dans les années 1960 : tout sujet d'étude, tout phénomène est considéré comme un système clos dont il s'agit de mettre au jour les éléments invariants dans le temps, les structures. Enfin, influençant tous les courants de pensée, le marxisme et la psychanalyse sous-tendent les analyses des phénomènes politiques, sociaux, ou celles des motivations profondes des actes individuels.

Ruptures et continuité du roman

L e roman traditionnel, réaliste, garde tout son prestige aux yeux du grand public. Mais quelques auteurs — Nathalie Sarraute, Michel Butor, Alain Robbe-Grillet, Claude Simon — refusent de se soumettre à des formes et à une inspiration qu'ils estiment trop datées : c'est la naissance du Nouveau Roman, courant le plus important de cette période. Ces romanciers proposent une vision du monde plus neutre, essentiellement fondée sur le regard, ou bien transcrivent à l'état brut le monologue intérieur de leurs personnages. Cependant, ce courant n'épuise pas toutes les tendances nouvelles : Marguerite Yourcenar dans le domaine du roman historique, Julien Gracq, prosateur exigeant, Albert Cohen, dont la verve ironique rappelle Proust et Flaubert, ou encore Michel Leiris, par l'originalité de son entreprise autobiographique, sont des écrivains qui poursuivent une œuvre solitaire et inclassable.

Le théâtre : découvertes et avant-garde

S i, après la guerre, le public aime à retrouver sur scène les textes des grands auteurs de la période précédente (Claudel, Giraudoux, Sartre,

Camus), il est amené dès le début des années 1950 à remettre en question sa vision de la dramaturgie. Les textes d'Audiberti ou de Jean Vauthier *(Capitaine Bada)* surprennent par la démesure des personnages ou le foisonnement verbal ; Jean Genet, par sa marginalité revendiquée et ses engagements politiques, crée le scandale avec *les Paravents* (1961) ; Arrabal choque par la cruauté et la violence de son inspiration *(le Cimetière des voitures,* 1958). Mais l'avant-garde est surtout représentée par Ionesco et par Beckett : ignorée ou critiquée dans un premier temps, leur dramaturgie, souvent appelée « théâtre de l'absurde », propose une image des angoisses du siècle que le public finit par reconnaître pour siennes ; le succès, à partir de 1953, d'*En attendant Godot* (Beckett) et la longue carrière de *la Cantatrice chauve* (Ionesco) sont là pour le prouver.

À l'opposé, l'écriture et la mise en scène subissent l'influence du dramaturge allemand Bertold Brecht (1898-1956), dont le théâtre didactique cherche à développer la conscience critique du spectateur-citoyen pour l'inciter à l'action politique.

Il faut également souligner l'importance de metteurs en scène audacieux, comme Roger Blin, Jean-Marie Serreau, Jean Vilar et Jean-Louis Barrault qui imposent l'avant-garde ou qui donnent une lecture « dépoussiérée » des grands classiques. La décentralisation théâtrale (Festival d'Avignon, création de Centres dramatiques nationaux en banlieue parisienne et en province) contribue à élargir l'audience du répertoire.

La poésie dans tous ses états

S i l'on peut isoler, pour les deux genres précédents, un courant majeur, novateur, il n'en est pas de même en poésie. Non que les écritures fortes soient absentes, au contraire, mais il est difficile de trouver un commun dénominateur entre les différentes écritures qui se côtoient. La poésie vit d'une audience limitée, ce qu'elle revendique même, parfois. Excepté la popularité durable de Prévert et de poèmes comme ceux d'Aragon (voir période précédente) — devenus chansons grâce à Jean Ferrat ou Léo Ferré —, l'exigence poétique, qui tente de faire entendre dans le monde une autre voix que celle du « colportage journalistique » (selon la formule de Mallarmé), entraîne souvent la solitude du poète. L'ample lyrisme de Saint-John Perse célèbre le monde, tandis que Michaux préfère explorer le monde du dedans. C'est au contraire vers le dehors que se tourne l'attention de Francis Ponge, qui choisit le « parti pris des choses ». Char, quant à lui, tend à fusionner son être intérieur et les forces de la nature.

MICHEL LEIRIS   *(1901-1990)*

AU CŒUR DU « MOI ». Dire qu'il était curieux de l'homme, de tout l'homme, serait résumer assez bien le parcours peu commun de Michel Leiris, d'abord attiré par la chimie, poète surréaliste (entre 1924 et 1929) puis passionné par l'éthnologie et, toujours, par l'écriture. Connaître les hommes les plus lointains, les plus différents, sera l'objet de ses voyages en Afrique et en Asie comme de son travail au musée de l'Homme. Se connaître soi-même, à travers une psychanalyse et par une tentative autobiographique, est la partie la plus originale de cette quête : avec *l'Âge d'homme* (publié en 1939), il entame une plongée « au cœur du moi », qu'il poursuit avec *la Règle du jeu,* ensemble formé de quatre œuvres écrites sur une période de trente ans (1948-1976), à la fois voyage dans les méandres et mystères du langage et traversée d'un demi-siècle d'histoire : *Biffures* (1948), *Fourbis* (1955), *Fibrilles* (1966), *Frêle Bruit* (1976).

FRÊLE BRUIT (1976). L'œuvre autobiographique de Leiris est quelque peu inclassable : ni Mémoires, ni journal intime, ni simple récit d'une vie, elle est avant tout écriture de jeux, de rêves, de poèmes, de souvenirs ou de faits bruts tirés de l'Histoire ou de la vie quotidienne.

C'est à cette dernière source que puisent les quatre petits récits de ce texte tiré de *Frêle Bruit,* quatrième et dernier volet de *la Règle du jeu.* Les lieux et les époques y sont différents : de leur juxtaposition peut-être naît le malaise.

« Quelques scènes à lever le cœur »

De l'ordre de la comédie et non de la tragédie, mais cela ne diminue pas leur vilenie[1], quelques scènes à lever le cœur et à faire croire qu'on en est soi-même sali :

5 — Spectacle, certes, tôt réprouvé par le commandement F.F.I.[2] mais à peine moins révoltant que celui des juifs timbrés de l'étoile jaune montrant qu'ils étaient pour les nazis des colis à mettre au rebut, les femmes tondues à ras promenées en tête de cor-
10 tèges populaires, dans la grosse liesse ensoleillée du Paris libéré de 1944.

— En Sicile, sous le beau ciel d'Agrigente ou de Syracuse, un bourgeois furibard giflant à plusieurs reprises et en pleine rue — comme pour le rabaisser
15 davantage — son fils âgé apparemment de treize ou quatorze ans et mis comme s'il allait ou revenait de la messe, car c'était (je crois) un dimanche.

— À Paris, dans l'autobus 63 qui roule en direction de la Muette, une femme gourmandant[3] à
20 haute voix, en un long soliloque[4], sa fillette assise devant elle et le visage tourné obstinément vers la vitre, pour échapper le plus possible aux regards des autres voyageurs. Platement vulgaire, la mère, qui doit être l'épouse d'un modeste employé, reproche
25 à la gamine son sale caractère, remâche toutes sortes

---

1. Caractère méprisable.
2. Forces françaises de l'intérieur (mouvement de résistance).
3. Réprimandant.
4. Discours d'une personne qui se parle à elle-même.

de griefs et lui prédit une vie de réprouvée, lui répétant à satiété — d'un ton de juge ou de prophète satisfait d'être un oiseau de malheur — qu'elle est moralement quelqu'un de si impossible que, plus

30 tard, elle sera « toute seule », vous m'entendez, « toute seule », et se sera condamnée elle-même à l'être à perpétuité. Mère toujours revêche et fille au visage fermé, tant sur sa propre honte que sur celle dont le comportement déplacé de l'autre doit l'em-

35 plir, descendent de l'autobus place d'Iéna ou avenue Albert-de-Mun (cette voie qui longe les tranquilles jardins du Trocadéro) et je vois la mère s'en aller d'un pas décidé, suivie de la fille demeurée silencieuse et marchant quelques mètres derrière,

40 comme un petit chien habitué, par force, à se tenir approximativement dans la foulée du maître.

— À Liège, dans les parages du quartier chaud et tout près d'un musée honnête et vieillot consacré au folklore local et à l'histoire de la ville, un adulte ivre

45 en bras de chemise insultant sa vieille mère, ivrognesse peut-être elle aussi, ancienne putain ou maquerelle de maintenant, mais qu'importe ! Spontanément, c'était du côté de la vieille injuriée qu'on se rangeait. Mais l'adulte hors de lui n'était-il pas un

50 fils jadis humilié qui, en se déchaînant à son tour, prenait une juste revanche ?

Frêle Bruit, 1976,
Gallimard.

Guide de lecture
....

1. Expliquez ce qu'ont en commun les scènes ? Pourquoi la troisième est-elle plus développée ? 2. Étudiez la construction de ce texte.

MARGUERITE YOURCENAR *(1903-1987)*

UN NOUVEL HUMANISME. La jeunesse de Marguerite Yourcenar est marquée par les nombreux voyages qu'elle fait avec son père. À la découverte des pays étrangers est liée une curiosité toujours renouvelée pour des littératures différentes. De plus, son œuvre est nourrie d'une connaissance approfondie d'époques passées : l'Antiquité (*Mémoires d'Hadrien,* 1951, qui lui valent une renommée mondiale) ou le XVIᵉ siècle (*l'Œuvre au noir,* 1968). Plus qu'à une reconstitution fidèle et érudite des faits, Marguerite Yourcenar s'intéresse à la subjectivité de figures historiques ou imaginaires éloignées du présent, mais proches par leur humanité. Elle fut, en 1980, la première femme élue à l'Académie française.

MÉMOIRES D'HADRIEN (1951). À partir d'une documentation précise, l'auteur imagine le récit autobiographique que l'empereur romain du IIᵉ siècle Hadrien fait à Marc-Aurèle, qui doit lui succéder après sa mort.

« Le paysage de mes jours »

Quand je considère ma vie, je suis épouvanté de la trouver informe. L'existence des héros, celle qu'on nous raconte, est simple ; elle va droit au

but comme une flèche. Et la plupart des hommes aiment à résumer leur vie dans une formule, parfois
dans une vanterie ou dans une plainte, presque toujours dans une récrimination : leur mémoire leur fabrique complaisamment une existence explicable et
claire. Ma vie a des contours moins fermes. Comme
il arrive souvent, c'est ce que je n'ai pas été, peutêtre, qui la définit avec le plus de justesse : bon soldat, mais point grand homme de guerre, amateur
d'art, mais point cet artiste que Néron crut être à sa
mort, capable de crimes, mais point chargé de
crimes. Il m'arrive de penser que les grands hommes
se caractérisent justement par leur position extrême,
où leur héroïsme est de se tenir toute la vie. Ils sont
nos pôles, ou nos antipodes. J'ai occupé toutes les
positions extrêmes tour à tour, mais je ne m'y suis
pas tenu ; la vie m'en a toujours fait glisser. Et cependant, je ne puis pas non plus, comme un laboureur ou un portefaix vertueux, me vanter d'une existence située au centre.

Le paysage de mes jours semble se composer,
comme les régions de montagne, de matériaux divers entassés pêle-mêle. J'y rencontre ma nature,
déjà composite, formée en parties égales d'instinct
et de culture. Çà et là, affleurent les granits de l'inévitable ; partout, les éboulements du hasard. Je
m'efforce de reparcourir ma vie pour y trouver un
plan, y suivre une veine de plomb ou d'or, ou l'écoulement d'une rivière souterraine, mais ce plan
tout factice n'est qu'un trompe-l'œil du souvenir.
De temps en temps, dans une rencontre, un présage,

35 une suite définie d'événements, je crois reconnaître une fatalité, mais trop de routes ne mènent nulle part, trop de sommes ne s'additionnent pas. Je perçois bien dans cette diversité, dans ce désordre, la présence d'une personne, mais sa forme semble

40 presque toujours tracée par la pression des circonstances ; ses traits se brouillent comme une image reflétée sur l'eau. Je ne suis pas de ceux qui disent que leurs actions ne leur ressemblent pas. Il faut bien qu'elles le fassent, puisqu'elles sont ma

45 seule mesure, et le seul moyen de me dessiner dans la mémoire des hommes, ou même dans la mienne propre ; puisque c'est peut-être l'impossibilité de continuer à s'exprimer et à se modifier par l'action qui constitue la différence entre l'état de mort et ce-

50 lui de vivant. Mais il y a entre moi et ces actes dont je suis fait un hiatus indéfinissable. Et la preuve, c'est que j'éprouve sans cesse le besoin de les peser, de les expliquer, d'en rendre compte à moi-même. Certains travaux qui durèrent peu sont assurément

55 négligeables, mais des occupations qui s'étendirent sur toute la vie ne signifient pas davantage. Par exemple, il me semble à peine essentiel, au moment où j'écris ceci, d'avoir été empereur.

Mémoires d'Hadrien, *1951,*
chap. i, Gallimard.

Guide de lecture
....
I. La vie d'Hadrien **2. Étudiez la méta-**
reflète-t-elle ce qu'il phore du paysage.
est ?

Julien Gracq   *(né en 1910)*

Secret et discret. Désigné par André Breton, auquel il fait lire son premier roman (*Au château d'Argol*, 1938), comme le légataire du surréalisme, Julien Gracq s'est néanmoins tenu à l'écart de tout mouvement littéraire. C'est ainsi qu'il refuse le prix Goncourt décerné à son roman *le Rivage des Syrtes* (1951). Dans ses romans, il crée des lieux imaginaires et fantastiques avec la précision d'un géographe et il enracine ses récits dans ce « creusement du temps » où il ne se passe encore rien, c'est-à-dire dans une époque qui précède l'Histoire. À l'intérieur de cet espace, il trouve la place de développer de longues descriptions, de rendre sensible la tension de l'attente, du désir (comme dans *Un balcon en forêt*, 1958), grâce à un style à la fois précis et étincelant.

Un balcon en forêt (1958). Pendant la Seconde Guerre mondiale, dans la forêt des Ardennes, l'aspirant Grange attend l'offensive allemande. Un jour, il rencontre une jeune fille.

« Il avait peur de rompre le charme »

Tout à coup la silhouette se planta au milieu de la route, et, campée dans une flaque qui lui montait jusqu'aux chevilles, se mit en devoir de la-

ver à grande eau en remuant les jambes ses bottes de
caoutchouc ; comme il arrivait à sa hauteur, Grange
aperçut sous le capuchon qui se levait vers lui deux
yeux d'un bleu cru, acide et tiède comme le dégel —
au fond du capuchon, comme au fond d'une crèche,
on voyait une paille douce de cheveux blonds.

— C'est m-mouillé, votre forêt, ooh là là ! fit une
voix fraîche et brusquette, pendant que le capuchon
s'ébrouait avec le sans-gêne d'un jeune chien et as-
pergeait Grange — puis soudain le menton se leva
avec une gentillesse tendre et tendit le visage nu à la
pluie comme à une bouche, pendant que les yeux
riaient.

— C'est mieux qu'on revienne ensemble, reprit-
elle d'une voix qui ne le consultait mie[1]. C'est plus
gai !

Et elle se mit à rire de nouveau, de son rire de
pluie fraîche. Maintenant qu'il l'avait rejointe, elle
marchait à côté de lui d'un bon pas. Grange la regar-
dait quelquefois à la dérobée ; derrière le bord du
capuchon, il ne voyait que le nez et la bouche, tout
vernissés d'eau, que le court menton buté tendait à
la pluie, mais il était remué de la sentir auprès de lui,
jeune et saine, souple comme un faon, dans la
bonne odeur de laine mouillée. D'elle-même elle
s'était mise à son pas : c'était doux comme si elle se
fût appuyée sur lui. Parfois elle tournait un peu la
tête, et faisait glisser un instant le bord du capuchon

---

1. Qui ne le consultait pas du tout (« mie » est un mot d'ancien français
qui renforce une négation et qui signifie « miette de pain »).

sombre sur ses yeux couleur d'éclaircie : leurs regards se croisaient, et ils riaient un peu sans rien
dire, d'un rire de pur contentement. Elle avait fourré
35 les mains dans les poches de sa pèlerine, de ce geste
rude des petites paysannes qui craignent *l'onglée,*
l'hiver, quand elles vont par les chemins. « Mais ce
n'est pas une fille de la campagne, se disait Grange
avec un pincement au cœur, et ce n'est plus tout à
40 fait une petite fille. Quel âge a-t-elle ? Où va-
t-elle ? » De seulement marcher à côté d'elle était si
purement plaisant qu'il n'osait l'interroger : il avait
peur de rompre le charme.

— Je vous ai attendu dans la côte. Vous ne mar-
45 chiez pas vite ! fit-elle tout à coup en hochant une
tête peinée, tout en le regardant en dessous d'un air
taquin. Il y avait dans la voix une nuance de moque-
rie espiègle, avertie, qui perçait à jour le manège de
Grange. La voix disait que dès longtemps elle ne se
50 trompait plus à ces choses. Elle savait bien qu'elle
plaisait.

UN BALCON EN FORÊT, *1958,*
José Corti.

Guide de lecture

1. Comment la jeune fille et la nature sont-elles liées ?	**2.** Comment progresse l'échange muet entre Grange et la jeune fille ?

BORIS VIAN   *(1920-1959)*

LA PROFUSION DES TALENTS.   Boris Vian a une enfance heureuse ; il fait des études brillantes (il est ingénieur de Centrale), il aime la musique, qu'il pratique avec brio comme trompettiste de jazz dans les boîtes de nuit du Saint-Germain-des-Prés « existentialiste ». Son œuvre se ressent de ce goût pour la vie, une vie menée à vive allure avant que la maladie ne le rattrape. Sa carrière littéraire débute avec un roman noir, *J'irai cracher sur vos tombes* (1946), qu'il signe Vernon Sullivan et qui fait scandale. En 1947, il publie l'*Écume des jours,* son roman le plus célèbre, puis s'essaie au théâtre (*le Goûter des généraux,* 1951). Chez cet homme aux multiples talents — il est aussi journaliste, auteur de chansons, comme *le Déserteur,* comédien —, on retouve toujours le même comique grinçant, le goût de la provocation, l'imaginaire délirant qui le rattachent aux surréalistes et qui en font un auteur fétiche pour la jeunesse des années 1960.

L'ÉCUME DES JOURS (1947).   Ce roman d'amour en apparence naïf, mais surprenant par son invention verbale, son ironie, sa satire, raconte l'histoire finalement tragique de Colin et Chloé. En voici la première page.

« Colin terminait sa toilette »

Colin terminait sa toilette. Il s'était enveloppé, au sortir du bain, d'une ample serviette de tissu bouclé dont seuls ses jambes et son torse dé-

passaient. Il prit à l'étagère de verre le vaporisateur
et pulvérisa l'huile fluide et odorante sur ses cheveux clairs. Son peigne d'ambre divisa la masse
soyeuse en longs filets orange pareils aux sillons que
le gai laboureur trace à l'aide d'une fourchette dans
de la confiture d'abricots. Colin reposa le peigne et,
s'armant du coupe-ongles, tailla en biseau les coins
de ses paupières mates, pour donner du mystère à
son regard. Il devait recommencer souvent, car elles
repoussaient vite. Il alluma la petite lampe du miroir
grossissant et s'en rapprocha pour vérifier l'état de
son épiderme. Quelques comédons saillaient aux
alentours des ailes du nez. En se voyant si laids dans
le miroir grossissant, ils rentrèrent prestement sous
la peau et, satisfait, Colin éteignit la lampe. Il déta-
cha la serviette qui lui ceignait les reins et passa l'un
des coins entre ses doigts de pied pour absorber les
dernières traces d'humidité. Dans la glace, on pouvait voir à qui il ressemblait, le blond qui joue le rôle
de Slim dans *Hollywood Canteen.* Sa tête était ronde,
ses oreilles petites, son nez droit, son teint doré. Il
souriait souvent d'un sourire de bébé, et, à force,
cela lui avait fait venir une fossette au menton. Il
était assez grand, mince avec de longues jambes, et
très gentil. Le nom de Colin lui convenait à peu près.
Il parlait doucement aux filles et joyeusement aux
garçons. Il était presque toujours de bonne humeur,
le reste du temps il dormait.

Il vida son bain en perçant un trou dans le fond de
la baignoire. Le sol de la salle de bains, dallé de grès
cérame jaune clair, était en pente et orientait l'eau

³⁵ vers un orifice situé juste au-dessus du bureau du locataire de l'étage inférieur. Depuis peu, sans prévenir Colin, celui-ci avait changé son bureau de place. Maintenant, l'eau tombait sur son garde-manger.

⁴⁰ Il glissa ses pieds dans des sandales de cuir de roussette et revêtit un élégant costume d'intérieur, pantalon de velours à côtes vert d'eau très profonde et veston de calmande noisette. Il accrocha la serviette au séchoir, posa le tapis de bain sur le bord de la baignoire et le saupoudra de gros sel afin qu'il dé-

⁴⁵ gorgeât toute l'eau contenue. Le tapis se mit à baver en faisant des grappes de petites bulles savonneuses.

L'Écume des jours, *1947,*
chap. i, Société nouvelle des Éditions Pauvert, 1963.

Guide de lecture

1. Caractérisez le monde insolite décrit dans ce passage.

2. Relevez les procédés humoristiques.

3. Colin a-t-il le caractère d'un héros de roman traditionnel ?

ROBBE-GRILLET   *(né en 1922)*

LA PASSION DU REGARD.   Agronome de formation, Alain Robbe-Grillet voit son premier roman, *Un régicide,* refusé par les éditeurs. C'est en le reprenant qu'il écrit *les Gommes,* qui seront publiées en 1953 et couronnées par le prix Fénéon. Dans cette œuvre, très représentative du Nouveau Roman, Alain Robbe-Grillet veut restituer au monde son opacité.

Il s'applique donc à gommer, précisément, les faux reflets, subjectifs, que le narrateur invente quand il décrit ce qui l'entoure. Il veut être le plus réaliste et le plus objectif possible ; cependant, il n'est pas neutre. Le narrateur de *la Jalousie* (1957) est, comme Robbe-Grillet le précise lui-même dans *Pour un nouveau roman* (1963), « engagé au contraire toujours dans une aventure passionnelle » qui déforme la vision. Cette esthétique du regard, toujours présente dans son œuvre romanesque (*le Miroir qui revient,* 1985), débouche sur l'écriture cinématographique (scénario de *l'Année dernière à Marienbad,* réalisé par Alain Resnais en 1961) et sur la réalisation de films.

LES GOMMES (1953).   Wallas, le détective de cette parodie de roman policier, recherche un assassin qui n'a pas encore commis son crime, pour la simple raison que c'est lui, Wallas, le meurtrier. Pendant son enquête, il erre dans la ville, s'achetant parfois des gommes. En chemin, il s'arrête pour manger.

« Un quartier de tomate »

Arrivé devant le dernier distributeur, Wallas ne s'est pas encore décidé. Son choix est d'ailleurs de faible importance, car les divers mets proposés ne diffèrent que par l'arrangement des articles sur l'as-
5 siette ; l'élément de base est le hareng mariné.

Dans la vitre ce celui-ci Wallas aperçoit, l'un au-dessus de l'autre, six exemplaires de la composition suivante : sur un lit de pain de mie, beurré de marga-rine, s'étale un large filet de hareng à la peau bleu
10 argenté ; à droite cinq quartiers de tomate, à gauche trois rondelles d'œuf dur ; posées par-dessus, en des points calculés, trois olives noires. Chaque plateau supporte en outre une fourchette et un couteau. Les disques de pain sont certainement fabriqués sur
15 mesure.

Wallas introduit son jeton dans la fente et appuie sur un bouton. Avec un ronronnement agréable de moteur électrique, toute la colonne d'assiettes se met à descendre ; dans la case vide située à la partie
20 inférieure apparaît, puis s'immobilise, celle dont il s'est rendu acquéreur. Il la saisit, ainsi que le couvert qui l'accompagne, et pose le tout sur une table libre. Après avoir opéré de la même façon pour une tranche du même pain, garni cette fois de fromage,
25 et enfin pour un verre de bière, il commence à cou-per son repas en petits cubes.

Un quartier de tomate en vérité sans défaut, dé-coupé à la machine dans un fruit d'une symétrie parfaite.

30   La chair périphérique, compacte et homogène,
d'un beau rouge de chimie, est régulièrement
épaisse entre une bande de peau luisante et la loge
où sont rangés les pépins, jaunes, bien calibrés,
maintenus en place par une mince couche de gelée
35 verdâtre le long d'un renflement du cœur. Celui-ci,
d'un rose atténué légèrement granuleux, débute,
du côté de la dépression inférieure, par un faisceau
de veines blanches, dont l'une se prolonge jusque
vers les pépins — d'une façon peut-être un peu in-
40 certaine.

    Tout en haut, un accident à peine visible s'est pro-
duit : un coin de pelure, décollé de la chair sur un
millimètre ou deux, se soulève imperceptiblement.

Les Gommes, *1953,*
chap. III, Éd. de Minuit.

Guide de lecture
....

**1. Quels effets produit
la précision de la des-
cription ?**

**2. Quel est le point
de vue du narrateur ?**

BUTOR   *(né en 1926)*

LE ROMAN EXPÉRIMENTAL.   La vie et l'art de Michel Butor sont sans frontières : ses fonctions de professeur de philosophie l'amènent à séjourner dans de nombreux pays. Explorateur des lieux, il l'est aussi des arts, puisque au cours de ses recherches, il aborde aussi bien l'opéra que la peinture ou le collage. Avant de se livrer à ces expériences multiples, il a écrit les romans qui ont fait sa célébrité, dans lesquels il joue avec les limites de la forme romanesque : unité de temps et de lieu dans *Passage de Milan* (1954), où l'on suit quelques heures de la vie de plusieurs familles résidant dans le même immeuble. Dans *l'Emploi du temps* (1956), Michel Butor fait éclater cette unité, et dans *la Modification* (1957), l'action se déroule à nouveau dans un lieu unique, le compartiment d'un train qui va de Paris à Rome, lieu propice cependant à la réflexion et aux retours en arrière du personnage principal sur sa vie. Enfin dans *Degrés* (1960), on retrouve le même cadre étroit — une heure d'un cours d'histoire dans un lycée — à partir duquel il est possible de voyager dans des époques et des pays différents.

LA MODIFICATION (1957).   Léon Delmont, le personnage principal de ce roman, est directeur à Paris d'une firme italienne de machines à écrire. Il prend le train pour Rome où il désire rejoindre Cécile, sa maîtresse, pour lui annoncer qu'il va quitter son épouse, Henriette, et qu'il lui a trouvé un emploi à Paris.

« Vous »

Pour l'instant, retirez votre manteau, pliez-le, hissez-le sur votre valise. De la main droite, vous vous agrippez à la tringle ; vous êtes obligé de vous pencher sur le côté, posture d'autant plus incommode qu'il vous la faut conserver malgré les oscillations perpétuelles, pour appuyer avec votre pouce sur les boutons des deux serrures brillantes dont le pêne s'ouvre brusquement libérant le couvercle de cuir qui se soulève doucement comme s'il était mû par un faible ressort, pour glisser vos doigts au-dessous, pour tâter en aveugle la pochette de nylon opaque à rayures rouges et blanches dans laquelle vous avez non pas rangé mais jeté pêle-mêle ce matin, dans votre hâte et votre agacement, juste après avoir essuyé cette figure que vous veniez d'interroger dans votre propre miroir, quinze place du Panthéon, votre blaireau encore humide, votre savon à barbe dans son étui de galalithe[1] grise, votre paquet de lames neuves, votre brosse à dents, votre peigne, votre tube de dentifrice, la pochette de nylon bien lisse qui contient tout cela, avec le petit anneau de son fermoir éclair, puis l'enveloppe en cuir où sont vos pantoufles, le tissu soyeux de votre pyjama amarante[2] que vous avez soigneusement choisi hier soir à l'intention de Cécile parmi l'arc-en-ciel distingué de votre réserve de linge dans l'ar-

---

1. Matière plastique dure.
2. Rouge pourpre (de la couleur de la fleur du même nom).

moire à glace de votre chambre, tandis qu'Henriette
veillait aux derniers préparatifs du dîner, et que vous
entendiez, tamisées par l'épaisseur d'un seul mur,
les chamailleries des garçons qui devraient pourtant
à leur âge être devenus capables de se supporter mu-
tuellement, puis, enfin, la brochure que vous cher-
chiez.

Le couvercle retombe avec quelques soubresauts
mous et vous négligez d'en refermer les serrures.

Vous vous asseyez au milieu de la banquette entre
l'ecclésiastique disant son bréviaire (que d'heures ils
doivent y passer !) devant la fenêtre qui donne sur
les champs rapides et le brumeux horizon lent, et le
commis voyageur penché sur son journal déplié,
taillant lentement, consciencieusement, son chemin
parmi le récit de ce mariage de vedettes devant le
carreau qui donne sur le corridor où passe un manteau de velours à côtes grenat que vous aviez remarqué il y a un instant au wagon-restaurant.

La Modification, *1957,*
chap. II, Éd. de Minuit.

Guide de lecture

**I. À qui s'adresse le
narrateur ? Quels effets
recherche ce mode de
narration ?
2. Quel intérêt pré-
sente la description
minutieuse de la valise
et de son contenu ?**

**3. En quoi consiste
le comique de cette
scène ?**

NATHALIE SARRAUTE *(née en 1900)*

....

LA VIE INTÉRIEURE. D'origine russe, Nathalie Sarraute fait ses études en France et à l'étranger et choisit de se consacrer à l'écriture. Inspirée par les personnages tourmentés de Dostoïevski (1821-1881), romancier russe qui analyse avec minutie les fluctuations de la pensée de ses personnages, elle écrit *Tropismes* (1939) qui met à nu les minuscules séismes, revirements, mouvements que l'attraction d'autrui provoque en chaque individu. Chez Sarraute, le personnage devient une forme sans forme, sans nom : *Portrait d'un inconnu* (1948) est, à cet égard, un titre significatif. Dans ses romans, le héros s'estompe pour faire place à des individus qui parlent et dévoilent leurs mobiles cachés tandis qu'affleure « la terre inconnue » du psychisme humain (*le Planétarium*, 1959 ; *Enfance*, 1983). Désormais, le lecteur ne peut plus croire à ce personnage décrit si précisément par les romanciers du XIXᵉ siècle : il entre dans ce que Nathalie Sarraute appelle « l'ère du soupçon » — titre d'un essai publié en 1956 et considéré comme un manifeste du Nouveau Roman. Les explorateurs de l'inconscient, Freud, Proust, Joyce, ont appris à déjouer les fausses certitudes : est soupçonné de n'inventer que des trompe-l'œil ou des marionnettes sans âme le romancier qui ne cherche pas, avant tout, à saisir le murmure de la vie intérieure, qui est la seule réalité. Nathalie Sarraute a également écrit pour le théâtre (*Elle est là*, 1980 ; *Pour un oui ou pour un non*, 1982).

PORTRAIT D'UN INCONNU (1948).   Le narrateur épie un
vieil homme et sa fille, cherchant à capter l'origine de
leurs sentiments, de leurs rapports avec autrui. La vision d'un tableau de Rembrandt, *Portrait d'un inconnu,*
semble soudain le délivrer de sa quête obsessionnelle.

« Des parcelles étincelantes de vie »

L e monde s'étendait devant moi comme ces
prairies des contes de fées où, grâce à une in-
cantation magique, le voyageur voit se déployer devant lui sur l'herbe éclatante, près des sources, au
5   bord des ruisseaux, de belles nappes blanches char-
gées de mets succulents.

Je n'avais plus besoin, tendu docilement vers eux,
d'attendre d'eux[1] ma pâture, de recevoir d'eux la
becquée : ces nourritures toutes mâchées, ces joies
10   toutes préparées qu'ils me donnaient.

Je retrouvais mes nourritures à moi, mes joies à
moi, faites pour moi seul, connues de moi seul. Je
reconnaissais leur saveur d'autrefois. Elles répan-
daient sur moi leur tendre et frais parfum pareil à
15   celui qu'exhalent dans l'air printanier les jeunes
feuilles mouillées de pluie.

Mes fétiches. Mes petits dieux. Les temples où
j'avais déposé tant de secrètes offrandes, autrefois,
au temps de ma force encore intacte, de ma pureté.

---

1. Le vieil homme et sa fille, que le narrateur ne cesse d'épier.

Ils étaient, épars à travers le monde, des points de repère pour moi seul. Il y avait entre eux et moi un pacte, une alliance cachée. Comme l'Inconnu, ils m'offraient leur appui.

C'étaient des pierres surtout, des pans de murs : mes trésors, des parcelles étincelantes de vie que j'étais parvenu à capter. Il y en a de toutes sortes : certains que je connais bien et d'autres qui m'avaient juste fait que je connais bien et d'autres qui m'avaient juste fait signe une fois, qui avaient vacillé pour moi d'un chaud et doux éclat, pendant un court instant, quand j'étais passé devant eux, au milieu d'un groupe de gens, sans pouvoir m'arrêter. Mais je ne les ai pas oubliés.

C'est, dans une cour déserte de mosquée, la margelle d'un puits, tiède et dorée au soleil, toute duvetée comme une pêche mûre et bourdonnante toujours de vols d'abeilles. Ses contours inégaux ont dû être modelés, il y a très longtemps, avec une délicate et pieuse tendresse, et puis des mains aux gestes lents l'ont effleurée chaque jour, et, comme les gens qui ont été choyés quand ils étaient enfants, toute cette tendresse, on dirait qu'elle s'en est imprégnée et qu'elle l'irradie maintenant, qu'elle la répand autour d'elle en un rayonnement très doux.

Il y a aussi, ailleurs, de vieilles pierres d'un gris sombre, humides et veloutées, une mince couche de mousse d'un vert intense les recouvre en partie. Elles plongent dans l'eau du canal et en émergent tour à tour, tantôt mates et presque noires, tantôt étincelantes au soleil. Le clapotis de l'eau contre

elles est léger, caressant comme le nom de Tiepolo,
quand on le dit tout bas : Tie-po-lo, qui fait surgir
des pans d'azur et des couleurs ailées.

Je connais aussi, dans des ruelles tortueuses aux
55 pavés irréguliers, des pans de mur inondés de lumière. L'ombre dense d'une branche de palmier re-
hausse parfois leur éclat.

Et dans le Nord, il y a des quais d'une blancheur
argentée dans la lumière du matin, des coins de
60 quais le long des canaux où des oiseaux d'argent
voltigent, et des murs blancs peints à la chaux, bor-
dés de neige, et qui ont au crépuscule, comme elle,
une teinte pareille à celle du linge passé au bleu.

Ils surgissaient devant moi partout, plus intenses,
65 plus rayonnants qu'ils ne l'avaient jamais été, mes
joyaux, mes délices d'autrefois.

Il me semblait que pendant notre longue séparation toute leur sève qui m'était destinée s'était
amassée en eux. Ils étaient plus lourds, plus mûrs
70 qu'autrefois, tout gonflés de leur sève inemployée.
Je sentais contre moi leur ferme et chaud contact, je
m'appuyais à eux, ils me protégeaient, je me sentais
près d'eux pareil à un fruit qui mûrit au soleil, je de-
venais à mon tour lourd, gonflé de sève, tout bour-
75 donnant de promesses, d'élans, d'appels.

Comme autrefois, il y avait longtemps, l'avenir
s'étendait devant moi, délicieusement imprécis,
ouaté comme un horizon brumeux au matin d'un
beau jour.

80 Le temps, comme l'eau qui se fend sous la proue
du navire, s'ouvrait docilement, s'élargissait sans fin

sous la poussée de mes espoirs, de mes désirs.

L'eau s'ouvrait avec un bruit de soie froissée sous l'étrave du bateau. De minces crêtes d'écume
85 blanche couraient, frémissantes d'allégresse...

PORTRAIT D'UN INCONNU, *1948,*
Gallimard.

Guide de lecture
....

1. **Comparez ce texte avec celui de Gide extrait des** *Nouvelles Nourritures* **(p. 134).**

2. **Étudiez l'emploi des adjectifs dans ces descriptions. Quels effets produisent-ils ?**

CLAUDE SIMON   *(né en 1913)*
....

MÉMOIRE SUBJECTIVE.   Claude Simon passe son enfance à Perpignan et fait ses études à Paris puis en Angleterre. La peinture et les voyages le passionnent. Engagé dans la cavalerie pendant la Seconde Guerre mondiale, il est fait prisonnier en 1940. Il réussit à s'évader et, après la guerre, il commence à écrire. Son œuvre romanesque est couronnée en 1985 par le prix Nobel.

Avec, entre autres, Alain Robbe-Grillet et Samuel Beckett, Claude Simon appartient au mouvement du Nouveau Roman apparu dans les années 1960. Constatant que le réalisme, loin d'imiter le réel, ne crée qu'une illusion, il veut appréhender le temps et l'espace à travers la subjectivité d'une conscience. Ainsi, des faits d'époques différentes peuvent-ils apparaître et coexister dans une seule phrase.

L'expérience de la guerre, l'Histoire sont les thèmes de la plupart de ses romans (*la Route des Flandres,* 1960 ; *Histoire,* 1967 ; *les Géorgiques,* 1981 ; *l'Acacia,* 1989). Les personnages paraissent emportés par une force qui les dépasse ; le mouvement de l'Histoire est sans but, sans ordre apparent et ressemble plutôt à une sédimentation des faits.

L'ACACIA (1989).   Dans ce roman, l'auteur mêle les épisodes de la Première Guerre mondiale et ceux de la Seconde. C'est le 17 mai 1940. Engagé dans la cavalerie, le personnage vient de voir la colonne de son régiment attaquée par les Allemands.

« La seule chose qu'il perçoive »

Il ne voit pas les infimes particules de diamant laissées par la rosée sur la partie du pré encore à l'ombre de la haie, il ne sent pas le parfum végétal et frais des brins d'herbe écrasés sous son poids, il ne
5 sent pas non plus la puanteur qui s'exhale de son corps, de ses vêtements, de son linge raidi par la crasse, la sueur et la fatigue accumulées, il n'entend ni les chants d'oiseaux ni les légers bruissements des feuillages dans l'air transparent, il ne voit ni les
10 fleurs qui parsèment le pré, ni les jeunes pousses de la haie se balancer faiblement dans la brise du matin, il n'entend même plus les battements déréglés de son cœur et les vagues successives du sang dans ses oreilles. La seule chose qu'il perçoive mainte-
15 nant (ou tout au moins cette partie efficace de lui-même qui ne connaît pas la peur ou plutôt qui est au-delà de la peur, seulement efficace, pratique)... la seule chose qu'il perçoive, c'est le sourd bourdonnement, à peine audible, qui lui parvient sur sa droite,
20 s'amplifie peu à peu, s'approchant, grandissant encore, et tout à coup il voit à travers la haie le premier déjà tout près : quelque chose tout entier en plans et en angles, grossièrement fait de tôles rivetées, semblable à une sorte de crustacé, sauf que ça a la taille
25 d'un camion : aveugle, trapu, dangereux, peint d'une couleur gris fer, vaguement semblable aussi à un cercueil et se déplaçant sur la route dans un ronronnement de moteur bien huilé, suivi d'un second puis d'un troisième, insolites et irréels dans la

30 fraîche et paisible nature printanière, les trois engins
à vingt mètres d'intervalle environ l'un de l'autre
avançant lentement, à peine plus vite qu'un homme
à pied, tandis qu'il se tasse encore, arrache précipi-
tamment son casque, cache le bas de son visage
35 dans son bras replié, regarde alors comme au-dessus
d'un parapet le premier blindé passer à l'aplomb de
la haie, la tourelle ouverte, un buste vêtu de noir
émergeant de l'orifice, l'une des mains reposant
nonchalamment sur son rebord, l'autre élevant par
40 moments jusqu'aux lèvres une cigarette dont les
bouffées se dissolvent en petits nuages bleuâtres
dans l'air tranquille, les pastilles de soleil déchique-
tées par les feuillages glissant sur les blindages,
changeant brusquement de niveau, s'étirant ou se
45 contractant aux cassures des plans, escaladant les
tourelles, redescendant, comme si chacun des trois
engins rampait sous un immatériel tapis tacheté, un
immatériel filet de camouflage qu'il soulèverait au
passage, distendrait, tiraillerait, après quoi tout re-
50 prend sa place, le ronronnement des moteurs dé-
croissant, l'air cessant de vibrer, la minérale odeur
d'essence et d'huile brûlée continuant à flotter,
puante, dans l'air immobile, puis se dissolvant aussi,
le monde, la nature un moment dérangés paisibles
55 de nouveau tandis que toujours couché au pied de la
haie il recommence à percevoir la rumeur de son
sang, ses muscles se détendant peu à peu, se rele-
vant alors avec précaution, d'abord appuyé sur ses
mains, puis à genoux, les yeux tournés dans la direc-
60 tion où le dernier des blindés a disparu, prêtant en-

core l'oreille, puis se décidant, sur ses jambes maintenant, se remettant à courir, se déplaçant de nouveau à la façon d'un rat le long de la haie,
ralentissant à mesure qu'il approche de la route,
65 s'arrêtant, écoutant encore, se penchant au-dessus
de la barrière qui clôture le pré, examinant la route
déserte, puis, très vite, escaladant la barrière, retombant de l'autre côté et s'élançant.

L'ACACIA, *1989,*
chap. IV, *« 17 mai 1940 », Éd. de Minuit.*

Guide de lecture

1. Essayez de justifier le découpage de ce texte en deux phrases et étudiez l'effet produit par la seconde phrase.
2. Relevez les éléments répétitifs dans la construction grammaticale de chacune de ces deux phrases (temps et mode des verbes en particulier). Pouvez-vous en tirer des conclusions sur le rôle joué par le soldat dans cet extrait ?

MARGUERITE DURAS *(née en 1914)*

UNE ENFANCE INDOCHINOISE.   Marguerite Duras naît en Indochine française en 1914. La mort du père en 1918 plonge la famille dans la pauvreté. La mère, pour élever ses trois enfants, acquiert au Cambodge une concession qui se révèle incultivable : elle mène alors contre la mer qui submerge la plantation et contre l'administration coloniale corrompue un combat épuisant et inutile. Cette expérience singulière, cet échec, le sentiment d'injustice, la misère des indigènes marquent l'adolescence de Marguerite Duras, de même que s'inscrivent dans sa mémoire les étranges paysages indochinois que son enfance vécue dans la liberté lui a permis de traverser : ils feront la matière de son troisième roman, *Un barrage contre le Pacifique,* publié en 1950.

LA TRANSPARENCE DU STYLE.   Installée en France à partir de 1934, elle fait des études de droit, se marie, milite au parti communiste et entre dans la Résistance pendant la guerre. En 1943, elle publie un premier roman, mais la notoriété vient avec *Moderato cantabile* en 1958 et avec le film d'Alain Resnais *Hiroshima mon amour,* dont elle est la scénariste. Son activité est foisonnante dans les années qui suivent : elle écrit pour les journaux, s'engage dans les luttes sociales, publie de nombreux récits (*Dix Heures et demie du soir en été,* 1960 ; *le Ravissement de Lol V. Stein,* 1964), fait jouer des pièces (*les Viaducs de Seine-et-Oise,* 1960 ; *Éden-Cinéma,* 1977), réalise des films (*Na-*

thalie Granger, 1973 ; *India Song,* 1975). En 1984, *l'Amant,* roman autobiographique, est couronné par le prix Goncourt et par un grand succès public.

Marguerite Duras affirme son originalité, à partir de *Moderato cantabile,* par son écriture dépouillée, à la limite de la pauvreté, une écriture très théâtrale, où dominent les dialogues. Cette « transparence » du style semble le reflet du vide angoissant et des aspirations passionnelles des personnages, presque toujours des femmes : chaque roman raconte un moment de leur existence, souvent une rencontre amoureuse qui est toujours une remise en question de leur être.

UN BARRAGE CONTRE LE PACIFIQUE (1950).   Ce texte — le plus développé, mais aussi le plus éloigné de la vérité biographique — narre un épisode de l'enfance de M. Duras qui sera repris trente ans plus tard dans *l'Amant.*

Au café d'Agosti, à Ram, Joseph, Suzanne et leur mère racontent une fois encore leur lutte contre l'océan à M. Jo, riche héritier amoureux de Suzanne.

« L'histoire de nos barrages »

— L'histoire de nos barrages, c'est à se taper le cul par terre, dit Joseph.

Et, en faisant marcher ses deux doigts, il imita, sur la table, la marche du crabe, la marche d'un crabe
5   vers leurs barrages, dans la direction de M. Jo. Tou-

jours aussi patient, M. Jo se désintéressait de la marche du crabe et dévisageait Suzanne qui, la tête levée, les yeux pleins de larmes, riait.

— Vous êtes drôles, dit M. Jo, vous êtes formi-
dables.

Il battait la mesure du fox que l'on jouait, peut-
être pour inciter Suzanne à danser.

— Il n'y en a pas deux, d'histoires comme celle de
nos barrages, dit Joseph. On avait pensé à tout mais
pas à ces crabes.

— On leur a coupé la route, dit Suzanne.

— ... Mais ça les a pas gênés, reprit Joseph, ils
nous attendaient au tournant, de deux coups de
pince, vlan ! les barrages en l'air.

— Des petits crabes couleur de boue, dit Suzanne, inventés pour nous...

— Il aurait fallu, dit la mère, du ciment armé...
Mais où le trouver ?

Joseph lui coupa la parole. Le rire se calmait.

— Il faut vous dire, dit Suzanne, que c'est pas de
la terre, ce qu'on a acheté...

— C'est de la flotte, dit Joseph.

— C'est de la mer, le Pacifique, dit Suzanne.

— C'est de la merde, dit Joseph.

— Une idée qui ne serait venue à personne... dit
Suzanne.

La mère cessa de rire et redevint tout à coup très
sérieuse.

— Tais-toi, dit-elle à Suzanne, ou je te fous une
gifle.

M. Jo sursauta mais il fut le seul.

— C'est de la merde, parfaitement, dit Joseph, de la merde ou de la flotte, c'est comme vous voudrez. Et nous on est là à attendre comme des cons que la
40 merde se retire.

— Ça arrivera certainement un jour, dit Suzanne.

— Dans cinq cents ans, dit Joseph, mais nous on a le temps...

— Si c'était de la merde, dit Agosti, dans le fond
45 du bar, ce serait mieux...

— Du riz de merde, dit Joseph en riant de nouveau, ce serait mieux que pas de riz du tout...

Il alluma une cigarette. M. Jo sortit un paquet de 555 de sa poche et en offrit à Suzanne et à la mère.
50 La mère, sans rire, écoutait passionnément Joseph.

— Quand on l'a acheté, on a cru qu'on serait millionnaires dans l'année, continua Joseph. On a fait le bungalow et on a attendu que ça pousse.

— Ça commence toujours par pousser, dit Su-
55 zanne.

— Puis la merde est montée, dit Joseph. Alors on a fait ces barrages... Voilà. On est là à attendre comme des cons, on ne sait même plus quoi...

Un barrage contre le Pacifique, *1950*,
première partie, Gallimard.

Guide de lecture
·····································

1. Ce passage pourrait-il appartenir au genre théâtral ? Justifiez votre réponse.
2. Quelle impression se dégage de ce récit à trois voix ?

3. Que devine-t-on du caractère des différents personnages ?

MODERATO CANTABILE (1958).   Marguerite Duras elle-même considère ce récit comme un jalon essentiel dans son œuvre, non par les thèmes, mais par l'écriture. Dans le premier chapitre, Anne Desbaresdes, épouse d'un riche industriel, est attirée par la foule qui se presse aux portes d'un café où un meurtre vient d'être commis.

« Quelqu'un qui a été tué »

La foule obstruait le café de part et d'autre de l'entrée, elle se grossissait encore, mais plus faiblement, des apports des rues voisines, elle était beaucoup plus importante qu'on n'eût pu le prévoir.
5 La ville s'était multipliée. Les gens s'écartèrent, un courant se creusa au milieu d'eux pour laisser le passage à un fourgon noir. Trois hommes en descendirent et pénétrèrent dans le café.

— La police, dit quelqu'un.

10 Anne Desbaresdes se renseigna.

— Quelqu'un qui a été tué. Une femme.

Elle laissa son enfant devant le porche de Mademoiselle Giraud, rejoignit le gros de la foule devant le café, s'y faufila et atteignit le dernier rang des gens
15 qui, le long des vitres ouvertes, immobilisés par le spectacle, voyaient. Au fond du café, dans la pénombre de l'arrière-salle, une femme était étendue par terre, inerte. Un homme, couché sur elle, agrippé à ses épaules, l'appelait calmement.

— Mon amour. Mon amour.

Il se tourna vers la foule, la regarda, et on vit ses yeux. Toute expression en avait disparu, exceptée celle, foudroyée, indélébile, inversée du monde, de son désir. La police entra. La patronne, dignement dressée près de son comptoir, l'attendait.

— Trois fois que j'essaye de vous appeler.

— Pauvre femme, dit quelqu'un.

— Pourquoi ? demanda Anne Desbaresdes.

— On ne sait pas.

L'homme, dans son délire, se vautrait sur le corps étendu de la femme. Un inspecteur le prit par le bras et le releva. Il se laissa faire. Apparemment, toute dignité l'avait quitté à jamais. Il scruta l'inspecteur d'un regard toujours absent du reste du monde. L'inspecteur le lâcha, sortit un carnet de sa poche, un crayon, lui demanda de décliner son identité, attendit.

— Ce n'est pas la peine, je ne répondrai pas maintenant, dit l'homme.

L'inspecteur n'insista pas et alla rejoindre ses collègues qui questionnaient la patronne, assis à la dernière table de l'arrière-salle.

L'homme s'assit près de la femme morte, lui caressa les cheveux et lui sourit. Un jeune homme arriva en courant à la porte du café, un appareil-photo en bandoulière et le photographia ainsi, assis et souriant. Dans la lueur du magnésium, on put voir que la femme était jeune encore et qu'il y avait du sang qui coulait de sa bouche en minces filets épars et qu'il y en avait aussi sur le visage de l'homme qui l'avait embrassée. Dans la foule, quelqu'un dit :

— C'est dégoûtant, et s'en alla.

L'homme se recoucha de nouveau le long du corps de sa femme, mais un temps très court. Puis, comme
55 si cela l'eût lassé, il se releva encore.

— Empêchez-le de partir, cria la patronne.

Mais l'homme ne s'était relevé que pour mieux s'allonger encore, de plus près, le long du corps. Il resta là, dans une résolution apparemment tran-
60 quille, agrippé de nouveau à elle de ses deux bras, le visage collé au sien, dans le sang de sa bouche.

MODERATO CANTABILE, *1958,*
chap. premier, Éd. de Minuit.

Guide de lecture

1. De quel point de vue la scène est-elle décrite ?

2. Quels gestes, quelles expressions de l'homme révèlent le caractère passionnel du crime accompli ?

3. Quels effets produisent les quelques répliques au discours direct dans le récit ?

HIROSHIMA MON AMOUR (1960).   Si ce film est avant tout celui d'Alain Resnais, la thématique de Marguerite Duras, qui en a écrit le scénario, se retrouve tout entière dans cette histoire d'une rencontre entre une actrice française et un Japonais dans la ville d'Hiroshima. Les images des effets de la bombe nucléaire qui a détruit la

ville en 1945 et celles du souvenir d'un « amour de jeunesse allemand » vécu à Nevers et de ses conséquences
surgissent entre eux, les éloignant sans les séparer.

« Qui es-tu ? »

Succession des rues d'Hiroshima et de Nevers. Mono-
logue intérieur de Riva[1].

ELLE

Je te rencontre.
Je me souviens de toi.
Cette ville était faite à la taille de l'amour.
Tu étais fait à la taille de mon corps même.

5   Qui es-tu ?

Tu me tues.

J'avais faim. Faim d'infidélités, d'adultères, de
mensonges et de mourir.

Depuis toujours.

10   Je me doutais bien qu'un jour tu me tomberais
dessus.

Je t'attendais dans une impatience sans borne,
calme.

Dévore-moi. Déforme-moi à ton image afin
15   qu'aucun autre, après toi, ne comprenne plus du
tout le pourquoi de tant de désir.

---

1. Emmanuelle Riva, l'actrice qui tient le rôle principal du film.

Nous allons rester seuls, mon amour.

La nuit ne va pas finir.

Le jour ne se lèvera plus sur personne.

20 Jamais. Jamais plus. Enfin.

Tu me tues.

Tu me fais du bien.

Nous pleurerons le jour défunt avec conscience et bonne volonté.

25 Nous n'aurons plus rien d'autre à faire, plus rien que pleurer le jour défunt.

Du temps passera. Du temps seulement.

Et du temps va venir.

Du temps viendra. Où nous ne saurons plus du 30 tout nommer ce qui nous unira. Le nom s'en effacera peu à peu de notre mémoire.

Puis, il disparaîtra tout à fait.

Hiroshima mon amour, *1960,*
Gallimard.

Guide de lecture
···

I. Quelle image de la passion est donnée dans ce texte ?

2. Relevez les contradictions du discours amoureux.

3. Étudiez la construction poétique de ce texte.

QUENEAU   *(1903-1976)*

VIRTUOSITÉ ET HUMOUR. D'une inlassable curiosité, Raymond Queneau s'est intéressé aussi bien à la littérature, à la philosophie, aux mathématiques qu'à la boxe, au judo, au cinéma et... au billard. Après un passage rapide dans le groupe des surréalistes, il se fait connaître avec *Exercices de style* (1947) où s'affirme déjà la volonté de jouer avec le langage puisqu'il y raconte le même incident anodin dans 99 styles différents. Membre fondateur de l'Oulipo (OUvroir de LIttérature POtentielle) en 1960, il se propose, avec d'autres, de fonder la création littéraire non pas sur l'incertaine arrivée de l'inspiration, mais sur des règles précises de composition qui permettent les jeux les plus fantaisistes. Ainsi écrit-il *Cent Mille Milliards de poèmes* (1961), grâce à une astucieuse combinaison mathématique. Une règle d'arithmétique est également à l'origine du *Chiendent* (1932). Mais ces facéties ne doivent pas cacher l'étonnant esprit d'invention et, sous des apparences légères, les préoccupations philosophiques de cet écrivain. Dans *Zazie dans le métro* (1959), *les Fleurs bleues* (1965), *Pierrot mon ami* (1942), Raymond Queneau crée une nouvelle langue, le « néofrançais », à base de néologismes, de déformations orthographiques, d'onomatopées, qui témoignent d'une virtuosité et d'un humour étourdissants.

LES FLEURS BLEUES (1965). Le narrateur présente tour à tour les deux personnages principaux, Cidrolin et le duc d'Auge, qui vivent à des époques différentes. Ils ont

des points communs assez troublants. Cidrolin rêve-t-il
qu'il est le duc d'Auge ? le duc d'Auge qu'il est Cidrolin ? Raymond Queneau a l'art de la facétie et... de la
digression.

« Une tache d'essence de fenouil »

Cidrolin regarde à droite, à gauche dans tous les
cafés comme s'il cherchait quelqu'un ou simplement une place, une table à sa convenance. Il
traîne un peu et finit par entrer au bar Biture, un bar
5   qui se donne l'air de ressembler à tous les autres.
Cidrolin s'assied. Comme clients, il n'y a que deux
types debout qui parlent du tiercé. Derrière le
comptoir, le patron, inactif, écoute les commentaires sur les pronostics ; il porte une casquette
10   carrée semi-ronde ovale en drap orné de pois blancs.
Le fond est noir. Les pois sont de forme elliptique ; le
grand axe de chacun d'eux a six millimètres de long
et le petit axe quatre, soit une superficie légèrement
inférieure à dix-neuf millimètres carrés. La visière
15   est faite d'une étoffe analogue, mais les pois sont
plus petits et de forme ovale. Leur superficie ne dépasse pas dix-huit millimètres carrés. Il y a une tache
sur le troisième pois à partir de la gauche, en
comptant face au porteur de la casquette et au plus
20   près du bord. C'est une tache d'essence de fenouil.
Elle est infime, mais, malgré son étendue réduite, elle
conserve la couleur propre à la substance originelle,

une couleur un peu pisseuse, intermédiaire entre l'infrarouge et l'ultraviolet. En examinant avec soin le pois voisin, toujours en continuant à compter à partir de la gauche face au porteur de la casquette et en longeant au plus près du bord, on distingue une souillure minuscule ayant également pour origine la projection d'une goutte d'essence de fenouil, mais ses dimensions sont telles qu'on pourrait croire que c'est simplement un fil du drap noir environnant qui se serait égaré là et y aurait pris une teinte jaunâtre sous l'effet de la lumière au néon qui tombe d'un tube tubulaire tant bien que mal ; en effet, il y a des à-coups dans le fonctionnement de l'appareil et, parfois, on pourrait songer qu'il émet des signaux en cet alphabet inventé par ce peintre américain fameux qui naquit à Charlestown (Mass.)[1] en 1791 et mourut à Poughkeepsie en 1872. Par une singulière coïncidence est accrochée juste au-dessus de la tête de Cidrolin une reproduction de l'Hercule mourant de Samuel-Finlay-Breese Morse, qui avait obtenu en 1813 la médaille d'or de la Société des Arts Adelphi.

LES FLEURS BLEUES, *1965,*
chap. VII, *Gallimard.*

Guide de lecture

1. Étudiez les divers procédés humoristiques à l'œuvre dans ce texte.
2. En reprenant la fin du passage, rédigez une notice de dictionnaire sur le morse. Comparez le résultat avec un véritable article de dictionnaire.

---

1. Abréviation de Massachusetts, un des États unis d'Amérique.

GEORGES PEREC *(1936-1982)*

HUMOUR ET JEUX DE LANGAGE.   Orphelin très jeune —
ses parents sont morts en déportation —, élevé dans
une famille modeste à Paris, Georges Perec devient,
après ses études, documentaliste (de 1961 à 1978). Son
premier roman, *les Choses* (1965), est selon ses propres
termes « une histoire des années 60 », l'histoire d'un
couple dont le mode de vie est la consommation.
Comme un chercheur, Perec s'invente des problèmes
formels à résoudre, créant ainsi des livres où se mêlent
l'humour et le jeu : dans *la Disparition* (1969), il se donne
la contrainte de ne jamais employer la lettre « e ». En
1970, il entre à l'Oulipo (voir p. 000). Mais les recherches
de Perec sont loin d'être gratuites, car elles ont pour but
de dégager le roman d'un moule conventionnel.

L'œuvre de Perec semble être placée sous le signe du
foisonnement. Dans *les Choses,* les énumérations
abondent : plus qu'un procédé littéraire, c'est une tentative pour rendre compte de la profusion du monde.
Foisonnement de souvenirs, également, dans *Je me souviens* (1978) tandis que *W ou le Souvenir d'enfance* (1975)
fait alterner un récit autobiographique miné par l'oubli et
la description imaginaire d'une société totalitaire. De la
même façon, *la Vie mode d'emploi* (1978) emboîte à la
façon d'un puzzle les histoires individuelles des habitants
d'un immeuble.

LES CHOSES (1965).   Le couple que forment Sylvie et
Jérôme a confondu le bonheur et la consommation.

Loin de combler le vide de leur existence, les objets
qu'ils achètent vont peu à peu les encombrer, jusqu'à
les séparer.

« Entre eux se dressait l'argent »

L'économique, parfois, les dévorait tout entiers.
Ils ne cessaient pas d'y penser. Leur vie affec-
tive même, dans une large mesure, en dépendait
étroitement. Tout donnait à penser que, quand ils
étaient un peu riches, quand ils avaient un peu d'a-
vance, leur bonheur commun était indestructible ;
nulle contrainte ne semblait limiter leur amour.
Leurs goûts, leur fantaisie, leur invention, leurs ap-
pétits se confondaient dans une liberté identique.
Mais ces moments étaient privilégiés ; il leur fallait
plus souvent lutter : aux premiers signes de déficit, il
n'était pas rare qu'ils se dressent l'un contre l'autre.
Ils s'affrontaient pour un rien, pour cent francs gas-
pillés, pour une paire de bas, pour une vaisselle pas
faite. Alors, pendant de longues heures, pendant des
journées entières, ils ne se parlaient plus. Ils man-
geaient l'un en face de l'autre, rapidement, chacun
pour soi, sans se regarder. Ils s'asseyaient chacun
dans un coin du divan, se tournant à moitié le dos.
L'un ou l'autre faisait d'interminables réussites.

Entre eux se dressait l'argent. C'était un mur, une
espèce de butoir qu'ils venaient heurter à chaque
instant. C'était quelque chose de pire que la misère :

la gêne, l'étroitesse, la minceur. Ils vivaient le
25 monde clos de leur vie close, sans avenir, sans autres
ouvertures que des miracles impossibles, des rêves
imbéciles, qui ne tenaient pas debout. Ils étouf-
faient. Ils se sentaient sombrer.

Ils pouvaient certes parler d'autre chose, d'un
30 livre récemment paru, d'un metteur en scène, de la
guerre, ou des autres, mais il leur semblait parfois
que leurs seules *vraies* conversations concernaient
l'argent, le confort, le bonheur.

Les Choses, *1965,*
première partie, chap. vi, *Julliard.*

Guide de lecture
....

**I. Quel est le rôle de
l'argent dans la vie du
couple ?**

**2. Quel effet produit la
personnification de la
première phrase ?**

La Vie mode d'emploi (1978). Au début de ce gros
livre, l'auteur décrit l'immeuble où vivent tous les personnages du roman et dont il racontera l'histoire.

Dans l'escalier, 1

O
ui, cela pourrait commencer ainsi, ici, comme
ça, d'une manière un peu lourde et lente,
dans cet endroit neutre qui est à tous et à personne,
où les gens se croisent presque sans se voir, où la vie

de l'immeuble se répercute, lointaine et régulière. De ce qui se passe derrière les lourdes portes des appartements, on ne perçoit le plus souvent que ces échos éclatés, ces bribes, ces débris, ces esquisses, ces amorces, ces incidents ou accidents qui se déroulent dans ce que l'on appelle les « parties communes », ces petits bruits feutrés que le tapis de laine rouge passé étouffe, ces embryons de vie communautaire qui s'arrêtent toujours aux paliers. Les habitants d'un même immeuble vivent à quelques centimètres les uns des autres, une simple cloison les sépare, ils se partagent les mêmes espaces répétés le long des étages, ils font les mêmes gestes en même temps, ouvrir le robinet, tirer la chasse d'eau, allumer la lumière, mettre la table, quelques dizaines d'existences simultanées qui se répètent d'étage en étage, et d'immeuble en immeuble, et de rue en rue. Ils se barricadent dans leurs parties privatives — puisque c'est comme ça que ça s'appelle — et ils aimeraient bien que rien n'en sorte, mais si peu qu'ils en laissent sortir, le chien en laisse, l'enfant qui va au pain, le reconduit ou l'éconduit[1], c'est par l'escalier que ça sort. Car tout ce qui se passe passe par l'escalier, tout ce qui arrive arrive par l'escalier, les lettres, les faire-part, les meubles que les déménageurs apportent ou emportent, le médecin appelé en urgence, le voyageur qui revient d'un long voyage. C'est à cause de cela que l'escalier reste un

---

1. Celui que l'on reconduit après l'avoir reçu, et celui que l'on éconduit (que l'on refuse de recevoir).

lieu anonyme, froid, presque hostile. Dans les anciennes maisons, il y avait encore des marches de
35 pierre, des rampes en fer forgé, des sculptures, des
torchères[1], une banquette parfois pour permettre
aux gens âgés de se reposer entre deux étages. Dans
les immeubles modernes, il y a des ascenseurs aux
parois couvertes de graffiti qui se voudraient obs-
40 cènes et des escaliers dits « de secours », en béton
brut, sales et sonores. Dans cet immeuble-ci, où il y
a un vieil ascenseur presque toujours en panne, l'escalier est un lieu vétuste, d'une propreté douteuse,
qui d'étage en étage se dégrade selon les conven-
45 tions de la respectabilité bourgeoise : deux épais-
seurs de tapis jusqu'au troisième, une seule ensuite,
et plus du tout pour les deux étages de combles.

Oui, ça commencera ici : entre le troisième et le
quatrième étage. 11 rue Simon-Crubellier.

La Vie mode d'emploi, *1978,*
chap. premier, Hachette.

Guide de lecture
....

1. **Montrez en quoi le
texte commence,
comme le dit Perec,
d'une « manière lourde
et lente ».**
2. **Comment caracté-
riseriez-vous les rap-
ports entre les
habitants de cet im-
meuble ?**

3. **Pourquoi avoir choisi
l'escalier comme seuil
de l'histoire ?**

---

1. Applique monumentale qui porte plusieurs sources lumineuses.

ALBERT COHEN   *(1895-1981)*

LA COMÉDIE SOCIALE.   Né dans la communauté juive de Corfou, Albert Cohen quitte l'île grecque pour faire ses études en France puis à Genève, à la faculté de droit. Sa vie est désormais partagée entre une carrière diplomatique dans laquelle il s'engage avec conviction et la littérature : l'atmosphère de son enfance se retrouve dans les premiers romans, *Solal* (1930) et *Mangeclous* (1938). Ceux qu'il écrira plus tard en reprennent les thèmes. À la façon d'orbes concentriques qui s'élargissent, l'œuvre d'Albert Cohen se développe en s'enrichissant de personnages et de lieux nouveaux autour d'un héros, Solal : dans *Belle du Seigneur* (1968), il raconte les aventures amoureuses de son héros ; dans *les Valeureux* (1969), il présente les proches de Solal. Ses écrits autobiographiques — *le Livre de ma mère* (1954), *Carnets* (1978, 1979) — éclairent son œuvre romanesque car on y retrouve les mêmes obsessions : la hantise de la mort, l'amour, le mensonge, la comédie sociale.

BELLE DU SEIGNEUR (1968).   L'action de ce roman se passe avant la Seconde Guerre mondiale. Le héros Solal, est un haut fonctionnaire de la S.D.N. (la Société des Nations, ancêtre de l'O.N.U. qu'Albert Cohen tourne là en dérision). Un jour, il rencontre Ariane, épouse d'un fonctionnaire. Il en tombe amoureux et tente de la séduire, d'abord sous les traits d'un vieillard qu'elle repoussera. Dans l'extrait qui suit, il l'épie.

« Et maintenant, écoutez la merveille »

« L es autres mettent des semaines et des mois
pour arriver à aimer, et à aimer peu, et il leur
faut des entretiens et des goûts communs et des
cristallisations. Moi, ce fut le temps d'un battement
5 de paupières. Dites-moi fou, mais croyez-moi. Un
battement de ses paupières, et elle me regarda sans
me voir, et ce fut la gloire et le printemps et le soleil
et la mer tiède et sa transparence près du rivage et
ma jeunesse revenue, et le monde était né, et je sus
10 que personne avant elle, ni Adrienne, ni Aude, ni
Isolde, ni les autres de ma splendeur et jeunesse,
toutes d'elle annonciatrices et servantes. Oui, personne avant elle, personne après elle, je le jure sur la
sainte Loi que je baise lorsque solennelle à la syna-
15 gogue devant moi elle passe, d'ors et de velours vê-
tue, saints commandements de ce Dieu en qui je ne
crois pas mais que je révère, follement fier de mon
Dieu, Dieu d'Abraham, Dieu d'Isaac, Dieu de Jacob,
et je frissonne en mes os lorsque j'entends Son nom
20 et Ses paroles.

    « Et maintenant, écoutez la merveille. Lasse d'être
mêlée aux ignobles, elle a fui la salle jacassante des
chercheurs de relations, et elle est allée, volontaire
bannie, dans le petit salon désert, à côté. Elle, c'est
25 vous. Volontaire bannie comme moi, et elle ne savait pas que derrière les rideaux je la regardais.
Alors, écoutez, elle s'est approchée de la glace du
petit salon, car elle a la manie des glaces comme
moi, manie des tristes et des solitaires, et alors, seule

30 et ne se sachant pas vue, elle s'est approchée de la glace et elle a baisé ses lèvres sur la glace. Notre premier baiser, mon amour. Ô ma sœur folle, aussitôt aimée, aussitôt mon aimée par ce baiser à elle-même donné. Ô l'élancée, ô ses longs cils recourbés
35 dans la glace, et mon âme s'est accrochée à ses longs cils recourbés. Un battement de paupières, le temps d'un baiser sur une glace, et c'était elle, elle à jamais. Dites-moi fou, mais croyez-moi. Voilà, et lorsqu'elle est retournée dans la grande salle, je ne me suis pas
40 approché d'elle, je ne lui ai pas parlé, je n'ai pas voulu la traiter comme les autres.

Belle du Seigneur, *1968,*
première partie, chap. III, Gallimard.

Guide de lecture
....

1. **Montrez qu'il s'agit d'une scène de coup de foudre inhabituel.**
2. **Comment naît le sentiment amoureux ?**

3. **Quels procédés font de ce texte un chant d'amour ?**

Saint-John Perse
(1887-1975)

Poète et diplomate. Alexis Léger naît à la Guadeloupe en 1887 mais, à la suite du tremblement de terre de 1897, qui ruine de nombreux planteurs, sa famille quitte l'île pour Pau. Léger étudie à Bordeaux : médecine, géologie, droit romain. Son père étant mort subitement en 1907, il prend en charge sa mère et ses sœurs et prépare le concours des Affaires étrangères, où il est reçu en 1914. Sa carrière de diplomate le fait séjourner de 1916 à 1921 à Pékin, où il écrit *Anabase* (1924), aventure imaginaire d'un fondateur d'empire.

De 1925 à 1932, il est le secrétaire d'Aristide Briand, alors ministre des Affaires étrangères. En 1938, il s'oppose à la politique d'apaisement envers Hitler. Cela lui vaut d'être déchu de la nationalité française par le gouvernement de Vichy en octobre 1940, et d'être contraint à l'exil, thème important de son œuvre ; *Exil* (1942) n'est pas une simple allusion autobiographique, mais le « poème de l'éternité de l'exil dans la condition humaine ». Il se réfugie aux États-Unis. À la Libération, Saint-John Perse retrouve son rang d'ambassadeur, mais ne reprend pas de poste ; il continue d'explorer le monde : Mexique, Caraïbes, Bahamas, Tobago... En 1957, il revient en France. Le prix Nobel de littérature lui est attribué en 1960. Il meurt en 1975 dans sa maison de Provence.

Poète de la louange. Les éléments (vent, neige, pluie, mer) les saisons, la nature (arbres ou insectes) forment la matière de l'œuvre lyrique de Saint-John Perse, que l'on peut qualifier de cosmique ; le ton en est solennel, liturgique. Son œuvre repose en effet sur la louange ; il rend au cosmos l'hommage que l'on accordait naguère aux dieux (*Éloges*, 1911 ; *Amers*, 1957 ; *Oiseaux*, 1962 ; *Chant pour un équinoxe*, 1971).

ÉLOGES (1911). L'hommage que rend Saint-John Perse à son enfance dans les Caraïbes s'exprime par une communion avec le monde, sous le signe de la beauté et du sacré. La publication d'*Éloges* en 1911 fut saluée par de nombreux écrivains, dont Gide et Proust.

1

Palmes... !
Alors on te baignait dans l'eau-de-feuilles-vertes ; et l'eau encore était du soleil vert ; et les servantes de ta mère, grandes filles luisantes, re-
5 muaient leurs jambes chaudes près de toi qui tremblais...
(Je parle d'une haute condition, alors, entre les robes, au règne de tournantes clartés.)

Palmes ! et la douceur
d'une vieillesse des racines... ! La terre
10 alors souhaita d'être plus sourde, et le ciel
plus profond où des arbres trop grands, las d'un obscur dessein, nouaient un pacte inextricable...
(J'ai fait ce songe, dans l'estime : un sûr séjour entre les toiles enthousiastes.)
15

Et les hautes

racines courbes célébraient

l'en allée des voies prodigieuses, l'invention

des voûtes et des nefs

20   et la lumière alors, en de plus purs exploits

féconde, inaugurait le blanc royaume où j'ai mené

peut-être un corps sans ombre...

(Je parle d'une haute condition, jadis, entre

des hommes et leurs filles, et qui mâchaient de telle

25   feuille.)

Alors, les hommes avaient

une bouche plus grave, les femmes avaient

des bras plus lents ;

alors, de se nourrir comme nous de racines,

30   de grandes bêtes taciturnes s'ennoblissaient ;

et plus longues sur plus d'ombre se levaient

les paupières...

(J'ai fait ce songe, il nous a consumés sans re-

liques.)

Éloges, *1911*,
« *Pour fêter une enfance* », 1, Gallimard.

Guide de lecture
....

1. **Étudiez la composi-
tion de ce poème.
Quelle en est la forme
strophique ?**

2. **Qui sont désignés
par Je et Tu ? À quoi
cette distinction corres-
pond-elle ?**

3. **Pouvez-vous justifier
le titre d'*Éloges* donné
au recueil d'où ce
poème est extrait ?**

Amers (1957).   Cette œuvre ajoute à la cosmogonie
(système de la création du monde) de Saint-John Perse
une ode grandiose dédiée à l'Océan. Dans cet extrait,
cependant, la mer n'est peut-être pas le seul objet du
poème.

3

Poésie pour accompagner la marche d'une ré-
citation en l'honneur de la Mer.

Poésie pour assister le chant d'une marche au
pourtour de la Mer.

5   Comme l'entreprise du tour d'autel et la gra-
vitation du chœur au circuit de la strophe.

Et c'est un chant de mer comme il n'en fut
jamais chanté, et c'est la Mer en nous qui le chantera :

10   La Mer, en nous portée, jusqu'à la satiété du
souffle et la péroraison du souffle,

La Mer, en nous, portant son bruit soyeux du
large et toute sa grande fraîcheur d'aubaine[1] par le
monde.

15   Poésie pour apaiser la fièvre d'une veille au
périple[2] de mer. Poésie pour mieux vivre notre veille
au délice de mer.

---

1. Chance, espérance.
2. Grand voyage par mer.

Et c'est un songe en mer comme il n'en fut
jamais songé, et c'est la Mer en nous qui le songera :

20 La Mer, en nous tissée, jusqu'à ses ronceraies
d'abîme, la Mer, en nous, tissant ses grandes heures
de lumière et ses grandes pistes de ténèbres —

Toute licence, toute naissance et toute rési-
piscence [1], la Mer ! la Mer ! à son afflux de mer,

25 Dans l'affluence de ses bulles et la sagesse in-
fuse de son lait, ah ! dans l'ébullition sacrée de ses
voyelles — les saintes filles ! les saintes filles ! —

La Mer elle-même tout écume, comme Si-
bylle [2] en fleurs sur sa chaise de fer...

AMERS, *1957,*
« Invocation », 3, Gallimard.

Guide de lecture
....

**1. Quels sont les diffé-
rents champs lexicaux
(voir p. 364)
de ce poème ?
2. Qui chante
dans ce poème ?**

**3. En vous fondant
notamment sur les
derniers vers, dites
quels pouvoirs le poète
attribue à la poésie.**

---

1. Reconnaissance de sa faute avec amendement, repentir.
2. Dans l'Antiquité, femme à laquelle on attribuait la connaissance de
l'avenir et le don de prédire.

HENRI MICHAUX *(1899-1984)*

Un voyageur. Né en Belgique, Michaux dit de lui-même qu'il a « [une] façon d'exister en marge, [une] nature de gréviste » : il s'embarque comme matelot à vingt ans. La découverte de Lautréamont « déclenche en lui le besoin longtemps oublié d'écrire ». En 1924, seul et pauvre, il s'installe à Paris où il côtoie surtout les peintres surréalistes, Klee, Max Ernst, Dali et Chirico. Michaux a d'ailleurs laissé lui-même une importante œuvre graphique et picturale.

Dans les années 1927-1929, il voyage à travers le monde et il commence à publier (*Ecuador,* 1929, *Un barbare en Asie,* 1932). Dans d'autres recueils se manifeste surtout la volonté du poète d'analyser son être (*Qui je fus,* 1927 ; *Mes propriétés,* 1929). En 1930 paraît *Un certain Plume,* repris sous le titre de *Plume* en 1938, nom d'un personnage absurde, sans cesse en butte à l'absurdité de la vie. *Lointain Intérieur* (1938) décrit des voyages imaginaires. Michaux se consacre de plus en plus à la peinture et au dessin, mais n'abandonne jamais l'écriture (*La nuit remue,* 1934 ; *Ailleurs,* 1948 ; *Chemins cherchés, chemins perdus, transgressions,* 1981). En 1956, Michaux entreprend d'expérimenter sur lui-même les effets de la mescaline (drogue qui produit des hallucinations), et il décrit ces états mentaux singuliers notamment dans *l'Infini turbulent* (1957). Il meurt à Paris en 1984.

Souvent associé au surréalisme en raison du caractère anti-logique et ironique de sa poésie, Michaux explore aussi bien les contrées imaginées, les espaces de son imaginaire que les pays réels.

QUI JE FUS (1927). Dans ce premier livre, différents
« qui-je-fus » prennent tour à tour la parole : « Je suis
habité ; je parle à qui-je-fus et qui-je-fus me parle.
Parfois j'éprouve une gêne, comme si j'étais étranger.
Ils font à présent toute une société, et il vient de m'arriver que je ne m'entends plus moi-même. » Parfois,
comme ici, l'une de ces voix se refuse aux conventions
des mots du dictionnaire, pour inventer les siens
propres.

Traduction

Je me blague et me siroute
Dans le fond je me déruse
Rien ne tient bon ; j'ai beau regarder
Ça s'erfule et se range
5   Clermont sonne et Ferrand répond
Sottes rues satisfaites, ça promet
Mais, que s'isolent les envieux et les torbus itou
Laisse donc pérousser les aigres maigres
Pour moi je retourne à l'eau de l'océan. Adieu
10 J'ai entendu le clacquerin des paquebots,

                        [j'embarque

Or, vieille habitude ; j'y suis peu de chose ; mais j'ai
    dans mes doigts la façon de douze nœuds de
    matelots et faire bâbord tribord sur mes jambes,
15   j'aime ça.
Par très mauvais temps je m'agrippe au grand pelé,
    l'oreille contre, ça fait toutes sortes de bruits ;

entre deux rafales je regarde venir les houlons
crêtés de sabrousse
20 et puis parfois cette grosse eau se fait si calme et
comme agonisante, on se sent profondément
heureux.
À peine si elle se craquelle de quelques rides et plis,
comme ce qui tient et broquetille sous l'œil d'une
[vieille femme.

QUI JE FUS, *1927*,
« *Traduction* », *Gallimard.*

Guide de lecture
....

1. Étudiez les mots
imaginaires des treize
premiers vers et leur
construction. Pourquoi
avez-vous l'impression

de comprendre ?
2. En employant des
mots « imaginaires »,
que prouve le poète
quant au fait poétique ?

LOINTAIN INTÉRIEUR (1938). Michaux passe de la fantaisie au lyrisme. La nuit est un thème poétique privilégié
qu'il traite ici à sa manière, sans ampleur rhétorique,
dans son écriture saccadée et rythmique.

Dans la nuit

Dans la nuit
Dans la nuit
Je me suis uni à la nuit
À la nuit sans limites
5 À la nuit.

Mienne, belle, mienne.
Nuit
Nuit de naissance
Qui m'emplit de mon cri
10   De mes épis.
Toi qui m'envahis
Qui fait houle houle
Qui fait houle tout autour
Et fumes, es fort dense
15   Et mugis
Es la nuit.
Nuit qui gît, nuit implacable.
Et sa fanfare, et sa plage
Sa plage en haut, sa plage partout,
20   Sa plage boit, son poids est roi, et tout ploie sous
      lui
Sous lui, sous plus ténu qu'un fil
Sous la nuit
La Nuit.

PLUME, PRÉCÉDÉ DE LOINTAIN INTÉRIEUR, *1938*,
« *Lointain Intérieur* », Gallimard.

Guide de lecture
....

1. **Étudiez la composition du poème.**

2. **Quel effet produit l'économie des moyens d'expression, notamment en ce qui concerne le lexique ?**

3. **Expliquez la relation du poète à la nuit.**

4. **Pourquoi le dernier mot, « Nuit », porte-t-il une majuscule ?**

FRANCIS PONGE   *(1899-1988)*

L'AMOUR DES MOTS.   Francis Ponge est né à Montpellier mais ses parents s'installent ensuite à Caen, loin de la lumière méditerranéenne. Au lycée, l'apprentissage du latin tout comme la lecture du Littré et la découverte des étymologies lui montrent que « les mots constituent un monde aussi riche et aussi réel que le monde sensible dans lequel nous vivons ». Élevé par son père « dans l'amour des héros », Ponge place son idéal de gloire dans la littérature et notamment dans la figure de Malherbe, poète du XVIIᵉ siècle qui aima les « mots bien assurés, bien équarris, ajustés, polis comme il faut ». Après son baccalauréat, Ponge entreprend des études de droit et de philosophie.

En mai 1923, la mort de son père l'affecte si profondément qu'il croit « devenir fou ». Il devient employé aux éditions Hachette tout en publiant ses premiers textes (*Douze Petits Écrits,* 1926), et découvre dans le monde du travail une véritable vie de bagne. Délégué syndical C.G.T. et membre du parti communiste, il est licencié après les grèves du Front populaire de 1936. Il s'engage dans la Résistance, rencontre Camus et Eluard, et publie, en 1942, *le Parti pris des choses.*

LE REFUS DES EFFETS.   Très originale, la tentative de Ponge refuse les effets poétiques et adopte la forme du poème en prose. Elle tend à des définitions-descriptions d'objets simples, comme le galet, le cageot, la figue ou le savon. L'objet passe, grâce à l'écriture, à l'état d'« objeu » (jeu sur le nom qui le désigne, sur l'étymologie, jeu avec et sur les mots du poème), pour aboutir, si cet objet de langage est réussi, à l'« objoie », jouissance du texte que Ponge souhaite faire partager à son lecteur.

La véritable notoriété de Ponge intervient dans les années 1960, quand la revue *Tel quel* (dirigée par Philippe Sollers) voit en lui un modèle d'artisan du langage. *Proèmes* en 1948, puis *le Grand Recueil* en 1962 — qui rassemble des œuvres éparpillées — et *le Savon* en 1967 établissent son autorité. Il obtient le Grand Prix de l'Académie française en 1984 et meurt en 1988.

LE PARTI PRIS DES CHOSES (1942). Le poème, s'il prend le parti de la chose, le fait « compte tenu des mots ». Le cageot est donc à la fois la chose à laquelle renvoie le texte, mais il est, en fin de compte, l'ensemble des mots qui fabriquent cet objet : le texte. Quand à l'huître, sa définition-description en fait un véritable microcosme.

Le cageot

À mi-chemin de la cage au cachot la langue française a cageot, simple caissette à claire-voie vouée au transport de ces fruits qui de la moindre suffocation font à coup sûr une maladie.

5   Agencé de façon qu'au terme de son usage il puisse être brisé sans effort, il ne sert pas deux fois.

Ainsi dure-t-il moins encore que les denrées fondantes ou nuageuses qu'il enferme.

À tous les coins de rues qui aboutissent aux
10 halles, il luit alors de l'éclat sans vanité du bois blanc. Tout neuf encore, et légèrement ahuri d'être dans une pose maladroite à la voirie jeté sans retour, cet objet est en somme des plus sympathiques, — sur le sort duquel il convient toutefois de ne s'appe-
15 santir longuement.

Le Parti pris des choses, *1942,*
Gallimard.

Guide de lecture

1. Comment comprenez-vous le « chemin » qui va « de la cage au cachot » ?
2. Relevez les allusions anthropomorphiques.

3. Pourquoi ce texte, malgré son prosaïsme, appartient-il toutefois au genre poétique ?

L'huître

L'huître, de la grosseur d'un galet moyen, est d'une apparence plus rugueuse, d'une couleur moins unie, brillamment blanchâtre. C'est un monde opiniâtrement clos. Pourtant on peut l'ou-
5 vrir : il faut alors la tenir au creux d'un torchon, se servir d'un couteau ébréché et peu franc, s'y reprendre à plusieurs fois. Les doigts curieux s'y coupent, s'y cassent les ongles : c'est un travail gros-

sier. Les coups qu'on lui porte marquent son enve-
10 loppe de ronds blancs, d'une sorte de halos.

À l'intérieur l'on trouve tout un monde, à boire et
à manger : sous un *firmament* (à proprement parler)
de nacre, les cieux d'en-dessus s'affaissent sur les
cieux d'en-dessous, pour ne plus former qu'une
15 mare, un sachet visqueux et verdâtre, qui flue et re-
flue à l'odeur et à la vue, frangé d'une dentelle noi-
râtre sur les bords.

Parfois très rare une formule perle à leur gosier de
nacre, d'où l'on trouve aussitôt à s'orner.

LE PARTI PRIS DES CHOSES, *1942,*
Gallimard.

Guide de lecture
....

1. Relevez toutes les
allitérations et asso-
nances (voir p. 364).
2. Étudiez les oc-
currences de la syllabe
« âtr - ». Quels effets
cela provoque-t-il ?

3. Comment est re-
nouvelée la vision de
l'huître ? Relevez les
termes qui concourent
à lui donner une dimen-
sion cosmique.

René Char   *(1907-1988)*

La période surréaliste. Char est « seul et sans maître », selon la définition que donne de lui Saint-John Perse, et son œuvre est d'un accès difficile. Pourtant, les mots concrets de sa poésie sont empruntés aux paysages de sa Provence natale (il est né à L'Isle-sur-la-Sorgue) : « L'aubépine en fleurs fut mon premier alphabet. » Plus intéressé par la littérature que par les études commerciales, Char publie, en 1929, *Arsenal*, un recueil de poèmes qui lui vaut d'être remarqué par Paul Eluard. Ce dernier l'introduit auprès des surréalistes parisiens et, en 1930, Char publie *Ralentir travaux* en collaboration avec André Breton et Paul Eluard. Il participe à la fondation de la nouvelle revue surréaliste, *le Surréalisme au service de la révolution*. En 1934, il publie son premier recueil personnel, *le Marteau sans maître*, qui marque l'aboutissement de sa collaboration avec le groupe surréaliste.

Un poète engagé et philosophe. En 1937, Char dédie *Placard pour un chemin des écoliers* aux enfants massacrés pendant la guerre d'Espagne. Démobilisé après l'armistice de 1940, il s'engage dans la Résistance sous le nom de Capitaine Alexandre. Pendant l'Occupation nazie, choisissant le silence comme attitude littéraire, il refuse de publier les « notes » qu'il rédige, et celles-ci ne paraîtront qu'en 1946, sous le titre *Feuillets d'Hypnos*, et dédiés à Albert Camus. Dans les recueils suivants, *le Poème pulvérisé* (1947) et surtout dans *Fureur et Mystère*

(1948), le poète, inspiré par la philosophie des présocratiques grecs, tout comme par les *Illuminations* de Rimbaud, choisit les formes brèves : l'auteur de *la Parole en archipel* (1962) préfère le court verset, la strophe concise, la phrase isolée, la parole économe. Après la guerre, Char s'engage dans de nouvelles amitiés, celles notamment de Braque, d'Albert Camus, du philosophe allemand Heidegger. Il allie avec bonheur l'écriture de la poésie et les échanges fructueux avec les peintres (en particulier Nicolas de Staël) dans *Alliés substantiels et le Monde de l'art n'est pas le monde du pardon* (1974). *Dans les voisinages de Van Gogh* (1985) lui donne l'occasion de rendre à la fois hommage au grand peintre et à la Provence.

Fureur et Mystère (1948). La Sorgue est la rivière du pays natal de Char, qui sort de la fontaine de Vaucluse, lieu littéraire célèbre, puisque s'y retirait le poète italien Pétrarque (1304-1374), qui rimait là ses sonnets pour Laure.

La Sorgue

Chanson pour Yvonne

Rivière trop tôt partie, d'une traite, sans
   compagnon,
Donne aux enfants de mon pays le visage de ta
   passion.
5 Rivière où l'éclair finit et où commence ma maison,
Qui roule aux marches d'oubli la rocaille de ma
   raison.

Rivière, en toi terre est frisson, soleil anxiété.
Que chaque pauvre dans sa nuit fasse son pain de
ta moisson.

Rivière souvent punie, rivière à l'abandon.

Rivière des apprentis à la calleuse[1] condition,
Il n'est vent qui ne fléchisse à la crête de tes sillons.

Rivière de l'âme vide, de la guenille et du soupçon,
Du vieux malheur qui se dévide, de l'ormeau, de la
compassion.

Rivière des farfelus, des fiévreux, des équarrisseurs,
Du soleil lâchant sa charrue pour s'acoquiner au
menteur.

Rivière des meilleurs que soi, rivière des brouillards
éclos,
De la lampe qui désaltère l'angoisse autour de son
chapeau.

Rivière des égards au songe, rivière qui rouille le fer,
Où les étoiles ont cette ombre qu'elles refusent à
la mer.

---

1. Dure et épaisse, qui présente des callosités.

Rivière des pouvoirs transmis et du cri
  embouquant[1] les eaux,
De l'ouragan qui mord la vigne et annonce le vin
30 nouveau.

Rivière au cœur jamais détruit dans ce monde fou
  de prison,
Garde-nous violent et ami des abeilles de l'horizon.

Fureur et Mystère, *1948*,
« La fontaine narrative », Gallimard.

---

1. S'engageant dans une passe étroite.

Guide de lecture

1. En quoi ce poème est-il chanson ?

2. À quelles valeurs la rivière est-elle associée ?

3. Quels rôles le poète confie-t-il à la Sorgue ?

DANS LES VOISINAGES DE VAN GOGH (1985). La poésie de Char, aux dimensions philosophiques et cosmiques, habite poétiquement un lieu, la Provence du Vaucluse. Celle-ci conserve le souvenir de Van Gogh. Dans le poème qui suit est célébrée l'amitié du poète pour son chien.

Le bon sauteur

Tigron, mon chien, bientôt tu seras un grand cerisier
et je ne saisirai plus la connivence de ton regard, ni
le tremblement de l'anse de ton museau, ni se proje-
tant de droite et de gauche tes abois prévenants ja-
5 mais ennuyeux. Quelle direction allions-nous
prendre ? J'entrais et sortais dans ta jeunesse, cô-
toyant une si longue existence qui ne deviendrait
peut-être la mienne que pour s'ajouter un jour à
mon oubli, tête anonyme. Puis se profilerait en fin
10 de compte un champ qui pleurerait de se laisser traverser ! Ni attentionné, ni indifférent. Tandis que je
lirai sur ton cœur battant beaucoup trop vite : fatale
séparation.

Ah ! celui-là perd sa convention qui ne distingue
15 sur le miroir disparu de sa maison que les deux mots
entrer et *mourir,* n'ayant rien d'un passant triste. Du
moins le croit-il sans chance aucune de retour. L'affection, mon chien !

Dans les voisinages de Van Gogh, *1985,*
Gallimard.

Guide de lecture
....

1. Expliquez : « bientôt
tu seras
un grand cerisier ».
2. Montrez comment
ce texte est construit
en sorte de décrire
ce qu'est l'affection.

3. Quel est le thème
de ce poème ?

LÉO FERRÉ (1916-1993)

LA RÉVOLTE PERMANENTE. Léo Ferré a pratiqué, avec un égal bonheur, de nombreux modes d'expression artistique. C'est d'abord un auteur-compositeur-interprète, dont les chansons ont bercé des générations successives, séduites par la force de sa révolte et la sensibilité de son inspiration. C'est également un éminent musicien, qui a mis en musique de grands poètes, dont il a ainsi popularisé les textes (Villon, Verlaine, Rimbaud, Baudelaire, Aragon), et qui a composé plusieurs opéras (*la Vie d'artiste*, 1950). C'est enfin l'auteur d'une œuvre littéraire considérable, d'une grande variété d'inspiration et d'écriture : recueils de poésie (*Poètes, vos papiers !*, 1956 ; *Testament phonographe*, 1980 ; *Léo Ferré, les années galaxie*, 1986 ; *la Mauvaise Graine*, 1993) mais aussi roman (*Benoît Misère*, 1970). Un fil directeur le guide, la révolte : Léo Ferré est profondément marqué par l'anarchie, qu'il définit lui-même comme « la formulation politique du désespoir », comme le refus, la solitude extrême, l'expression la plus achevée de l'amour.

LA MAUVAISE GRAINE (1993). La première version de « La mémoire et la mer », un très long poème que Léo Ferré ne cessera de modifier et d'augmenter, date de 1960. Il en tirera sept chansons, dont l'une, qu'il intitulera *la Mémoire et la mer*, verra le jour en 1970 : Léo Ferré s'y livre à une réflexion lyrique, éclatante d'images, sur la destinée, la vie, la mort.

La Mémoire et la mer

La marée je l'ai dans le cœur
Qui me remonte comme un signe
Je meurs de ma petite sœur
De mon enfant et de mon cygne
5 Un bateau ça dépend comment
On l'arrime au port de justesse
Il pleure de mon firmament
Des années-lumière et j'en laisse
Je suis le fantôme Jersey[1]
10 Celui qui vient les soirs de frime
Te lancer la brume en baisers
Et te ramasser dans ses rimes
Comme le trémail[2] de juillet
Où luisait le loup solitaire
15 Celui que je voyais briller
Aux doigts du sable de la terre

Rappelle-toi le chien de mer
Que nous libérions sur parole
Et qui gueule dans le désert
20 Des goémons de nécropole
Je suis sûr que la vie est là
Avec ses poumons de flanelle

---

1. Île située au large de la Normandie, évoquant un univers de mystère et de brume.
2. Filet de pêche.

Quand il pleure de ces temps-là
Le froid tout gris qui nous appelle
25 Je me souviens des soirs là-bas
Et des sprints gagnés sur l'écume
Cette bave des chevaux ras[1]
Au ras des rocs qui se consument
Ô l'Ange des plaisirs perdus
30 Ô rumeur d'une autre habitude
Mes désirs dès lors ne sont plus
Qu'un chagrin de ma solitude
Et le diable des soirs conquis
Avec ses pâleurs de rescousse[2]
35 Et le squale des paradis
Dans le milieu mouillé de mousse
Reviens fille verte des fjords
Reviens violon des violonades
Dans le port fanfarent les cors
40 Pour le retour des camarades
Ô parfum rare des salants[3]
Dans le poivre feu des gerçures
Quand j'allais géométrisant
Mon âme au creux de ta blessure
45 Dans le désordre de ton cul
Poissé dans les draps d'aube fine
Je voyais un vitrail de plus
Et toi fille verte mon spleen[4]

---

1. L'écume des vagues, semblable à des chevaux au ras de la mer.
2. Reconquête d'un navire dont s'est emparé un ennemi.
3. Sols saturés de sel.
4. Ma mélancolie.

Les coquillages figurants
50   Sous les sunlights[1] cassés liquides
Jouent de la castagnette tant
Qu'on dirait l'Espagne livide
Dieu des granits ayez pitié
De leur vocation de parure
55   Quand le couteau vient s'immiscer
Dans leur castagnette figure
Et je voyais ce qu'on pressent
Quand on pressent l'entrevoyure
Entre les persiennes du sang[2]
60   Et que les globules figurent
Une mathématique bleue
Dans cette mer jamais étale
D'où nous remonte peu à peu
Cette mémoire des étoiles

65   Cette rumeur qui vient de là
Sous l'arc[3] copain où je m'aveugle
Ces mains qui me font du flafla
Ces mains ruminantes qui meuglent
Cette rumeur me suit longtemps
70   Comme un mendiant sous l'anathème
Comme l'ombre qui perd son temps
À dessiner mon théorème[4]

---

1. Puissants projecteurs de scène.
2. Quand on entrevoit ce qui se trouve entre les globules du sang, dont la structure forme des persiennes.
3. L'arc lumineux éclairant la scène.
4. Le destin, rigoureux et implacable comme un théorème.

Et sous mon maquillage roux

S'en vient battre comme une porte

75 Cette rumeur qui va debout

Dans la rue aux musiques mortes

C'est fini la mer c'est fini

Sur la plage le sable bêle

Comme des moutons d'infini

80 Quand la mer bergère m'appelle

La Mauvaise Graine, *1993,*
« *La mémoire et la mer* », *Édition n° 1. D.R.*

Guide de lecture

1. Vous relèverez et analyserez tout ce qui renvoie à la diversité du monde, en montrant comment cette richesse est pervertie par le désespoir de vivre et par l'omniprésence de la mort.

2. Étudiez les images, en soulignant qu'elles sont ancrées dans une réalité imprégnée de surréel.

3. Vous écouterez un enregistrement de cette chanson, en essayant de déterminer ce que la musique et l'interprétation de Léo Ferré apportent au texte.

AUDIBERTI   (1899-1965)

UNE ÉCRITURE DÉBRIDÉE.   Jacques Audiberti, né en 1899 à Antibes dans une famille de maçons, arrive vers la fin de son adolescence à Paris où il travaille comme journaliste pendant une quinzaine d'années. Parallèlement, poèmes, romans, pièces de théâtre vont se succéder avec régularité. La richesse verbale de ses premiers textes attire l'attention (*l'Empire et la Trappe,* poésies, 1930). Son roman *Abraxas* (1938) évoque déjà avec un humour sombre un monde où le fantastique se mêle au quotidien. En 1945, il commence à écrire pour le théâtre : si certaines de ses pièces, dont la thématique et surtout la langue surprennent, sont fraîchement accueillies à leur création, il s'impose en 1955 avec la reprise de *Le mal court* (créé sans succès en 1947) et avec *Cavalier seul* (composé en 1954 et mis en scène par Marcel Maréchal en 1963), puis *la Hobereaute.* Mais les représentations de *la Fourmi dans le corps* en 1962 déclenchent encore un tumulte à la Comédie-Française. Dans ses dernières années, Audiberti rédige un journal intime, publié peu après sa mort en 1965 sous le titre *Dimanche m'attend.*

L'écriture débridée d'Audiberti joue avec les mots et les images, les différents registres de langue, mêlant souvent verdeur et préciosité. Au cœur de ce théâtre, dont les intrigues et les personnages peuvent paraître irréels, se développent des hantises personnelles : l'omniprésence de la méchanceté humaine et, l'aspiration à un univers d'innocence, les conflits du Bien et du Mal, de l'âme et de la chair.

LE MAL COURT (1947). La jeune et innocente princesse Alarica a été fiancée à Parfait, roi d'Occident. Ce dernier, ne voulant plus de ce mariage pour des raisons politiques, la fait séduire par F..., un de ses agents qui se fait passer pour le roi. Ainsi compromise, Alarica ne pourra plus devenir reine. La découverte de cette machination va amener Alarica à faire le mal pour toujours : c'est ainsi que « le mal court »...

Dans l'acte III, Alarica vient à peine de se donner à F... que celui-ci lui dévoile la « véritable vérité ».

« Ainsi, partout, l'on triche. »

ALARICA. Attendez !... Attendez !... Vous fûtes envoyé pour séduire moi ?

F... Vous l'avez dit. Enfin vous avez parlé juste...

ALARICA. Dites... Vous ne m'aimiez pas ?... Vous ne
5 m'aviez jamais vue ?

F... Comment voulez-vous ?... En partant, j'étais même assez monté contre vous... Toute cette sérénade libertine et philosophique[1] à me loger dans la cervelle. Ces phrases qui commencent par la fin !

10 ALARICA. Ainsi, partout, l'on triche. Partout, l'on fait comme si... C'est insupportable. C'est horrible.

F... Vous-même, ne trichiez-vous pas, quand vous faisiez la folle, jetant vos bras dans l'air avec vos doigts de pied, appelant Gorgino ?

---

1. Ses déclarations d'amour : il récitait un texte qu'on lui avait préparé.

15 ALARICA.   Ma tricherie était pour le bien, pour l'amour.

F...   Tous ceux qui trichent, c'est pour un bien, c'est pour l'amour, pour l'amour de leur porte-monnaie, par exemple.

20 ALARICA.   Ainsi, ainsi rien n'était franc ? Le roi mentait.

F...   Là, pardon ! Le roi d'Occident, petite imbécile ! c'est un cercle rond. Un cercle rond ne peut mentir, même que dedans il y ait tout ce que vous voudrez,
25 des verrues, des mouches.

ALARICA.   Vous mentiez.

F...   Je travaillais. Je travaillais de mon métier.

ALARICA.   Votre cœur était faux.

F...   Mes membres, ma cocotte, avaient le poids.

30 ALARICA.   Le monde est ignoble.

F...   Vous ne le réparerez pas avec des larmes ni des clameurs.

LE MAL COURT, *1947,*
acte III, Théâtre I, Gallimard.

Guide de lecture

1. Quelles sont les découvertes successives d'Alarica ? Comment l'écriture exprime-t-elle le choc de ces découvertes ?

2. Quels sentiments F... révèle-t-il ici ?

3. Montrez qu'Audiberti mêle style noble et style familier. Quel effet cela produit-il ?

Jean Tardieu   *(né en 1903)*

JEU VERBAL. Relativement méconnue, l'œuvre de Jean Tardieu, écrivain effacé, est abondante : essais, traductions, poèmes et textes de théâtre. Directeur d'un club d'essai à la radio, il peut explorer les nouvelles techniques pour l'enregistrement de ses propres sketches. Les titres des recueils qui les réunissent, *Théâtre de chambre*, publié en 1951, *Poèmes à jouer* (1960), suggèrent une apparente modestie et l'absence de frontière entre poésie et théâtre. Le langage est la seule justification des personnages sans consistance de ses « drames-éclairs » : si le langage, bien que commun à tous, n'assure pas la communication, en revanche, il se prête à des jeux de mots, à des déviations de sens et à des variations musicales. Ainsi, Tardieu expérimente avec une grande fantaisie le pouvoir des mots (parfois jusqu'au non-sens), les force à « produire des étincelles jamais vues ». En introduisant le cocasse et l'insolite dans le quotidien, il suscite un rire auquel se mêle une inquiétude née du sentiment de l'insaisissable.

THÉÂTRE DE CHAMBRE (1951). Au début d'*Un mot pour un autre,* l'une des pièces publiées dans ce recueil, un récitant présente la scène comme un témoignage sur une étrange maladie du vocabulaire, fort répandue dans les années 1900...

À l'heure du thé, Madame reçoit madame la comtesse de Perleminouze. Mais monsieur de Perleminouze, qui est l'amant de Madame, arrive à l'improviste.

Un moment décontenancées, les deux rivales font bientôt cause commune contre monsieur de Perlemi-nouze.

« Monsieur, vous n'êtes qu'un sautoir »

MADAME et MADAME DE PERLEMINOUZE, *le harcelant et le poussant vers la porte.* Monsieur, vous n'êtes qu'un sautoir !

MADAME. Un fifre !

5 MADAME DE PERLEMINOUZE. Un serpolet !

MADAME. Un iodure !

MADAME DE PERLEMINOUZE. Un baldaquin !

MADAME. Un panier plein de mites !

MADAME DE PERLEMINOUZE. Un ramasseur de

10 quilles !

MADAME. Un fourreur de pompons !

MADAME DE PERLEMINOUZE. Allez repiquer vos li-mandes et vos citronnelles !

MADAME. Allez jouer des escarpins sur leurs man-

15 dibules !

MADAME et MADAME DE PERLEMINOUZE, *ensemble.* Allez ! Allez ! Allez !

LE COMTE, *ouvrant la porte derrière lui et partant à reculons face au public.* C'est bon ! C'est bon ! Je

20 croupis ! Je vous présente mes garnitures. Je ne vou-drais pas vous arrimer ! Je me débouche ! Je me lappe ! *(S'inclinant vers Madame.)* Madame, et chère

cheminée !... *(Puis vers sa femme.)* Ma douce patère, adieu et à ce soir.

25   *Il se retire.*

MADAME DE PERLEMINOUZE, *après un silence.*   Nous tri-pions ?

MADAME, *désignant la table à thé.*   Mais, chère amie, nous allions tortiller ! Tenez, voici justement Irma !

30   *Irma entre et pose le plateau sur la table. Les deux femmes s'installent de chaque côté.*

MADAME, *servant le thé.*   Un peu de footing ?

MADAME DE PERLEMINOUZE, *souriante et aimable, comme si rien ne s'était passé.*   Vol-au-vent !

35   MADAME.   Deux doigts de potence ?

MADAME DE PERLEMINOUZE.   Je vous en mouche !

MADAME, *offrant du sucre.*   Un ou deux marteaux ?

MADAME DE PERLEMINOUZE.   Un seul, s'il vous plaît !

                                                Rideau.

THÉÂTRE DE CHAMBRE, *1951,*
Un mot pour un autre, Théâtre, tome I, Gallimard.

Guide de lecture
....

**1. Montrez comment
Tardieu substitue un
mot à un autre en
jouant sur les sonorités
et sur les images.
2. Ces fantaisies du
langage n'empêchent
pas de comprendre les
situations, les rapports
entre les personnages :
prouvez-le.**

**3. Quelles sont, à votre
avis, les intentions de
l'auteur dans ce jeu de
substitutions ?**

IONESCO (1912-1994)

···

DE L'AVANT-GARDE PARISIENNE À L'ACADÉMIE FRAN-
ÇAISE. Né en Roumanie, Eugène Ionesco passe son enfance en France, puis retourne à Bucarest pour faire ses
études et devenir professeur de français. En 1938, devant
la montée du fascisme, il s'exile à Paris où il prépare une
thèse dont le sujet, « le péché et la mort dans la poésie
française depuis Baudelaire », témoigne déjà de ses
préoccupations. En 1950, sa première pièce, *la Cantatrice
chauve,* est fustigée par la majorité des critiques. *La Leçon*
(1951), puis *les Chaises* (1952) déroutent presque autant.
L'absence d'intrigue, la dégradation du langage, le non-
sens, considérés d'abord comme des provocations, assurent peu à peu à Ionesco la notoriété d'un auteur
d'avant-garde.

Avec *Tueur sans gages* (1959) apparaît le personnage
de Bérenger, qui, dans *Rhinocéros,* devient la « conscience » d'une petite ville gagnée par le totalitarisme.
Créée par Jean-Louis Barrault, la pièce remporte un
grand succès en raison de sa thématique, mais aussi de
sa facture plus traditionnelle. Dans *Le roi se meurt*
(1962), Bérenger, double pathétique de l'auteur, vit les
angoisses de la mort et la tragédie du renoncement à la
vie. *La Soif et la Faim* (1965), puis *Jeux de massacre*
(1970), montés à la Comédie-Française, consacrent la
célébrité d'Ionesco, qui est reçu à l'Académie française
en 1970. Une de ses dernières pièces, *Macbett* (1972),
d'après Shakespeare, dénonce avec une fantaisie et un
humour noirs le carnaval sanglant du pouvoir tyrannique.

LE NOUVEAU THÉÂTRE D'IONESCO.   Par la dérision, Ionesco détruit les conventions sclérosées du théâtre traditionnel. Il refuse le théâtre engagé hérité de Brecht, porteur d'un message idéologique. Il revendique pour seules lois celles de son univers imaginaire. À sa guise, il se rit de l'inquiétante incommunicabilité en grossissant la mécanique creuse du langage ou en le désintégrant ; il se délivre, sur les registres mêlés de la farce et du tragique, de ses obsessions lancinantes : l'absurdité du monde, les oppressions de tous ordres qui détruisent l'humain, la solitude et la mort. Objet de polémiques et de scandales, comme naguère Jarry, Vitrac et Artaud, dans la lignée desquels il s'inscrit, l'initiateur du Nouveau Théâtre est pourtant en harmonie avec le tragique de son époque et celui — permanent — de la condition humaine.

LA CANTATRICE CHAUVE (1950).   Ionesco présente cette pièce (qui lui aurait été inspirée par les phrases creuses d'un manuel de conversation anglaise) comme une « anti-pièce ». Des personnages interchangeables (les Smith et les Martin), ou ambigus (Mary, la bonne, et le Pompier), ou bien absents : la Cantatrice. Pas d'intrigue, des répliques banales et vides ; un langage qui ne permet pas de communiquer et ne cesse de se dégrader au cours de la... non-action.

Dans la scène 4, les invités des Smith, un couple de bourgeois anglais, monsieur et madame Martin, qui semblent ne pas se connaître, finissent, de coïncidence en coïncidence, par découvrir qu'ils sont mari et femme.

« Comme c'est bizarre, curieux, étrange ! »

M. Martin, *songeur.* Comme c'est curieux, comme c'est curieux, comme c'est curieux et quelle coïncidence ! vous savez, dans ma chambre à coucher j'ai un lit. Mon lit est couvert d'un édredon vert. Cette
5 chambre, avec ce lit et son édredon vert, se trouve au fond du corridor, entre les waters et la bibliothèque, chère Madame !

Mme Martin. Quelle coïncidence, ah mon Dieu, quelle coïncidence ! Ma chambre à coucher a, elle
10 aussi, un lit avec un édredon vert et se trouve au fond du corridor, entre les waters, cher Monsieur, et la bibliothèque !

M. Martin. Comme c'est bizarre, curieux, étrange ! alors, Madame, nous habitons dans la
15 même chambre et nous dormons dans le même lit, chère Madame. C'est peut-être là que nous nous sommes rencontrés !

Mme Martin. Comme c'est curieux et quelle coïncidence ! C'est bien possible que nous nous y
20 soyons rencontrés, et peut-être même la nuit dernière. Mais je ne m'en souviens pas, cher Monsieur !

M. Martin. J'ai une petite fille, ma petite fille, elle habite avec moi, chère Madame. Elle a deux ans, elle est blonde, elle a un œil blanc et un œil rouge, elle
25 est très jolie, elle s'appelle Alice, chère Madame.

Mme Martin. Quelle bizarre coïncidence ! moi aussi j'ai une petite fille, elle a deux ans, un œil blanc et un œil rouge, elle est très jolie et s'appelle aussi

Alice, cher Monsieur !

30 M. MARTIN, *même voix traînante, monotone.* Comme c'est curieux et quelle coïncidence et bizarre ! c'est peut-être la même, chère Madame !

Mᵐᵉ MARTIN. Comme c'est curieux ! c'est bien possible, cher Monsieur.

35 *Un assez long moment de silence... La pendule sonne vingt-neuf fois.*

M. MARTIN, *après avoir longuement réfléchi, se lève lentement et, sans se presser, se dirige vers Mᵐᵉ Martin qui, surprise par l'aiar solennel de M. Martin, s'est levée, elle*
40 *aussi, tout doucement ; M. Martin a la même voix rare, monotone, vaguement chantante.* Alors, chère Madame, je crois qu'il n'y a pas de doute, nous nous sommes déjà vus et vous êtes ma propre épouse... Élisabeth, je t'ai retrouvée !

45 Mᵐᵉ MARTIN, *s'approche de M. Martin sans se presser. Ils s'embrassent sans expression. La pendule sonne une fois, très fort. Le coup de la pendule doit être si fort qu'il doit faire sursauter les spectateurs. Les époux Martin ne l'entendent pas.*

50 Mᵐᵉ MARTIN. DONALD, C'EST TOI, DARLING [1] !

ILS S'ASSOIENT DANS LE MÊME FAUTEUIL, SE TIENNENT EMBRASSÉS ET S'ENDORMENT.

LA CANTATRICE CHAUVE, *1950,*
scène 4, Gallimard.

---

1. Mot anglais qui signifie chérie.

Guide de lecture
....

1. Relevez dans le dialogue et les didascalies (voir p. 364) tout ce qui contribue au comique.
2. D'où vient l'absurde de cette scène de reconnaissance ?

3. Le traitement des personnages, du dialogue et des didascalies est en rupture avec les conventions théâtrales : montrez-le.

RHINOCÉROS (1960).   Selon Ionesco *Rhinocéros* est une pièce « antinazie » mais aussi « une pièce contre les hystéries collectives et les épidémies qui se cachent sous le couvert de la raison et des idées ». L'envahissement d'un pays par le totalitarisme est décrit par le biais d'une fable : les habitants d'une petite ville se métamorphosent les uns après les autres sans résistance, souvent avec enthousiasme, en dangereux rhinocéros. Seul Bérenger, dans un ultime sursaut de conscience, refusera de capituler devant cette épidémie de rhinocérite et revendiquera sa dignité d'être humain.

L'extrait suivant se situe après l'apparition vite oubliée d'un premier rhinocéros, à la terrasse d'un café. Le Logicien explique au Vieux Monsieur ce qu'est un syllogisme (selon les dictionnaires, il s'agit d'un raisonnement déductif rigoureux partant de deux propositions dont on tire la conclusion) ; de son côté, Bérenger confie à son ami Jean sa lassitude de la vie. Les deux dialogues s'entrecroisent.

« Donc Socrate est un chat »

Le Logicien, *au Vieux Monsieur.* Voici donc un syllogisme exemplaire. Le chat a quatre pattes. Isidore et Fricot ont chacun quatre pattes. Donc Isidore et Fricot sont chats.

5 Le Vieux Monsieur, *au Logicien.* Mon chien aussi a quatre pattes.

Le Logicien, *au Vieux Monsieur.* Alors, c'est un chat.

Bérenger, *à Jean.* Moi, j'ai à peine la force de vivre. Je n'en ai plus envie peut-être.

10 Le Vieux Monsieur, *au Logicien après avoir longuement réfléchi.* Donc, logiquement, mon chien serait un chat.

Le Logicien, *au Vieux Monsieur.* Logiquement, oui. Mais le contraire est aussi vrai.

15 Bérenger, *à Jean.* La solitude me pèse. La société aussi.

Jean, *à Bérenger.* Vous vous contredisez. Est-ce la solitude qui pèse, ou est-ce la multitude ? Vous vous prenez pour un penseur et vous n'avez aucune 20 logique.

Le Vieux Monsieur, *au Logicien.* C'est très beau, la logique.

Le Logicien, *au Vieux Monsieur.* À condition de ne pas en abuser.

25 Bérenger, *à Jean.* C'est une chose anormale de vivre.

Jean. Au contraire. Rien de plus naturel. La preuve : tout le monde vit.

BÉRENGER.   Les morts sont plus nombreux que les
30   vivants. Leur nombre augmente. Les vivants sont
rares.

JEAN.   Les morts, ça n'existe pas, c'est le cas de le
dire !... Ah ! Ah !... *(Gros rire.)* Ceux-là aussi vous
pèsent ? Comment peuvent peser des choses qui
35   n'existent pas ?

BÉRENGER.   Je me demande moi-même si j'existe !

JEAN, *à Bérenger.*   Vous n'existez pas, mon cher,
parce que vous ne pensez pas ! Pensez, et vous
serez.

40   LE LOGICIEN, *au Vieux Monsieur.*   Autre syllogisme :
tous les chats sont mortels. Socrate[1] est mortel.
Donc Socrate est un chat.

LE VIEUX MONSIEUR.   Et il a quatre pattes. C'est vrai,
j'ai un chat qui s'appelle Socrate.

45   LE LOGICIEN.   Vous voyez...

RHINOCÉROS, *1960,*
acte I, Gallimard.

Guide de lecture
....

1. Quels sont les effets
obtenus par le croise-
ment des deux dia-
logues ?

2. Comment le rai-
sonnement du Logicien
arrive-t-il à imposer de
dangereuses contre-
vérités ?

3. Qu'est-ce qui dif-
férencie Bérenger des
autres personnages ?

---

1. Il s'agit ici du philosophe grec (Vᵉ siècle avant J.-C.).

L<small>E ROI SE MEURT</small> (1962).   Ionesco a souvent confié sa hantise de la mort : c'est le thème majeur de cette pièce dont il déclare que c'est « un essai de l'apprentissage de la mort ».

Le roi Bérenger Ier va mourir : il assiste, impuissant, à la ruine de son royaume, au délabrement de son palais et à sa propre agonie. Guignol tragique, tiraillé entre ses deux épouses, son médecin et son infirmière, il crie, dans ce passage situé au milieu de la pièce, sa révolte et son désir désespéré d'échapper au néant.

« Sans moi. Sans moi. »

L<small>E</small> R<small>OI</small>.   Sans moi, sans moi. Ils vont rire, ils vont bouffer, ils vont danser sur ma tombe. Je n'aurai jamais existé. Ah, qu'on se souvienne de moi. Que l'on pleure, que l'on désespère. Que l'on perpétue
5   ma mémoire dans tous les manuels d'histoire. Que tout le monde connaisse ma vie par cœur. Que tous la revivent. Que les écoliers et les savants n'aient pas d'autre sujet d'étude que moi, mon royaume, mes exploits. Qu'on brûle tous les autres livres,
10 qu'on détruise toutes les statues, qu'on mette la mienne sur toutes les places publiques. Mon image dans tous les ministères, dans les bureaux de toutes les sous-préfectures, chez les contrôleurs fiscaux, dans les hôpitaux. Qu'on donne mon nom à tous les
15 avions, à tous les vaisseaux, aux voitures à bras et à vapeur. Que tous les autres rois, les guerriers, les

poètes, les ténors, les philosophes soient oubliés et
qu'il n'y ait plus que moi dans toutes les
consciences. Un seul nom de baptême, un seul nom
20 de famille pour tout le monde. Que l'on apprenne à
lire en épelant mon nom : B-é-Bé, Bérenger. Que je
sois sur les icônes [1], que je sois sur les millions de
croix dans toutes les églises. Que l'on dise des
messes pour moi, que je sois l'hostie. Que toutes les
25 fenêtres éclairées aient la couleur et la forme de mes
yeux, que les fleuves dessinent dans les plaines le
profil de mon visage ! Que l'on m'appelle éternellement, qu'on me supplie, que l'on m'implore.

MARIE [2].   Peut-être reviendras-tu ?

30 LE ROI.   Peut-être reviendrai-je. Que l'on garde
mon corps intact dans un palais sur un trône, que
l'on m'apporte des nourritures. Que des musiciens
jouent pour moi, que des vierges se roulent à mes
pieds refroidis.

35   *Le Roi s'est levé pour dire cette tirade.*

JULIETTE [3], *à Marguerite* [4].   C'est le délire, Madame.

LE GARDE, *annonçant.*   Sa Majesté, le Roi délire.

MARGUERITE.   Pas encore. Il est encore trop sensé. À
la fois trop et pas assez.

40 LE MÉDECIN, *au Roi.*   Si telle est votre volonté, on
embaumera votre corps, on le conservera.

---

1. Peintures représentant le Christ, la Vierge ou les saints dans l'Église
catholique orthodoxe.
2. Deuxième épouse du roi, expérimentée et raisonnable.
3. Femme de chambre-infirmière.
4. Première épouse du roi, jeune et romantique.

JULIETTE.   Tant qu'on pourra.

LE ROI.   Horreur ! Je ne veux pas qu'on m'embaume. Je ne veux pas de ce cadavre. Je ne veux pas
45 qu'on me brûle ! Je ne veux pas qu'on m'enterre, je ne veux pas qu'on me donne aux vautours ni aux fauves. Je veux qu'on me garde dans des bras chauds, dans des bras frais, dans des bras tendres, dans des bras fermes.

LE ROI SE MEURT, *1962,*
Gallimard.

Guide de lecture

1. Observez l'emploi des possessifs et des pronoms des 1ʳᵉ et 3ᵉ personnes, la construction et le rythme des phrases : qu'en déduisez-vous ?

2. Comment Bérenger cherche-t-il à échapper au néant ?
3. En quoi le roi est-il l'image de l'être humain ?

BECKETT　　　　　　　*(1906-1989)*

UNE EXISTENCE DISCRÈTE.　　Samuel Beckett s'est toujours effacé derrière son œuvre, refusant vie mondaine et interviews. Né près de Dublin dans une famille bourgeoise protestante, Beckett vient à Paris comme lecteur à l'École normale supérieure. C'est une période de découvertes importantes : celle des romanciers Proust et Joyce, celle des surréalistes. Après une errance parfois misérable en Europe, il revient s'installer à Paris en 1937. Recherché sous l'Occupation par la Gestapo pour son activité de résistant, il se réfugie dans le Roussillon. *En attendant Godot,* montée par Roger Blin en 1953, puis *Fin de partie* (1957) et *Oh les beaux jours* (créée en 1963) sont autant de succès qui lui apportent une célébrité internationale. Le prix Nobel de littérature lui est décerné en 1969.

DU ROMAN AU THÉÂTRE DE LA DÉPERDITION.　　Après quelques publications — confidentielles — en langue anglaise, Beckett devient après la guerre un écrivain bilingue (il est son propre traducteur) : le va-et-vient de l'anglais au français est fécond pour la musicalité et le dépouillement de son écriture. Il s'est illustré dans tous les genres : essais, traductions, poèmes, romans, pièces de théâtre, scénarios. Il écrit d'abord de nombreux romans, dont, en 1948-1949, la trilogie constituée par *Molloy, Malone meurt* et *l'Innommable,* où les personnages-narrateurs s'expriment à la première personne dans des monologues intérieurs ; il passe ensuite à l'écriture théâtrale. Les clowns tristes de ses premières pièces — *En attendant Godot, Fin de partie* —, pour tenter d'apporter un sens à leur vaine existence, gesticulent et se donnent la réplique, mais sans jamais vraiment communiquer.

Le langage se raréfie progressivement au cours des textes suivants, tandis que les personnages s'enlisent, telle Winnie dans *Oh les beaux jours.* Ne subsistent bientôt que la voix de *la Bouche,* les gestes dans *Acte sans paroles II* (1959) ou un simple « *Souffle* »..., titre d'un court intermède publié en 1972.

Chez Beckett, les catégories traditionnelles tragique/comique sont transgressées, tout comme les conventions dramatiques habituelles. L'anecdote disparaît, le temps s'immobilise. Les personnages, pantins dérisoires et tragiques, condamnés par leur naissance à exister, perdent jusqu'à leur identité. Le langage très épuré, minimaliste, et même, paradoxalement, le silence constituent l'essence d'un théâtre qui ne « signifie » pas, mais dit le vide de l'être et le tragique de l'existence humaine.

EN ATTENDANT GODOT (PUBLIÉ EN 1952). Deux vagabonds clownesques, immobiles sur une route, ont un rendez-vous improbable avec un Godot énigmatique. Pour supporter cette attente vaine chaque jour recommencée — image de la condition humaine —, Vladimir et Estragon, un moment distraits par Pozzo et son serviteur Lucky, parlent et se livrent à des occupations dérisoires pour ne pas avoir à penser.

Dans l'acte II, Vladimir incite Estragon à essayer des chaussures qui sont peut-être les siennes...

« Ça fera passer le temps »

VLADIMIR.   Ça fera passer le temps. *(Estragon hésite.)* Je t'assure, ce sera une diversion.

ESTRAGON.   Un délassement.

VLADIMIR.   Une distraction.

5   ESTRAGON.   Un délassement.

VLADIMIR.   Essaie.

ESTRAGON.   Tu m'aideras ?

VLADIMIR.   Bien sûr.

ESTRAGON.   On ne se débrouille pas trop mal, hein,
10   Didi, tous les deux ensemble ?

VLADIMIR.   Mais oui, mais oui. Allez, on va essayer la gauche d'abord.

ESTRAGON.   On trouve toujours quelque chose, hein, Didi, pour nous donner l'impression d'exister ?

15   VLADIMIR *(impatiemment).*   Mais oui, mais oui, on est des magiciens. Mais ne nous laissons pas détourner de ce que nous avons résolu. *(Il ramasse une chaussure.)* Viens, donne ton pied. *(Estragon s'approche de lui, lève le pied.)* L'autre, porc ! *(Estragon lève l'autre*
20   *pied.)* Plus haut ! *(Les corps emmêlés, ils titubent à travers la scène. Vladimir réussit finalement à lui mettre la chaussure.)* Essaie de marcher. *(Estragon marche.)* Alors ?

ESTRAGON.   Elle me va.

25   VLADIMIR *(prenant de la ficelle dans sa poche).*   On va la lacer.

ESTRAGON *(véhémentement).* Non, non, pas de lacet, pas de lacet !

VLADIMIR. Tu as tort. Essayons l'autre. *(Même jeu.)*
30 Alors ?

ESTRAGON. Elle me va aussi.

VLADIMIR. Elles ne te font pas mal ?

ESTRAGON *(faisant quelques pas appuyés).* Pas encore.

VLADIMIR. Alors tu peux les garder.

35 ESTRAGON. Elles sont trop grandes.

VLADIMIR. Tu auras peut-être des chaussettes un jour.

ESTRAGON. C'est vrai.

VLADIMIR. Alors tu les gardes ?

40 ESTRAGON. Assez parlé de ces chaussures.

VLADIMIR. Oui, mais...

ESTRAGON. Assez ! *(Silence.)* Je vais quand même m'asseoir.
Il cherche des yeux où s'asseoir, puis va s'asseoir là où il
45 était assis au début du premier acte.

VLADIMIR. C'est là où tu étais assis hier soir.

EN ATTENDANT GODOT, *1952,*
acte II, Éd. de Minuit.

Guide de lecture

I. **Comment Vladimir et Estragon font-ils « passer le temps » ?**
2. **On pourrait se croire au cirque : pourquoi ?**

3. **En quoi ce passage exprime-t-il le grotesque et l'absurde de la condition humaine selon Beckett ?**

FIN DE PARTIE (1957). Quatre personnages attendent dans une pièce vide que s'achève leur vie misérable : les vieux parents de Hamm, enfoncés dans des poubelles ; Hamm, lui-même paralytique et aveugle, cloué dans un fauteuil à roulettes ; Clov, son serviteur, le seul à se mouvoir. En s'affrontant, ils tentent d'échapper à leur solitude et à leur angoisse, à ce « gris » que Clov observe par la fenêtre avec sa longue-vue.

« Noir clair. Dans tout l'univers. »

CLOV. Jamais vu une chose comme ça !

HAMM *(inquiet).* Quoi ? Une voile ? Une nageoire ? Une fumée ?

CLOV *(regardant toujours).* Le fanal[1] est dans le canal.

HAMM *(soulagé).* Pah ! Il l'était déjà.

CLOV *(de même).* Il en restait un bout.

HAMM. La base.

CLOV *(de même).* Oui.

HAMM. Et maintenant ?

CLOV *(de même).* Plus rien.

HAMM. Pas de mouettes ?

CLOV *(de même).* Mouettes !

HAMM. Et l'horizon ? Rien à l'horizon ?

CLOV *(baissant la lunette, se tournant vers Hamm, exas-*

---

1. Lanterne servant de signal.

péré).   Mais que veux-tu qu'il y ait à l'horizon ?
Un temps.

HAMM.   Les flots, comment sont les flots ?

CLOV.   Les flots ? *(Il braque la lunette.)* Du plomb.

20   HAMM.   Et le soleil ?

CLOV *(regardant toujours).*   Néant.

HAMM.   Il devrait être en train de se coucher pourtant. Cherche bien.

CLOV *(ayant cherché).*   Je t'en fous.

25   HAMM.   Il fait donc nuit déjà ?

CLOV *(regardant toujours).*   Non.

HAMM.   Alors quoi ?

CLOV *(de même).*   Il fait gris. *(Baissant la lunette et se tournant vers Hamm, plus fort.)* Gris ! *(Un temps. Encore*
30   *plus fort.)* GRRIS !

Il descend de l'escabeau, s'approche de Hamm par-derrière et lui parle à l'oreille.

HAMM *(sursautant).*   Gris ! Tu as dit gris ?

CLOV.   Noir clair. Dans tout l'univers.

35   HAMM.   Tu vas fort. *(Un temps.)* Ne reste pas là, tu me fais peur.

Clov retourne à sa place à côté du fauteuil.

CLOV.   Pourquoi cette comédie, tous les jours ?

HAMM.   La routine. On ne sait jamais. *(Un temps.)*
40   Cette nuit j'ai vu dans ma poitrine. Il y avait un gros bobo.

CLOV.   Tu as vu ton cœur.

HAMM.   Non, c'était vivant. *(Un temps. Avec angoisse.)* Clov !

45 CLOV. Oui.

HAMM. Qu'est-ce qui se passe ?

CLOV. Quelque chose suit son cours.

FIN DE PARTIE, *1957,*
Éd. de Minuit.

Guide de lecture

1. Relevez les éléments indiquant que Clov découvre un paysage de fin du monde.

2. Comment l'angoisse des personnages est-elle exprimée dans le dialogue et le dépouille-ment de l'écriture, ainsi que dans les didascalies ?

3. Montrez que cette vision désespérée de la condition humaine n'exclut pas un humour noir (ou « noir clair » !).

ACTE SANS PAROLES I (1959). Il s'agit d'un mime à deux personnages désignés par A et B, dont les destins sont à peu près équivalents : un aiguillon les contraint l'un après l'autre à sortir du sac où ils sont enfermés. Ils se livrent alors à des gesticulations diverses, celles d'une journée ou de la vie d'un homme.

« Le sac bouge »

Entre à droite l'aiguillon, strictement horizontal. La pointe s'immobilise à trente centimètres du sac A. Un temps. La pointe recule, s'immobilise un instant, se fiche dans le sac, se retire, reprend sa place à 5 trente centimètres du sac. Un temps. Le sac ne bouge pas. La pointe recule de nouveau, un peu plus que la première fois, s'immobilise un instant, se

fiche de nouveau dans le sac, se retire, reprend sa
place à trente centimètres du sac. Un temps. Le sac
10   bouge. L'aiguillon sort.

A, vêtu d'une chemise, sort à quatre pattes du sac,
s'immobilise, rêvasse, joint les mains, prie, rêvasse,
se lève, rêvasse, sort de la poche de sa chemise une
petite fiole contenant des pilules, rêvasse, avale une
15   pilule, rentre la fiole, rêvasse, va jusqu'au petit tas
de vêtements[1], rêvasse, s'habille, rêvasse, sort de la
poche de sa veste une grosse carotte entamée, mord
dedans, mâche brièvement, crache avec dégoût,
rentre la carotte, rêvasse, ramasse les deux sacs et
20   les porte, en titubant sous le poids, au centre de la
plate-forme, les dépose, rêvasse, se déshabille
(garde sa chemise), jette ses vêtements par terre
n'importe comment, rêvasse, ressort la fiole, avale
une autre pilule, rêvasse, s'agenouille, prie, rentre à
25   quatre pattes dans le sac et s'immobilise. Le sac A
est maintenant à gauche du sac B.

ACTE SANS PAROLES I, *1959*,
Éd. de Minuit.

Guide de lecture
••

**1. Que symbolise
l'aiguillon ? le sac ? le
nom de A ?**

**2. Interprétez les
occupations, les gestes,
le silence de A.**

---

1. Ceux de A et de B, disposés à côté du sac.

GENET   *(1910-1986)*

....

UNE VIE ET UNE ŒUVRE HORS NORMES. Jean Genet lui-même et Sartre, par son étude *Saint-Genet, comédien et martyr,* ont contribué à faire de sa vie une légende. Enfant abandonné, il est confié à des paysans du Morvan par l'Assistance publique ; accusé de vol, il est en maison de redressement à l'âge d'être lycéen. Engagé dans la Légion étrangère, il déserte pour une errance délinquante qui le mènera en prison. Cette vie de réprouvé et de hors-la-loi, il la revendique dès son premier poème, *Condamné à mort* (1942), puis dans son autobiographie, *le Journal du voleur* (1949), et dans ses romans.

À partir de 1947, date à laquelle Jouvet crée *les Bonnes,* il donne une œuvre dramatique importante où la transgression des valeurs morales et sociales est magnifiée par la somptuosité du cérémonial théâtral et les audaces lyriques du langage. Roger Blin monte *le Balcon* (1956), *les Nègres* (1958), puis, en 1966, *les Paravents,* dont les représentations houleuses entraînent des polémiques si passionnées qu'André Malraux, alors ministre de la Culture, doit intervenir en faveur de Genet et de la liberté d'expression. En 1967, il cesse d'écrire pour le théâtre et s'engage dans le combat politique aux côtés des contestataires de Mai 68, des révolutionnaires noirs américains et des Palestiniens.

LES BONNES (1947). Deux sœurs, Solange et Claire, sont au service de Monsieur et de Madame. En l'absence de leur maîtresse, elles organisent dans sa chambre tout un rituel : travesties, elles miment les rapports qu'elles entretiennent avec elle. Monstrueuses, elles font emprisonner Monsieur et tentent d'empoisonner Madame. Mais où s'arrête le jeu et où commence la réalité ? Dans l'extrait suivant, Solange donne la réplique à Claire qui joue le rôle de Madame.

« C'était compter sans la révolte des bonnes »

SOLANGE.   Madame se croyait protégée par ses barricades de fleurs, sauvée par un exceptionnel destin, par le sacrifice. C'était compter sans la révolte des bonnes. La voici qui monte, Madame. Elle va crever
5   et dégonfler votre aventure. Ce Monsieur n'était qu'un triste voleur et vous une...

CLAIRE.   Je t'interdis !

SOLANGE.   M'interdire ! Plaisanterie ! Madame est interdite. Son visage se décompose. Vous désirez un
10   miroir ?

(Elle tend à Claire un miroir à main.)

CLAIRE *(se mirant avec complaisance).*   J'y suis plus belle ! Le danger m'auréole, Claire[1], et toi tu n'es que ténèbres...

15   SOLANGE.   ...infernales ! Je sais. Je connais la tirade. Je lis sur votre visage ce qu'il faut vous répondre et j'irai jusqu'au bout. Les deux bonnes sont là — les dévouées servantes ! Devenez plus belle pour les

---

1. Dans leur rituel, Solange joue le rôle de Claire.

mépriser. Nous ne vous craignons plus. Nous
20 sommes enveloppées, confondues dans nos exhalai-
sons, dans nos fastes, dans notre haine pour vous.
Nous prenons forme, Madame. Ne riez pas. Ah !
surtout ne riez pas de ma grandiloquence...

CLAIRE.   Allez-vous en.

25 SOLANGE.   Pour vous servir, encore, Madame ! Je retourne à ma cuisine. J'y retrouve mes gants et
l'odeur de mes dents. Le rot silencieux de l'évier.
Vous avez vos fleurs, j'ai mon évier. Je suis la bonne.
Vous au moins vous ne pouvez pas me souiller. Mais
30 vous ne l'emporterez pas en paradis. J'aimerais
mieux vous y suivre que de lâcher ma haine à la
porte. Riez un peu, riez et priez vite, très vite ! Vous
êtes au bout du rouleau, ma chère ! *(Elle tape sur les
mains de Claire qui protège sa gorge.)* Bas les pattes et
35 découvrez ce cou fragile. Allez, ne tremblez pas, ne
frissonnez pas, j'opère vite et en silence. Oui, je vais
retourner à ma cuisine, mais avant je termine ma be-
sogne. *(Elle semble sur le point d'étrangler Claire. Soudain, un réveille-matin sonne. Solange s'arrête. Les deux
40 actrices se rapprochent, émues, et écoutent, pressées l'une
contre l'autre.)* Déjà ?

CLAIRE.   Dépêchons-nous. Madame va rentrer. *(Elle
commence à dégrafer sa robe.)* Aide-moi. C'est déjà
fini, et tu n'as pas pu aller jusqu'au bout.

45 SOLANGE *(l'aidant. D'un ton triste).*   C'est chaque fois
pareil. Et par ta faute. Tu n'es jamais prête assez vite.
Je ne peux pas t'achever.

LES BONNES, 1947,
Marc Barbezat-l'Arbalète.

Guide de lecture
....

I. **Quels éléments du dialogue et quelles didascalies indiquent qu'il s'agit d'un jeu théâtral dans le jeu théâtral ?**
2. **Quels sentiments les bonnes éprouvent-elles pour Madame ?**
3. **Montrez que cette scène où Claire joue Madame révèle aussi la complexité des rapports entre les sœurs.**

LES PARAVENTS (1961).   Créée en 1966, quatre ans après la guerre d'indépendance de l'Algérie, cette pièce (quinze tableaux foisonnants joués devant des paravents peints, d'où le titre) met en scène Algériens, colons, militaires français. Elle a été considérée par certains comme une provocation politique, insultante pour l'armée et ses valeurs. En fait, les thèmes propres à Genet (transgression, humiliation, haine, mal, mort) s'y épanouissent, sublimés par la luxuriance du langage et la cérémonie théâtrale. Comme l'écrit Genet à Roger Blin, la pièce « se passe dans un domaine où la morale est remplacée par l'esthétique de la scène ». Dans ce premier tableau, la Mère, vieille et misérable, se rend dans la future belle-famille de son fils Saïd, contraint par sa pauvreté d'épouser la femme la plus laide du village. Elle rencontre Saïd.

« Mettez vos souliers »

SAÏD.   Vous ne voulez pas mettre vos souliers ? Je ne vous ai jamais vue avec des souliers à talons hauts.

LA MÈRE.   Dans ma vie, je les ai mis deux fois. La première, c'est le jour de l'enterrement de ton père.

⁵ Tout d'un coup j'étais montée si haut que je me suis
vue sur une tour regardant mon chagrin resté sur
terre, où on enfonçait ton père. Un soulier, le
gauche, je l'avais trouvé dans une poubelle, l'autre à
côté du lavoir. La deuxième fois que je les ai mis,
¹⁰ c'est quand j'ai dû recevoir l'huissier qui voulait saisir la cabane. *(Elle rit.)* Cabane en planches sèches
mais pourries, pourries mais sonores, sonores qu'on
voyait passer nos bruits, rien qu'eux, nos bruits au
travers, ceux de ton père et les miens, nos bruits ré-
¹⁵ percutés par un talus, nous y vivions, dormions,
dans ce tambour, comme au grand jour, qui laissait
passer notre vie à travers des planches pourries où
passaient nos sons, nos bruits, nos voix, du tonnerre
la cabane ! Et... boum !... Et... vlan !... Et... clac !...
²⁰ Zim !... Boum, boum !... Pan ici, pan là-bas !... Kgri...
Kriii... Krââ... Boum encore !... à travers les
planches de la cabane ! Et l'huissier voulait saisir la
cabane, mais moi... sur la pointe des doigts de pied
et soutenue par les talons j'avais une grande fierté,
²⁵ et même de l'orgueil. Ma tête touchait la tôle ondu-
lée. Je l'ai mis à la porte, le doigt tendu, l'huissier.

Saïd.   Vous avez bien fait, Mère. Mettez vos souliers <u>à talons hauts</u>[1].

La Mère, *Elle traîne sur le* mais *et le prononce douce-*
³⁰ ment. <u>Mais</u>, mon petit, j'ai encore trois kilomètres. J'aurai mal et je risque de casser les <u>talons</u>.

---

1. Genet souligne certains mots pour indiquer que la fin et le début des
répliques doivent se chevaucher.

SAÏD, *très dur : il prononce* enf-filez. <u>Enfilez</u> vos souliers.

Il lui tend les souliers, l'un blanc, l'autre rouge. La Mère,
35   *sans un mot, les chausse.*

SAÏD, *cependant que la Mère se relève, il la re-*
garde.   Vous êtes belle, là-dessus. Gardez-les. Et
dansez ! Dansez ! *(Elle fait deux ou trois pas comme un*
mannequin et montre en effet beaucoup d'élégance.)
40   Dansez encore, madame. Et vous, palmiers, relevez
vos cheveux, baissez vos têtes — ou fronts, comme
on dit — pour regarder ma vieille. Et pour une seconde, le vent qu'il s'arrête pile, qu'il regarde, la fête
est là ! *(À la mère.)* Sur vos pattes incassables, la
45   vieille, dansez ! *(Il se baisse et parle aux cailloux.)* Et
vous aussi, cailloux, regardez donc ce qui se passe
au-dessus de vous. Que ma vieille vous piétine
comme une révolution le pavé des rois... Hour-
rah !... Boum ! Boum ! *(Il imite le canon.)* Boum !
50   Zim ! Boum !

LES PARAVENTS, *1961,*
premier tableau, Marc Barbezat-l'Arbalète.

Guide de lecture
....

I. **Montrez que les**
souliers à talons hauts
révèlent la condition de
la mère et lui per-
mettent de prendre
quelques revanches.
2. **« La fête est là ! » :**

justifiez ce cri de Saïd
en étudiant le jeu de la
danse qui s'introduit
dans la scène.
3. **Cette scène est aussi**
une « fête » du langage :
pourquoi ?

AIMÉ CÉSAIRE *(né en 1913)*

LE POÈTE DE LA NÉGRITUDE. Après des études secondaires à la Martinique, dont il est originaire, Césaire
prépare à Paris l'École normale supérieure. Là, avec
d'autres étudiants venus des colonies, il prend conscience
de son appartenance à la race noire et à ses valeurs —
« sa négritude ». Son premier recueil de prose poétique,
Cahier d'un retour au pays natal, publié en 1945, est un
hymne à la culture noire humiliée par la colonisation. Il
participe à la création de *Présence africaine*, revue, puis
maison d'édition qui publiera bientôt l'essentiel de la
littérature africaine et antillaise francophone. Ami de Breton et de Sartre, proche des surréalistes et député
communiste, sans jamais dissocier son action politique de
son œuvre poétique, il revendique la libération culturelle
et l'autonomie de son île natale comme celle de tous les
Noirs. Après la publication de poèmes en prose (*Soleil cou
coupé*, 1948), il porte au théâtre les drames de la colonisation et de la toute récente décolonisation dans des
tragédies lyriques et politiques, *la Tragédie du roi Christophe* (1963), *Une saison au Congo* (1966), montées par
Jean-Marie Serreau, et *Une tempête* (1969) dont il emprunte l'argument au drame shakespearien.

LA TRAGÉDIE DU ROI CHRISTOPHE (1963). À travers
l'anecdote tirée de l'histoire de Haïti, Césaire exprime
ses espoirs et ses inquiétudes face aux difficultés
rencontrées par les pays africains récemment décoloni-
sés. Christophe, ancien esclave, devenu roi du peuple

noir de Haïti qui vient de conquérir son indépendance, veut lui redonner toute sa dignité perdue : grande ambition que doit symboliser l'édification d'une gigantesque citadelle. Mais l'épopée tourne à la tragédie : les manœuvres des politiques et l'indifférence des masses font échec aux idéaux de Christophe. Dans l'extrait suivant, il répond aux mises en garde de son épouse.

« Il faut en demander aux nègres plus qu'aux autres »

CHRISTOPHE.   Je demande trop aux hommes ! Mais pas assez aux nègres, Madame ! S'il y a une chose qui, autant que les propos des esclavagistes, m'irrite, c'est d'entendre nos philanthropes clamer, dans le
5 meilleur esprit sans doute, que tous les hommes sont des hommes et qu'il n'y a ni blancs ni noirs. C'est penser à son aise, et hors du monde, Madame. Tous les hommes ont mêmes droits. J'y souscris. Mais du commun lot, il en est qui ont plus de de-
10 voirs que d'autres. Là est l'inégalité. Une inégalité de sommations[1], comprenez-vous ? À qui fera-t-on croire que tous les hommes, je dis tous, sans privilège, sans particulière exonération, ont connu la déportation, la traite[2], l'esclavage, le collectif
15 ravalement à la bête, le total outrage, la vaste in-

---

1. Une inégalité de devoirs impératifs.
2. Commerce et déportation des Noirs réduits en esclavage.

sulte, que tous, ils ont reçu, plaqué sur le corps, au visage, l'omni-niant[1] crachat ! Nous seuls, Madame, vous m'entendez, nous seuls, les nègres ! Alors au fond de la fosse ! C'est bien ainsi que je l'entends.
20 Au plus bas de la fosse. C'est là que nous crions ; de là que nous aspirons à l'air, à la lumière, au soleil. Et si nous voulons remonter, voyez comme s'imposent à nous, le pied qui s'arcboute, le muscle qui se tend, les dents qui se serrent, la tête, oh ! la tête, large et
25 froide ! Et voilà pourquoi il faut en demander aux nègres plus qu'aux autres : plus de travail, plus de foi, plus d'enthousiasme, un pas, un autre pas, encore un autre pas et tenir gagné chaque pas ! C'est d'une remontée jamais vue que je parle, Messieurs,
30 et malheur à celui dont le pied flanche !

LA TRAGÉDIE DU ROI CHRISTOPHE, *1963,*
acte I, Présence africaine.

Guide de lecture

**1. Le roi Christophe veut « demander aux nègres plus qu'aux autres » : dégagez les étapes de son argumentation.
2. Quelle conception** Christophe a-t-il de ses devoirs de roi ?
3. Montrez que les images et le rythme des phrases contribuent à l'expression lyrique d'un idéal ambitieux.

---

1. Mot créé par Césaire : qui refuse aux Noirs la dignité d'homme.
2. Arbre de l'Amérique tropicale.

Primauté de l'objet et du langage

Le Nouveau Roman

Au cours de cette période, le roman est devenu un terrain d'expériences, « un laboratoire du récit », selon l'expression de Michel Butor. Les frontières dans lesquelles la tradition romanesque issue du XIXᵉ siècle le maintenait éclatent et le genre s'enrichit d'emprunts aux autres genres, poésie et théâtre notamment. De ce fait, le Nouveau Roman, tel qu'il a été défini par Nathalie Sarraute dans *l'Ère du soupçon* ou par Robbe-Grillet dans *Pour un nouveau roman,* représente assez bien les tentatives menées au cours de ces trente ans, même s'il ne représente pas la totalité de la production.

Le lecteur a l'impression que les objets ont envahi le roman : ils foisonnent, ils sont là, apparemment inutiles. La description objective est le reflet du regard que l'homme pose sur le monde, un monde opaque qui ne lui renvoie que la forme extérieure des choses. Messages, significations, sens ont disparu : l'absurde, né chez Kafka, prolongé par Camus, atteint désormais une expression nouvelle. La dérision remplace le tragique :

dérisoire, le quartier de tomate que Wallas contemple dans *les Gommes* (voir p. 222), dérisoires, les inventaires auxquels se livre Perec dans *la Vie mode d'emploi* (voir p. 250).

Les personnages n'ont pas d'état civil, parfois pas de nom, les lieux n'ont pas de situation géographique et le temps des horloges se dérobe, si bien que le lecteur a parfois du mal à s'orienter dans ces romans. Les ruptures, les chevauchements, les simultanéités sont la règle, car le temps et l'espace sont ceux de la conscience. Les romanciers n'ont pas choisi de compliquer à souhait la lecture de leurs œuvres, ils ont voulu donner une nouvelle vision du monde, tout aussi réaliste que celle de leurs prédécesseurs, mais adaptée à notre savoir, à nos doutes.

En renonçant à son statut de narrateur omniscient, qui sait tout de ses personnages et des événements de l'histoire qu'il donne à lire, le romancier se prive de toute intrusion dans le récit : on ne connaît plus que ce que le regard capture ou ce que le monologue intérieur du personnage livre.

Cette volontaire neutralité conduit l'écrivain à adopter un style souvent très dépouillé, un peu à la façon d'un enregistrement sans commentaires de bruits, de paroles ou d'images. Ce choix témoigne à la fois d'une vision du monde nouvelle, mais aussi de la volonté de faire de l'écriture la valeur essentielle de l'œuvre. Poussant l'idée à son extrême, Robbe-Grillet affirme que « le véritable écrivain n'a rien à dire » [...] il a seulement une manière de dire ».

Le théâtre de la dérision
et de l'absurde

D ans la lignée de Jarry et du surréalisme (voir périodes précédentes), le Nouveau Théâtre — appellation qui réunit Ionesco et Beckett, malgré leurs différences — remet en cause et tourne en dérision tous les ressorts dramaturgiques traditionnels : psychologie, intrigue, rapport entre personnages et spectateurs, etc. Plus profondément, la dérision devient l'échappatoire à l'absurde angoissant d'un monde qui est perçu comme privé de signification.

Les objets prolifèrent dans le théâtre de Ionesco : menaçants ou inoffensifs ils sont le symbole de l'aliénation de l'homme. Tout aussi importants chez Beckett, ils comblent dérisoirement le vide de l'attente et de l'existence, comme les chaussures dans *En attendant Godot* (voir p. 297). À la différence des personnages de Sartre ou Camus, confrontés, eux aussi, à l'absurde, les créatures de Ionesco et Beckett, abandonnées à elles-mêmes, sans espoir aucun, sont incapables d'agir pour faire face à la misère de leur condition. Condamnées à naître et promises au néant, elles n'existent que par une minable pantomime et par la parole proférée, abondante ou disloquée chez Ionesco, lacunaire et raréfiée jusqu'au silence chez Beckett. Ces dramaturges mettent en procès le langage qui n'assure pas de véritable communication ; ils font, paradoxalement, de ce langage, voire de sa disparition, le fondement même de leur théâtre.

Certes, la mécanique creuse de *la Cantatrice chauve* (voir p. 287), les pitreries clownesques de Vladimir et d'Estragon (voir p. 297), les facéties involontaires de Bérenger (voir p. 290) suscitent le rire. Ce théâtre de la dérision, même s'il s'en défend parfois, est l'expression d'un désespoir métaphysique qui résonne tragiquement dans une atmosphère de comédie.

Les chemins de la poésie

Pour les poètes plus encore que pour les autres écrivains, les mots sont la matière première, et quand Francis Ponge (voir p. 265) choisit « le parti pris des choses », c'est « compte tenu des mots ». Privilégiant le travail sur l'inspiration, son écriture de « manouvrier » (version médiévale du mot « manœuvre ») est sous-tendue par l'effort d'expression et par la volonté de créer, à partir des éléments de la vie quotidienne, ce qu'il appelle des « objoies » : des objets qui sont une joie et qui dispensent celle-ci au lecteur.

Michaux, lui, se voue à n'être que l'arpenteur de lui-même : il décrit ce qu'il fut, il dénombre et examine les « propriétés » qui constituent son être. Ces « espaces du dedans », qu'il explore aussi à l'aide de diverses drogues, s'extériorisent dans une langue violente et souvent imaginaire (voir p. 262).

Saint-John Perse (voir p. 256), inspiré par la mémoire de sa Guadeloupe natale, exalte les richesses du monde, les inventoriant et les nommant une à une dans une langue riche alliée au rythme de l'épopée. Comme l'a écrit l'écrivain contemporain Roger Caillois, Saint-John Perse a édifié, au fil de ses recueils, un monument de poésie « encyclopédique ».

Action et rêve sont le destin de René Char (voir p. 269). À l'opposé de Saint-John Perse, il renonce au cérémonial majestueux du poème pour adopter une langue dense et elliptique, influencée quelque peu par les aphorismes de la philosophie présocratique et, notamment, par Héraclite. Il conserve cependant le sens de la nature, inspiré par la Haute-Provence où il est né, et célèbre avec lyrisme le monde méditerranéen.

Fin
de
siècle :
incertitudes

Fin de siècle : incertitude

Les illusions perdues

M ai 68 a sonné la fin de l'optimisme engendré par la société d'abondance. Peu après, apparaissent les premiers symptômes d'une crise économique entraînant un chômage croissant, qu'aucun gouvernement, de droite ou de gauche, ne parvient à endiguer : 3 200 000 chômeurs sont recensés en 1993. Les conséquences de cette crise — inégalités, paupérisation, exclusions, délinquance — menacent l'équilibre social. À cette défaite du capitalisme occidental s'ajoutent les faillites du socialisme dans les pays de l'Est, les drames du tiers-monde, les difficultés de l'union européenne, du « nouvel ordre mondial » et de l'O.N.U. Le malaise et le pessimisme de cette fin de siècle se traduisent souvent par le désengagement politique et par une attitude individualiste. Est-ce la fin du mythe du progrès, des idéologies et des espérances qu'il nourrissait ?

La modernité et la littérature en question

Dans ce réseau d'incertitudes, la recherche du nouveau et les mouvements avant-gardistes semblent s'essouffler. Le plus fréquemment, l'écrivain, dans une démarche solitaire, assume l'héritage des générations précédentes, qu'il réinvestit selon des modalités différentes pour se l'approprier : c'est le temps de la « postmodernité »...

L'abondance des publications et leur diffusion pourraient faire illusion sur l'état de la littérature. En fait, subissant les impératifs commerciaux des maisons d'édition, nombre d'écrivains se conforment à l'attente d'un large public ou aux critères supposés propres à obtenir un prix littéraire assurant de confortables tirages. En outre, les médias, qui contribuent à faire connaître l'écrivain et le livre, créent souvent la confusion entre l'ouvrage au succès facile et éphémère et ce qui est considéré comme une œuvre littéraire. La littérature est fragilisée par une désaffection du public, sollicité aussi par l'audiovisuel — dont la télévision, trop souvent décervelante — ou par d'autres formes d'écrits. Toutefois, ces deux décennies ne sont pas pour autant l'ère du vide culturel : elles connaissent le foisonnement du roman, les expérimentations poétiques et le renouveau de l'écriture théâtrale.

L'absence de recul vis-à-vis d'œuvres récentes, des parcours artistiques encore en devenir, la nécessité d'un choix — qui peut toujours paraître arbitraire et injuste — autorisent seulement une mise en évidence prudente de certaines tendances de la littérature d'aujourd'hui. Quelques unes sont présentées dans les extraits qui suivent.

Diversité du roman

L e genre romanesque, sous des formes diverses, reste le plus prisé des lecteurs et des éditeurs. Nombre d'ouvrages à succès témoignent d'expériences individuelles, de faits de société ou d'événements historiques exprimés par une narration souvent conventionnelle. Toutefois, Tournier et Le Clézio, Modiano et Grainville, Boulanger et Quignard, s'ils ne rompent pas toujours avec la tradition classique, se distinguent par leur souci de l'écriture et l'originalité de leur projet. D'autres explorent les voies ouvertes par Proust, puis par le Nouveau Roman : refus du réalisme et de la psychologie, déconstruction et recomposition du réel, variations sur la fiction romanesque et les points de vue du narrateur et du lecteur chez Échenoz, par exemple.

La morale et l'idéologie semblent avoir déserté le roman : s'il témoigne, parfois avec violence, du monde moderne (la ville chez Le Clézio, la marginalité chez Calaferte), c'est moins pour le dénoncer que pour le recréer par le langage. Enfin, les romanciers se tournent souvent vers le passé (années d'enfance ou d'initiation chez Kristof, période de l'Occupation pour Modiano) ou vers des ailleurs (mythes ancestraux, exotisme chez Le Clézio) qui deviennent le lieu d'une quête individuelle, philosophique ou spirituelle.

Les exigences des poètes

La poésie se prête mal à la médiatisation : elle s'écrit et se publie dans une grande discrétion. Le poète respecte parfois, tel Réda, les normes poétiques classiques ; ou bien, comme Roubaud, il s'impose de nouvelles contraintes d'écriture ou de versification plus fantaisistes qu'il juge plus créatrices. Le plus souvent, il libère l'écriture pour explorer à l'extrême les possibilités du langage, au point d'en provoquer l'éclatement et même d'aboutir au silence : ainsi, les poèmes de du Bouchet prennent souvent la forme de fragments déchiquetés et discontinus qui s'inscrivent dans le vide de la page.

À la fois éloignée de l'effusion romantique et située au-delà de l'écriture automatique chère aux surréalistes, la poésie d'aujourd'hui, sans renoncer au lyrisme, apparaît comme une tentative pour déchiffrer la vie, l'être et son rapport au monde : exploration du quotidien urbain chez Réda, des apparences chez Dupin, de l'éphémère chez Bonnefoy, retour aux racines pour Andrée Chédid (née en 1920). Dans sa diversité, elle est recherche de dépassement, de certitudes et parfois de spiritualité.

Renaissance de l'écriture théâtrale

À la consécration des auteurs et aux mises en question de l'esthétique théâtrale pendant la période précédente succède le règne des metteurs en scène et, avec eux, le retour aux auteurs classiques : Planchon, Chéreau, Vitez « revisitent » Molière, Racine ou Marivaux à la lumière de la critique moderne et de leur propre sensibilité. Parallèlement, le texte non théâtral devient prétexte à spectacle et laisse parfois place aux seules images scéniques. Ou bien il est le produit d'une écriture collective : les spectacles du Théâtre du Soleil (*1789* ou *l'Âge d'or*), sous la direction d'Ariane Mnouchkine, en sont la meilleure illustration. D'où nombre de proclamations sur la disparition des auteurs dramatiques.

Pourtant, à côté de leurs prédécesseurs, comme Sarraute ou Duras, de nouveaux auteurs se manifestent, soutenus par l'édition (Actes Sud, Théâtrales, Théâtre Ouvert) et par la complicité de quelques metteurs en scène (Chéreau a ainsi révélé l'œuvre de Koltès). Le foisonnement des textes dramatiques témoigne à la fois de la permanence de l'esthétique traditionnelle et d'un grand renouvellement : les ruptures provoquées par Artaud, puis par Beckett et Brecht, l'influence d'autres formes d'expression (cinéma, bande dessinée), les diverses expériences scéniques suscitent bien des inventions dans la structure, l'écriture et la thématique des pièces.

Le théâtre du quotidien (comme chez Grumberg ou Wenzel), à travers une intrigue linéaire et une écriture naturaliste, donne à voir des gens ordinaires aux prises avec le monde réel. Vinaver décompose la réalité en fragments qu'il entrelace pour en faire surgir sens et ironie. C'est un théâtre né du langage que propose Dubillard : en jouant avec les fantaisie du mot-image il exprime un nouvel absurde. Le théâtre d'agitation politique, quant à lui, vit dans les travaux de groupe d'Armand Gatti où les exlus de la société deviennent ses personnages et ses acteurs. À l'inverse, les pièces de Brisville, par leur structure et leurs dialogues élégants peuvent s'inscrire dans la tradition du théâtre classique. Avec Chartreux, Prin, Koltès, apparaît une dramaturgie moderne multiforme, à l'écriture lyrique, habitée par un tragique individuel et par celui de l'Histoire.

MICHEL TOURNIER *(né en 1924)*

....

RÉCRÉATEUR DE MYTHES. Philosophe de formation, Michel Tournier est venu tard à la littérature. Son premier roman, *Vendredi, ou les limbes du Pacifique* (1967), et le deuxième, *le Roi des Aulnes* (1970), lui assurent la notoriété. À l'origine de sa création littéraire se trouve le mythe, « une histoire que tout le monde connaît déjà » et qui forme notre imaginaire. Tournier y puise l'inspiration et n'hésite pas à le transformer pour lui donner une autre vitalité : mythe de Robinson Crusoé dans *Vendredi,* des frères jumeaux dans *les Météores* (1975), de l'ogre dans *le Roi des Aulnes,* des rois mages dans *Gaspard, Melchior et Balthazar* (1980).

À l'opposé des romanciers du Nouveau Roman, Tournier ne cherche pas à inventer de nouvelles formes romanesques, mais préfère raconter simplement des histoires inquiétantes qui transmettent une connaissance du monde, qu'elle soit poétique, philosophique ou morale. Impossible dès lors de ne pas assimiler l'acte de lecture à une initiation.

LE ROI DES AULNES (1970). Abel Tiffauges, jadis simple garagiste, est devenu recruteur de jeunes garçons pour les armées hitlériennes. Dans ses « écrits sinistres » — c'est-à-dire écrits de la main gauche, d'après le sens étymologique —, il consigne ses réflexions sur la vie et son sens. En voici un passage.

« La guerre et l'enfant »

Pour scandaleuse qu'elle puisse paraître au premier abord, l'affinité profonde qui unit la guerre et l'enfant ne peut être niée. Le spectacle des Jungmannen[1] servant et nourrissant dans une ivresse heureuse les monstrueuses idoles d'acier et de feu qui érigent leurs gueules monumentales au milieu des arbres est la preuve irréfutable de cette affinité. Au demeurant, l'enfant exige impérieusement des jouets qui sont fusils, épées, canons et chars, ou soldats de plomb et panoplies de tueurs. On dira qu'il ne fait qu'imiter ses aînés, mais je me demande justement si ce n'est pas l'inverse qui est vrai, car en somme l'adulte fait moins souvent la guerre qu'il ne va à l'atelier ou au bureau. Je me demande si la guerre n'éclate pas dans le seul but de permettre à l'adulte de *faire l'enfant,* de régresser avec soulagement jusqu'à l'âge des panoplies et des soldats de plomb. Lassé de ses charges de chef de bureau, d'époux et de père de famille, l'adulte mobilisé se démet de toutes ses fonctions et qualités, et, libre et insouciant désormais, il s'amuse avec des camarades de son âge à manœuvrer des canons, des chars et des avions qui ne sont que la *copie agrandie* des joujoux de son enfance.

Le drame, c'est que cette régression est manquée. L'adulte reprend les jouets de l'enfant, mais il n'a plus l'instinct de jeu et d'affabulation qui leur don-

---

1. Les jeunes hommes, en allemand.

nait leur sens originel. Entre ses mains grossières, ils
prennent les proportions monstrueuses d'autant de
30 tumeurs malignes, dévoreuses de chair et de sang.
Le *sérieux* meurtrier de l'adulte a pris la place de la
gravité ludique de l'enfant dont il est le singe, c'est-à-
dire l'image inversée.

Le Roi des Aulnes, *1970,*
chap v, « L'ogre de Kaltenborn », Gallimard.

Guide de lecture
....

1. Qu'est-ce qui dis-
tingue l'adulte de l'en-
fant dans cet extrait ?
2. Quel rapport l'enfant
a-t-il avec la guerre ?

3. Relevez les termes
appartenant au champ
lexical des armes.

LE CLÉZIO   *(né en 1940)*
....

LA RECHERCHE DE LA PURETÉ ORIGINELLE. Né à Nice, Jean-Marie-Gustave Le Clézio rêve sans doute très tôt de cette île Maurice où sa famille était autrefois installée. Parvenu à l'âge d'homme, ce rêve se transforme en voyages dans les profondeurs du monde, au Mexique, dans les tribus indiennes du Panama, où il perçoit ce que la nature et les hommes peuvent recéler de pureté, une pureté si tragiquement absente de notre civilisation. L'inquiétude suscitée par la violence de la société moderne et dont ses premières œuvres surtout portent la trace (*le Procès verbal*, 1963) fait place alors à une recherche de plénitude que ses romans, ses nouvelles ou ses essais ultérieurs dévoilent (*Désert*, 1980 ; *le Chercheur d'or*, 1985).

La quête spirituelle qui anime Le Clézio trouve toute son expression dans la littérature, dont il a fait un champ d'expériences : les audaces de son écriture témoignent dès son premier roman de sa volonté d'épuiser toutes les ressources qui lui permettraient d'atteindre l'intérieur de l'être et des choses.

DÉSERT (1980). Les personnages des romans de Le Clézio sont souvent des êtres exilés, en marche dans les villes ou les espaces naturels.

Dans le passage suivant, Lalla, qui connaît la misère des bidonvilles et l'exil à Marseille, ne peut oublier le désert et ceux qui l'habitent, le berger Hartani ou les hommes bleus.

« On ne voit pas le ciel. »

Dans les cafés, il y a une musique qui n'arrête pas de battre, une musique lancinante et sauvage qui résonne sourdement dans la terre, qui vibre à travers le corps, dans le ventre, dans les tympans.
5 C'est toujours la même musique qui sort des cafés et des bars, qui cogne avec la lumière des tubes de néon, avec les couleurs rouges, vertes, orange, sur les murs, sur les tables, sur les visages peints des femmes.

10 Depuis combien de temps Lalla avance-t-elle au milieu de ces tourbillons, de cette musique ? Elle ne le sait plus. Des heures ; peut-être, des nuits entières, des nuits sans aucun jour pour les interrompre. Elle pense à l'étendue des plateaux de
15 pierres, dans la nuit, aux monticules de cailloux tranchants comme des lames, aux sentiers des lièvres et des vipères sous la lune, et elle regarde autour d'elle, ici, comme si elle allait le voir apparaître. Le Hartani vêtu de son manteau de bure, aux yeux
20 brillants dans son visage très noir, aux gestes longs et lents comme la démarche des antilopes. Mais il n'y a que cette avenue, et encore cette avenue, et ces carrefours pleins de visages, d'yeux, de bouches, ces voix criardes, ces paroles, ces murmures. Ces bruits
25 de moteurs et de klaxons, ces lumières brutales. On ne voit pas le ciel, comme s'il y avait une taie blanche qui recouvrait la terre. Comment pourraient-ils venir jusqu'ici, le Hartani, et lui, le guerrier bleu du désert, Es Ser, le Secret, comme elle l'appe-

30 lait autrefois ? Ils ne pourraient pas la voir à travers
cette taie blanche, qui sépare cette ville du ciel. Ils
ne pourraient pas la reconnaître, au milieu de tant
de visages, de tant de corps, avec toutes ces autos,
ces camions, ces motocyclettes. Ils ne pourraient
35 même pas entendre sa voix, ici, avec tous ces bruits
de voix qui parlent dans toutes les langues, avec
cette musique qui résonne, qui fait trembler le sol.
C'est pour cela que Lalla ne les cherche plus, ne leur
parle plus, comme s'ils avaient disparu pour tou-
40 jours, comme s'ils étaient morts pour elle.

Désert, *1980,*
« La vie chez les esclaves », Gallimard.

Guide de lecture
....

**1. Que retient Lalla
du spectacle de la rue ?
2. Pourquoi pense-t-elle
au désert ?
3. Étudiez le sens
des répétitions
dans le texte.**

AGOTA KRISTOF *(née en 1936)*

UNE VIOLENCE FROIDE. Agota Kristof est née en Hongrie en 1936. Quand, en 1956, les chars russes entrent dans Budapest, elle passe clandestinement la frontière avec sa famille et s'exile en Suisse. C'est là, après différentes expériences (elle est notamment ouvrière dans une usine d'horlogerie), qu'elle décide d'écrire des pièces de théâtre, puis un premier roman, inspiré de sa propre existence, *le Grand Cahier,* en 1986. Il s'agit du premier volet d'une trilogie qui comporte *la Preuve* (1988) et *le Troisième Mensonge* (1991). La violence dans laquelle vivent ses personnages est accentuée et mise à distance par la froideur de son écriture.

LE GRAND CAHIER (1986). Deux enfants, les frères jumeaux Klaus et Lucas, qui ont été confiés à leur grand-mère, vont faire seuls l'apprentissage de la vie dans un pays en guerre (sans doute la Hongrie en 1943). C'est dans un grand cahier qu'ils consignent les événements de cette nouvelle existence.

Grand-Mère

Notre Grand-Mère est la mère de notre Mère. Avant de venir habiter chez elle, nous ne savions pas que notre Mère avait encore une mère.

Nous l'appelons Grand-Mère.

5   Les gens l'appellent la Sorcière.

Elle nous appelle « fils de chienne ».

Grand-Mère est petite et maigre. Elle a un fichu noir sur la tête. Ses habits sont gris foncé. Elle porte de vieux souliers militaires. Quand il fait beau, elle marche nu-pieds. Son visage est couvert de rides, de taches brunes et de verrues où poussent des poils. Elle n'a plus de dents, du moins plus de dents visibles.

Grand-Mère ne se lave jamais. Elle s'essuie la bouche avec le coin de son fichu quand elle a mangé ou quand elle a bu. Elle ne porte pas de culotte. Quand elle a besoin d'uriner, elle s'arrête où elle se trouve, écarte les jambes et pisse par terre sous ses jupes. Naturellement, elle ne le fait pas dans la maison.

Grand-Mère ne se déshabille jamais. Nous avons regardé dans sa chambre le soir. Elle enlève une jupe, il y a une autre jupe dessous. Elle enlève son corsage, il y a un autre corsage dessous. Elle se couche comme ça. Elle n'enlève pas son fichu.

Grand-Mère parle peu. Sauf le soir. Le soir, elle prend une bouteille sur une étagère, elle boit directement au goulot. Bientôt, elle se met à parler une langue que nous ne connaissons pas. Ce n'est pas la langue que parlent les militaires étrangers, c'est une langue tout à fait différente.

Dans cette langue inconnue, Grand-Mère se pose des questions et elle y répond. Elle rit parfois, ou bien elle se fâche et elle crie. À la fin, presque tou-

35 jours, elle se met à pleurer, elle va dans sa chambre
en titubant, elle tombe sur son lit et nous l'enten-
dons sangloter longuement dans la nuit.

LE GRAND CAHIER, *1986,*
« Grand-Mère », Seuil.

Guide de lecture

1. Ce portrait est-il une analyse ou une description ? Justifiez votre réponse.

2. Que révèle-t-il du caractère des deux frères ?

3. Pensez-vous, comme ils le notent un peu plus loin dans leur cahier, que « les mots qui définissent les sentiments sont très vagues » et qu'il « vaut mieux éviter leur emploi » ?

ANTOINE VOLODINE *(né en 1950)*

....

ANTICIPATION ET RÉALITÉ. Né à Chalon-sur-Saône, Antoine Volodine est traducteur de russe et auteur de romans d'anticipation ; mais ces œuvres sont plus que des histoires d'aventures, comme le montre *Lisbonne, dernière marge* (1990) : dans ce roman, la fiction s'enracine dans une atmosphère qui ressemble à celle provoquée par le terrorisme dans les années 1970 en Europe. Un jeu d'échos incessants naît de la juxtaposition de l'époque réelle avec une époque fictive, procédé également illustré dans *Alto solo* (1991). Ainsi Volodine parvient-il à rendre plus aigus les travers de notre société, comme sous l'effet d'une loupe.

ALTO SOLO (1991). Dans une ville à l'atmosphère pesante, les sbires de Balynt Zagoebel font régner la terreur en organisant des meetings et en interdisant à un groupe de violonistes étrangers de se produire en concert. Voici le « portrait » du quartier des affaires.

« La maison sert pas les nègues »

Ils avaient ensuite échoué dans le centre affairiste de Chamrouche. À côté d'eux maintenant se succédaient les magasins de luxe, les cinémas chics. Les boulevards grouillaient. Intimidés, les trois ne proféraient plus un son. Ils consacraient leur énergie à ne

gêner personne, à éviter les piétons qui sur eux fon-
çaient, les tenant pour quantité négligeable. Chez
maint promeneur on décelait la morgue des repus,
la bonne forme physique acquise dans des clubs de
10 gymnastique ou de tae-kwon-do. Mine mécontente
ou, au contraire, illuminée d'un mépris triomphal,
ces gens allaient. On les imaginait aisément assis-
tant à un meeting de Balynt Zagoebel, tout à coup
touchés par la grâce de la camaraderie, vomissant,
15 dans le cri général, leurs rancœurs, levant le bras en
oblique avec des milliers de furieux comparables,
enfin se prenant d'amour, eux si richement parfu-
més, pour l'odeur de frites de leurs voisins, s'eni-
vrant au sein de la multitude, prêts sur-le-champ à
20 partir où on les enverrait, prêts à offrir leur sang et à
patauger si nécessaire dans le sang des autres, à
mourir et à tuer pour débarrasser le monde de sa ra-
caille.

Voilà pourquoi, alors qu'on abordait les années
25 quatre-vingt-dix, l'air avait des relents d'années cin-
quante et même quarante, et des lueurs de gabar-
dines en cuir, et une consistance un peu fauve,
comme dans les remous qui particularisent le sillage
des chiens et des maîtres-chiens.

30 Will MacGrodno se sent agacé, mal à l'aise. Tous
trois ont faim. Ils décident de manger un morceau
dans un café-restaurant. Ils s'engagent dans une rue
transversale, moins houleuse. L'établissement est
moderne, décoré d'une matière plastique qui imite
35 le marbre à s'y méprendre. [...] Les trois s'accoudent
au comptoir afin de payer moins cher. En attendant

la serveuse, ils jouent à un jeu. Ils mettent en commun les espèces de passeports provisoires qu'on leur a délivrés au greffe de la prison, ils les
40 brassent en fermant les yeux et ils les tirent au sort. À Will MacGrodno échoient les papiers d'Aram Bouderbichvili ; Aram, lui, devient un oiseau, devient Will MacGrodno ; quant à Matko, il reste Matko Amirbekian.

45 Ce n'est pas une employée qui franchit la porte de service, mais le propriétaire, un homme courtaud, mafflu, à peau et à lunettes grasses. À peine aperçoit-il les trois nouveaux clients que son faciès se teinte de mouchetures hostiles.

50 Peut-être que vous savez pas lire ? interroge-t-il. Et son doigt boudiné, son ongle en deuil pointent vers l'écriteau suspendu contre le percolateur : LA MAISON SERT PAS LES NÈGUES ET ENCORE MOINS LES PIAFS.

On voudrait trois pains au jambon, dit Matko.

55 Alors, c'est ce que je pensais. Vous savez pas lire, dit le cafetier. Pouvez tenter votre chance ailleurs. Ici, on sert pas les nègues.

ALTO SOLO, *1991,*
chap. 1, « L'après-midi du 27 mai », Éd. de Minuit.

Guide de lecture
....

1. **Que suggèrent les noms des personnages et des lieux ?**

2. **À quelle période de l'histoire le narrateur fait-il allusion ?**

3. **Montrez que ce récit s'enracine à la fois dans la réalité et la fiction.**

Roland Dubillard

(né en 1923)

Rigolade et angoisse. D'abord comédien dans des troupes de théâtre universitaire, Roland Dubillard se fait connaître à la radio par des improvisations avec un partenaire. Les courtes scènes qu'il écrit ensuite pour les cafés-théâtres jouent avec fantaisie sur les artifices et la magie du langage. *Les Diablogues*, publiés en 1976 avec *Autres Inventions à deux voix*, dialogues nés d'un rien, suggèrent avec un humour décapant l'inconsistance de l'être et de l'existence. Interprétés par Dubillard lui-même, sorte de clown mélancolique, ils semblent improvisés, tant l'écriture paraît naturelle jusque dans ses trouvailles les plus burlesques.

Des pièces plus amples, *Naïves Hirondelles* (1961) ou *Maison d'os* (1962), disent dans la « rigolade » l'angoisse d'une vieillesse sans amour et celle de l'effritement du corps dans la mort. Mais elles témoignent aussi de la difficulté, voire de l'impossibilité de se connaître soi-même et de s'identifier. Les mots échangés, comme les silences, ont en définitive pour véritable objet cette seule quête : « Moi-même là-bas en face de moi-même » comme le dit l'un des personnages.

Tragédie classique (1976). *Autres Inventions à deux voix*, comme *les Diablogues*, sont de courtes scènes à deux personnages, toujours désignés par Un et Deux.

Au tout début du sketch *Tragédie classique*, Deux est allé au théâtre. Un cherche à savoir.

« C'était tellement beau ! »

UN.   Au Gala de l'Union[1] ?

DEUX.   Non.

UN.   Au Théâtre Français[2] ?

DEUX.   Non.

5   UN.   Au Palais de Chaillot[3] ?

DEUX.   Non, au Théâtre Français.

UN.   Au Théâtre Français, ou au Palais de Chaillot ?

DEUX.   Je ne sais pas. Au Théâtre Français ou au Palais de Chaillot, peut-être ailleurs. En tout cas,

10   c'était rudement bien joué. Une tragédie, c'était.

UN.   De Racine ?

DEUX.   Non.

UN.   De Corneille ?

DEUX.   Non, de Racine.

15   UN.   De Racine, ou de Corneille ?

DEUX.   De Racine ou de Corneille, je ne sais plus. En tout cas, c'était rudement beau. Beau, et émouvant, surtout. On était ému !

UN.   Vous étiez avec votre femme ?

20   DEUX.   Non.

UN.   Vous étiez seul ?

DEUX.   Non, j'étais avec ma femme.

UN.   Vous étiez seul, ou avec votre femme ?

DEUX.   Je ne sais plus, tellement c'était beau, telle-

25   ment on était ému. Ma femme surtout, était émue.

---

1. Gala de bienfaisance donné par l'Union des artistes.

2. Ancien nom de la Comédie-Française.

3. Théâtre national populaire, installé au Palais de Chaillot.

D'ailleurs, je dis ça, c'est des suppositions : ma
femme, je ne l'ai pas revue depuis. Elle a dû rester au
théâtre, tellement elle était émue, sur son strapon-
tin. Moi, je peux dire que je suis sorti du théâtre,
30 puisque je suis ici, n'est-ce-pas ? Mais comment ça
s'est fait, je ne peux pas vous le dire. J'ai dû suivre la
foule, en somnambule. Je ne me suis réveillé que le
lendemain, chez Paulette. C'était tellement beau !

Un. Si beau que ça ?

35 Deux. Le début, surtout, on était sous le charme !
c'était !... Parce que, après, vous savez, les vers ! On
est tellement sous le charme, quand ils sont beaux,
que, au bout d'un moment, on a tendance à s'assou-
pir.

40 Un. Vous ne pourriez pas essayer de me réciter
quelques vers du début, peut-être que je reconnaî-
trais.

Deux. Si ! Si ! Sûrement... Seulement voilà...
Il cherche.

45 Un. Vous n'avez pas de mémoire ?

Deux. Moi ? Quand je suis ému, j'ai une mémoire
d'outre-tombe. Suffit que je sois ému. Seulement
ma mémoire, elle a beau être hallucinante, attendez
voir... Je ne sais pas ce que j'en ai fait.

Les Diablogues et Autres Inventions à deux voix, *1975,*
Tragédie classique, Marc Barbezat - l'Arbalète.

Guide de lecture
....

1. **Quel type de specta-**   glisser progressivement
teur est **Deux** ?   le dialogue de la bana-
2. **Étudiez comment les**   lité au comique
questions de **Un** font   et à l'absurde.

MICHEL VINAVER *(né en 1927)*

FRAGMENTS DU RÉEL.   Michel Vinaver a fait carrière dans le monde des affaires tout en écrivant pour la scène. C'est Roger Planchon qui monte en 1956 *les Coréens*, pièce qui évoque le quotidien de la guerre de Corée et de la paix qui lui succède. Puis, les échos assourdis de la guerre d'Algérie surgissent dans *Iphigénie Hôtel* (1977). Sa longue expérience des mécanismes de la production et de l'entreprise lui inspire *Par-dessus bord* (1973) et *la Demande d'emploi* (1976).

Vinaver est sensible aux effets de l'économique et du politique sur les individus, sur leurs rapports familiaux et sociaux : c'est l'objet de deux pièces, *Dissident, il va sans dire* (1976) et *les Voisins* (1986). Son théâtre esquisse, par un montage de fragments de la réalité, une peinture ironique de la société. Il est aussi l'auteur de textes théoriques : *Écrits sur le théâtre* (1982).

DISSIDENT, IL VA SANS DIRE (1976).   Cette « pièce en douze morceaux » met face à face, dans le huis clos d'un petit appartement, Hélène, une modeste employée, et son fils, Philippe, un adolescent sans travail. Vinaver montre à quel point la vie personnelle et les rapports familiaux peuvent être gangrénés par le système économique et social. La mère perd successivement tout ce qui la rattachait à la société bourgeoise dont elle avait adopté les valeurs ; le fils, qui les rejette en silence, devient délinquant. Voici la première séquence de la pièce.

« Mais c'est que tu t'en moques moi ça me sidère »

HÉLÈNE.   Elles sont dans la poche de mon manteau

PHILIPPE.   Non ni sur le meuble

HÉLÈNE.   Tu es gentil

PHILIPPE.   Parce que tu l'as laissée en double file ?

5   HÉLÈNE.   Alors je les ai peut-être oubliées sur la voiture

PHILIPPE.   Un jour on va te la voler

HÉLÈNE.   Tu ne t'es pas présenté ?

PHILIPPE.   Mais si

10   HÉLÈNE.   Je n'ai pas eu le courage j'ai tourné je ne sais combien de fois autour du bloc d'immeubles ça devient de plus en plus difficile

PHILIPPE.   Je vais aller te la garer

HÉLÈNE.   Encore un an et tu pourras passer ton

15   permis

PHILIPPE.   Oui

HÉLÈNE.   C'est un nouveau chandail ?

PHILIPPE.   Oui

HÉLÈNE.   Je me demande d'où vient l'argent

20   PHILIPPE.   On se les refile tu sais

HÉLÈNE.   Mais quelqu'un l'a acheté

PHILIPPE.   Les affaires circulent

HÉLÈNE.   Mais c'est à qui ?

PHILIPPE.   Toi et ton sens de la propriété

25   HÉLÈNE.   Les choses appartiennent à quelqu'un *(Philippe sort ; Hélène prépare une soupe en sachet ; Philippe entre.)* Je me demande si tu me dis la vérité

PHILIPPE. Je devais être crevé ça arrive j'ai pas entendu

30 HÉLÈNE. Je t'avais mis le réveil pour huit heures

PHILIPPE. Et tu m'avais préparé le café

HÉLÈNE. Mais c'est que tu t'en moques moi ça me
sidère

PHILIPPE. Combien de fois déjà je me suis présenté ?
35 Pour quel résultat ?

HÉLÈNE. C'est bon ? Velouté de lentilles une nouvelle variété je m'étais dit qu'on allait l'essayer ça te
plaît ? Oui ? Il suffit d'une fois Philippe et ça peut
être la bonne ton père a répondu à une annonce et
40 dix-huit ans après il y est encore il y a fait son
chemin

PHILIPPE. Bonsoir maman

HÉLÈNE. Où vas-tu ?

Noir.

DISSIDENT, IL VA SANS DIRE, *1976*,
morceau Un, l'Arche éditeur, 1978.

Guide de lecture

1. Montrez comment Vinaver, par petites touches, situe ses personnages dans un contexte économique et social précis.
2. Sur quels points la mère et le fils sont-ils en désaccord ? Comment expliquez-vous la brièveté ou la brutalité des réponses de Philippe ? Son silence final ?
3. Le « montage » de la scène : comment l'auteur entrelace-t-il des fragments de dialogue ? Qu'en résulte-t-il ?

Jean-Claude Grumberg *(né en 1939)*

Dérision et pathétique. La période tragique de la Seconde Guerre mondiale imprègne la vie et l'œuvre de Jean-Claude Grumberg. Pour le soustraire aux rafles dont les Juifs sont victimes, on le cache en zone libre ; son père meurt en déportation. Il exerce différents métiers, travaille pendant un temps dans l'atelier de confection familial. Après des débuts au théâtre comme comédien, il donne en 1968 *Demain une fenêtre sur rue...* où il dénonce l'intolérance des petits-bourgeois, puis *Amorphe d'Ottenburg* (1971), charge féroce contre un tyran monstrueux. Les tableaux d'*En r'venant de l'Expo* (1975) évoquent la Belle Époque à travers l'histoire d'une troupe de comiques. Puis la satire s'intègre à l'histoire : *Dreyfus* (1973), *l'Atelier* (1976), *Zone libre* (pièce pour laquelle il reçoit le Molière 1991 du meilleur auteur dramatique) ont en commun les thèmes de l'antisémitisme et du génocide. Grumberg est également metteur en scène et auteur de scénarios pour le cinéma et la télévision.

Mêlant dérision et pathétique, avec un rire parfois au bord des larmes, le théâtre de Grumberg met en scène le plus souvent des personnages ordinaires qui vivent au quotidien les violences de notre histoire moderne : il en appelle à la sympathie pour ses victimes et à la responsabilité de chaque individu.

L'Atelier (1976). Largement nourrie d'éléments autobiographiques, cette pièce, découpée en dix scènes datées de 1942 à 1952, est une chronique naturaliste, à la fois douloureuse et humoristique, de la vie quotidienne dans un atelier de confection.

Dans la scène 5, qui se déroule en 1947, un survivant des camps de concentration, le presseur, questionne Simone, une ouvrière dont le mari juif, lui aussi déporté, n'est pas rentré.

« D'accord, on sait tout cela, mais... »

LE PRESSEUR[1] *(sans l'écouter).* Il portait des lunettes ?

SIMONE. Oui, mais pas tout le temps.

LE PRESSEUR. Ses cheveux ? *(Simone le regarde sans comprendre. Le presseur reprend :)* Il avait tous ses che-

5 veux ?

SIMONE. Un peu dégarni peut-être mais ça lui allait bien. *(Silence.)*

LE PRESSEUR. Dis-toi qu'il n'est jamais entré dans un camp... *(Bref silence.)* À l'arrivée les survivants de

10 chaque transport étaient séparés en deux groupes... Ceux qui allaient entrer au camp et les autres. Nous on est partis à pied, les autres les plus nombreux sont montés dans des camions ; sur le coup on les a enviés... *(Il s'arrête.)* Les camions les emmenaient di-

15 rectement aux douches... Ils n'avaient pas le temps de se rendre compte, ils n'entraient pas dans le

---

1. Ouvrier chargé de repasser à la presse (ici avec un fer de 5 kg) les vêtements terminés.

camp... *(Un temps.)* On vous a dit pour les douches ?
(Silence.)

SIMONE.   Comment vous pouvez être sûr ? *(Le pres-*
20 *seur ne répond rien.)* Tout le monde dit qu'il va en
rentrer encore, qu'il y en a partout, en Autriche, en
Pologne, en Russie, qu'on les soigne qu'on les re-
tape avant de les renvoyer chez eux ! *(Le presseur
hoche la tête en silence.)* Trente-huit ans, c'est pas
25 vieux, pas vieux du tout, qu'ils aient fait ce que vous
dites aux vieux, à ceux qui ne pouvaient plus travail-
ler, aux femmes, aux enfants, d'accord, on sait tout
cela, mais...

L'ATELIER, *1976,*
scène 5, Actes Sud.

Guide de lecture
....

1. **Pourquoi le presseur**
questionne-t-il Simone ?
Pourquoi commence-t-il
à raconter ce qu'il
a vécu ? Pourquoi tous
ces silences ?

2. **Expliquez les der-**
nières paroles
de Simone.
3. **Caractérisez l'écri-**
ture de Grumberg.

BERNARD-MARIE KOLTÈS
(1948-1989)

....

HISTOIRES DE VIE ET DE MORT.   Né dans une famille bourgeoise de Metz, Bernard-Marie Koltès a la révélation du théâtre en voyant jouer Maria Casarès. Il devient comédien, puis réalise une dizaine de mises en scène. Sa première pièce, *la Nuit juste avant les forêts,* long monologue douloureux, est donnée en 1977 dans le cadre du festival d'Avignon. La vie de Koltès est rythmée par des vagabondages en Afrique, en Amérique, par des séjours alternés à New York et à Paris. À partir de 1983, une étroite collaboration avec Patrice Chéreau assure à ses textes un grand retentissement. Chéreau crée avec succès au Théâtre des Amandiers de Nanterre, près de Paris, *Combat de nègre et de chiens* (1983), puis monte successivement *Quai Ouest* (1986), *Dans la solitude des champs de coton* (1987) et, enfin, *le Retour au désert* (1988). Les personnages de ces « histoires de vie et de mort », qui se sentent étrangers au monde « normal », évoluent dans des espaces clos ou vides, métaphores de l'angoisse de vivre. Atteint du sida, traqué par la mort, Koltès réussit cependant à achever *Roberto Zucco,* qui est créé en France en 1991.

Le théâtre de Koltès, qui s'inspire de problèmes actuels, exprime, parfois avec cocasserie, la tragédie de l'être solitaire piégé par la parole mensongère et la mort. Son écriture, dans le monologue comme dans le dialogue, remarquablement maîtrisée, accentue la tension dramatique et l'intensité lyrique de ses pièces.

ROBERTO ZUCCO (1990). Koltès s'empare d'un fait divers tout récent pour lui donner la dimension de la tragédie. En quinze séquences, il évoque l'itinéraire d'un jeune criminel, porteur de mort, comme lui-même est rongé par la maladie. Évadé de prison, où il était enfermé pour le meurtre de son père, Zucco détruit sans raison apparente plusieurs vies. Arrêté de nouveau grâce aux indications d'une « gamine », il arrive à s'échapper et monte sur le toit de sa dernière prison où il a rendez-vous avec sa propre mort.

« Il va tomber »

UNE VOIX.   Tu es un héros, Zucco.

UNE VOIX.   C'est Goliath [1].

UNE VOIX.   C'est Samson [2].

UNE VOIX.   Qui est Samson ?

5   UNE VOIX.   Un truand marseillais.

UNE VOIX.   Je l'ai connu en prison. Une vraie bête. Il pouvait casser la gueule à dix personnes à la fois.

UNE VOIX.   Menteur.

UNE VOIX.   Rien qu'avec ses poings.

10   UNE VOIX.   Non, avec une mâchoire d'âne. Et il n'était pas de Marseille.

---

1. Géant biblique, tué d'un coup de fronde par David.
2. La courtisane Dalila, par trahison, coupa la chevelure de Samson dans laquelle résidait sa force surhumaine, le livrant ainsi à ses ennemis.

UNE VOIX.   Il s'est fait baiser par une femme.

UNE VOIX.   Dalila. Une histoire de cheveux. Je connais.

15 UNE VOIX.   Il y a toujours une femme pour trahir.

UNE VOIX.   On serait tous en liberté sans les femmes.

Le soleil monte, brillant, extraordinairement lumineux. Un grand vent se lève.

20 ZUCCO.   Regardez le soleil. *(Un silence complet s'établit dans la cour.)* Vous ne voyez rien ? Vous ne voyez pas comme il bouge d'un côté à l'autre ?

UNE VOIX.   On ne voit rien.

UNE VOIX.   Le soleil nous fait mal aux yeux. Il nous
25 éblouit.

ZUCCO.   Regardez ce qui sort du soleil. C'est le sexe du soleil ; c'est de là que vient le vent.

UNE VOIX.   Le quoi ? Le soleil a un sexe ?

UNE VOIX.   Vos gueules !

30 ZUCCO.   Bougez la tête : vous le verrez bouger avec vous.

UNE VOIX.   Qu'est-ce qui bouge ? Je ne vois rien bouger, moi.

UNE VOIX.   Comment voudrais-tu que quelque
35 chose bouge, là-haut ? Tout y est fixé depuis l'éternité, et bien cloué, bien boulonné.

ZUCCO.   C'est la source des vents.

UNE VOIX.   On ne voit plus rien. Il y a trop de lumière.

40   ZUCCO.   Tournez votre visage vers l'orient et il s'y déplacera ; et, si vous tournez votre visage vers l'occident, il vous suivra.

Un vent d'ouragan se lève. Zucco vacille.

UNE VOIX.   Il est fou. Il va tomber.

45   UNE VOIX.   Arrête, Zucco ; tu vas te casser la gueule.

UNE VOIX.   Il est fou.

UNE VOIX.   Il va tomber.

Le soleil monte, devient aveuglant comme l'éclat d'une bombe atomique. On ne voit plus rien.

ROBERTO ZUCCO, *1990,*
XV, Éd. de Minuit.

Guide de lecture
....

1. Relevez dans les didascalies et les paroles de Zucco les éléments qui transforment la chute de Zucco en élévation.
2. Montrez que le chœur des voix contribue aussi à faire de Zucco un personnage mythique.
3. Observez la différence de langage entre Zucco et les voix : quelles sont ici les intentions de l'auteur ?

JEAN-CLAUDE BRISVILLE *(né en 1922)*

RENOUVEAU CLASSIQUE. Journaliste, directeur littéraire chez différents éditeurs, secrétaire d'Albert Camus, Jean-Claude Brisville écrit d'abord des romans et des essais « pour ses meilleurs amis, dans une clandestinité de bon ton ». Il aborde ensuite le théâtre. *Le Fauteuil à bascule* (1982), face à face entre un éditeur et un directeur littéraire, puis *l'Entretien de M. Descartes avec M. Pascal le Jeune* (1986), dialogue littéraire et philosophique, sont très bien accueillis. *Le Souper,* monté en 1989 par Jean-Pierre Miquel, remporte un grand succès sur la scène d'un théâtre privé, au point d'inspirer une version cinématographique.

La facture des pièces de Brisville est classique, comme son écriture. Il excelle à construire des dialogues incisifs dans lesquels la langue retrouve avec souplesse les tournures et la tonalité d'époques et de milieux différents.

LE SOUPER (1989). Dans cette comédie « historique », Brisville tente de saisir « la vérité noire et sanglante » de deux personnages politiques, Talleyrand et Fouché, qui ont mis leur talent et leur cynisme sans limite au service de gouvernements et de régimes bien différents.

En juillet 1815, au cours d'un souper (le temps de la pièce), le prince de Talleyrand veut convaincre Fouché, naguère ministre de la Police sous l'Empire, de se rallier à la Restauration et de devenir, à ses côtés, ministre de Louis XVIII. Fouché avoue ici sa passion : le Renseignement.

« Alors, monsieur,
ce sera l'Ordre »

FOUCHÉ.   Le Renseignement, monseigneur ! Tout savoir sur l'individu... le déchiffrer, le démasquer, l'ouvrir...

TALLEYRAND.   Vous commencez par ses tiroirs, je suppose ?

FOUCHÉ *(jubilant).*   Acheter la femme qu'il aime et extorquer à ses enfants ce qui va lui coûter son honneur et peut-être sa tête... Ah, monsieur, quel plaisir de mettre un homme en face de l'inavouable. Il faut voir sa figure à mesure qu'on le découvre : épouvantée, méconnaissable... Une bougie qui coule.

TALLEYRAND.   Et qui éclaire votre vie !

FOUCHÉ.   Ils se croyaient bien à l'abri sous le brocart et les honneurs, mais quand on perce la dorure... Ah, monsieur, tout le pus qui s'écoule. Ils se dessèchent à vue d'œil.

TALLEYRAND.   J'envie le roi dont vous serez ministre. En un mois, il en saura plus sur les siens que l'histoire ne lui en a appris en dix siècles. Allons, buvons. Vous n'avez pas fait grand honneur à mon cognac. *(Il emplit les deux verres. Fouché vide le sien d'un trait. Talleyrand hoche la tête et soupire.)* Si vous le permettez, ce n'est point de cette façon que l'on doit boire le cognac. Regardez, s'il vous plaît. *(Il prend la coupe et commence sa démonstration.)* On prend son verre dans le creux de la main, on le réchauffe, on lui donne une impulsion circulaire afin que la liqueur dégage son parfum. Puis on le porte à ses narines, on le respire...

30 FOUCHÉ. Et puis ?

TALLEYRAND. Et puis on le repose et on en parle.

Fouché ne bouge pas, pétrifié d'humiliation — puis il se dresse et d'un geste soudain lance sa coupe vers le mur où elle se fracasse.

35 FOUCHÉ. Vos belles manières... Elles sentent la mort, monseigneur. Nous ne sommes pas, vous et moi, du même temps. Le vôtre est en train de crever d'une indigestion de politesse — et c'est le mien qui lui succédera. Le vrai pouvoir sera aux subalternes, 40 aux espions, aux délateurs[1] — et personne ne saura jamais s'il est en règle car la règle sera équivoque et redoutable. C'est ainsi que je vois la police : indéfinie... protéiforme[2]. Invisible et toute-puissante. Elle sera dans chaque conscience. *(Se tournant brusque-* 45 *ment vers Talleyrand, il pointe un doigt vers lui.)* Alors, monsieur, ce sera l'Ordre.

LE SOUPER, *1989,*
Actes Sud.

Guide de lecture

1. **Que révèle l'épisode du cognac ?**
2. **Quelle double leçon Fouché donne-t-il à Talleyrand ?**
3. **Pourquoi la « passion » et le personnage de Fouché sont-ils inquiétants ?**

---

1. Dénonciateurs méprisables.

2. Qui peut prendre des formes différentes, comme le dieu mythologique Protée qui avait le pouvoir de changer de forme à volonté.

ANDRÉ
DU BOUCHET *(né en 1924)*
....

POÈTE DU SILENCE. Né à Paris en 1924, du Bouchet
s'est retiré en Ardèche, mais ce retrait est inversement
proportionnel à l'influence qu'il exerce.

Sa poésie, proche à ses débuts de celle de Reverdy
(voir p. 101) dans son dénuement, influencée aussi par
celle de René Char (voir p. 269), montre autant de ri-
gueur que celle de Mallarmé (poète de la fin du XIXᵉ
siècle) dans l'art de la mise en page. Car une page de du
Bouchet est aussi un manifeste visuel. Envahis par des
blancs où la signification reste en suspens, ses poèmes
accordent autant d'importance au silence qu'aux mots :
« écrire, user de la parole en silence ». Le poème, produit de cette contradiction, semble parfois en rester sans
voix, en être réduit à des rudiments. Outre des recueils
(*Air*, 1951 ; *Dans la chaleur vacante*, 1961 ; *Où le soleil*,
1968 ; *Qui n'est pas tourné vers nous*, 1972 ; *Hölderlin aujourd'hui*, 1976), du Bouchet a publié dans diverses revues et a été à l'origine de la création de *l'Éphémère*,
publiée jusqu'en 1972 par la Fondation Maeght, aux côtés d'autres poètes dont Dupin et Bonnefoy. Également
traducteur, il a reçu le Grand Prix national de la poésie
en 1983.

DANS LA CHALEUR VACANTE (1961). Écrire, dit du Bouchet, c'est aller « dans la chaleur vacante », occuper,
traverser un espace vide, par la marche du corps et
celle de l'écriture, souvent confondues chez lui.

En pleine terre

En pleine terre
les portes labourées portant air et fruits
ressac[1]
blé d'orage
5 sec
le moyeu[2] brûle
je dois lutter contre mon propre bruit
la force de la plaine
que je brasse
10 et qui grandit
tout à coup un arbre rit
comme la route que mes pas enflamment
comme le couchant durement branché
comme le moteur rouge du vent
15 que j'ai mis à nu.

Dans la chaleur vacante, *1961*,
Mercure de France.

Guide de lecture
....

1. **Étudiez la versification de ce poème.** Qu'en concluez-vous ? 2. **Quel sens donnez-vous à la brièveté de certains vers ?** 3. **Commentez l'emploi du pronom « je ».**

---

1. Agitation due au déferlement des vagues sur la grève.
2. Partie centrale de la roue que traverse l'axe ou l'essieu autour duquel elle tourne.

JACQUES DUPIN *(né en 1927)*

PAROLE ABRUPTE.   Jacques Dupin est né en 1927 à Privas, en Ardèche, pays présent dans sa poésie sous le mode minéral et animal. Il s'installe à Paris dès la fin de la guerre et fait partie de ce groupe des années 1950 qui ont marqué la poésie française, comme Bonnefoy, du Bouchet, Jaccottet...

Dupin apprend le métier d'éditeur d'art chez Christian Zervos, dans sa galerie des *Cahiers d'Art,* puis veille aux destinées éditoriales de la célèbre galerie de tableaux Maeght. Professionnellement, mais aussi plastiquement et amicalement, il est proche des peintres ; Braque, Masson, Adami, Tàpies illustrent ses œuvres. Il consacre plusieurs essais au sculpteur Giacometti, et il est devenu le spécialiste mondial du peintre catalan Miró.

La parole de ce poète, abrupte et fragmentaire, est peu encline aux langueurs élégiaques ; elle montre plutôt comment la violence est nécessaire à la création : « Tout nous est donné, mais afin d'être forcé, d'être dévalisé, dans un certain sens d'être détruit. Et de nous détruire. » Ses principaux recueils sont : *Gravir* (1963), *l'Embrasure* (1969), *Dehors* (1975), *Une apparence de soupirail* (1982), *Chansons troglodytes* (1989).

GRAVIR (1963).   « La vie est une chose grave. Il faut gravir. » Cette citation de Reverdy (voir p. 101) est à l'origine du titre du recueil dont voici un poème.

Le règne minéral

Dans ce pays la foudre fait germer la pierre.

Sur les pitons qui commandent les gorges
Des tours ruinées se dressent
Comme autant de torches mentales actives
5   Qui raniment les nuits de grand vent
L'instinct de mort dans le sang du carrier[1].

Toutes les veines du granit
Vont se dénouer dans ses yeux.

Le feu jamais ne guérira de nous,
10   Le feu qui parle notre langue.

GRAVIR, *1963,*
Gallimard.

Guide de lecture
....

1. **Étudiez le rythme et la composition de ce poème.**
2. **En quels termes est décrit le pays dont il est question ?**

3. **Quelles sont les personnes qui figurent dans ce poème ?**

---

1. Ouvrier qui extrait les pierres dans une carrière.

YVES BONNEFOY   *(né en 1923)*

POÉSIE MÉTAPHYSIQUE.   Yves Bonnefoy est né en 1923 à Tours. D'abord attiré par les mathématiques, il se consacre finalement à ses « intérêts poétiques, déjà et de longue date prédominants ». Proche des milieux surréalistes d'après-guerre, fréquentant peintres et poètes, il publie en 1946 une petite revue d'inspiration surréaliste, *la Révolution la nuit*. Mais il quitte le surréalisme en 1947, préférant la réalité « ordinaire » à la surréalité, et délaissant aussi les études de mathématiques pour la philosophie. Sa poésie et ses essais critiques sont d'ailleurs souvent proches d'une méditation philosophique. Néanmoins, il récuse le concept au profit de « l'ici et maintenant », et célèbre « la présence » et le « simple ». Le ton grave de sa poésie est empreint de ferveur, et ses poèmes ont une profondeur et une plénitude telles qu'on les qualifie souvent de « métaphysiques ».

À la suite de plusieurs voyages en Italie, il est devenu un admirable commentateur de la peinture italienne, de la Renaissance au baroque. La publication de *Du mouvement et de l'immobilité de Douve,* en 1953, lui vaut de faire la connaissance de Jacques Dupin et d'André du Bouchet avec qui il créera la revue *l'Éphémère* en 1966. Bonnefoy est aussi un grand traducteur de Shakespeare, Yeats, Keats, Seféris. Professeur associé en différents lieux universitaires, aux États-Unis, en Suisse comme en France, il a été élu en 1981 à la chaire d'études comparées de la fonction poétique, inaugurée par Paul Valéry au Collège de France. De très nombreux prix ont récompensé son œuvre, composée de recueils poétiques comme *Hier régnant désert* (1958), *Dans le leurre du seuil* (1975) ou *Ce qui fut sans lumière* (1985), de prose poétique (*l'Arrière-pays,* 1972) et de récits (*Rue Traversière,* 1977).

DU MOUVEMENT ET DE L'IMMOBILITÉ DE DOUVE (1953). Cette œuvre a fait à elle seule le renom de Yves Bonnefoy. Une figure mystérieuse donne à ces pages leur unité : Douve, forme fragile, mi-femme, mi-symbole. Faute de pouvoir atteindre directement Douve, le poète demande aux arbres d'être ses médiateurs.

Aux arbres

Vous qui vous êtes effacés sur son passage,
Qui avez refermé sur elle vos chemins,
Impassibles garants que Douve même morte
Sera lumière encore n'étant rien.

5 Vous fibreuse matière et densité,
Arbres, proches de moi quand elle s'est jetée
Dans la barque des morts et la bouche serrée
Sur l'obole[1] de faim, de froid et de silence.

---

1. Modeste offrande, contribution en argent mais aussi pièce que le mort donnait à Charon, qui, dans la mythologie grecque, faisait passer le fleuve des Enfers aux âmes des morts.

J'entends à travers vous quel dialogue elle tente

10 Avec les chiens, avec l'informe nautonier[1],

Et je vous appartiens par son cheminement

À travers tant de nuit et malgré tout ce fleuve.

Le tonnerre profond qui roule sur vos branches,

Les fêtes qu'il enflamme au sommet de l'été

15 Signifient qu'elle lie sa fortune à la mienne

Dans la méditation de votre austérité.

DU MOUVEMENT ET DE L'IMMOBILITÉ DE DOUVE, *1953*,
« Derniers Gestes », Mercure de France.

---

1. Personne qui conduit un bateau ; ici, Charon.

Guide de lecture

1. Étudiez la composition et la versification de ce poème.

2. En quels termes s'exprime le « je » ? Quelle est sa relation aux arbres et à Douve ?

Oiseau fabuleux, le phénix vit plusieurs siècles et, brûlé, renaît de ses cendres. Douve, tout comme l'oiseau fabuleux, connaît la mort et la métamorphose.

Phénix

L'oiseau se portera au-devant de nos têtes,

Une épaule de sang pour lui se dressera.

Il fermera joyeux ses ailes sur le faîte

De cet arbre ton corps que tu lui offriras.

5 Il chantera longtemps s'éloignant dans les branches,
L'ombre viendra lever les bornes de son cri.
Refusant toute mort inscrite sur les branches
Il osera franchir les crêtes de la nuit.

Du mouvement et de l'immobilité de Douve, *1953*,
« *Derniers Gestes* », *Mercure de France.*

Guide de lecture
....

1. Relevez les différentes actions que le poète prête au phénix.
2. Quels sont les liens établis entre le phénix et la femme ?

3. Comment Bonnefoy réécrit-il dans son poème le mythe antique ?

PHILIPPE JACCOTTET   *(né en 1925)*

....

LE DÉSIR D'EFFACEMENT.   Né à Moudon, en Suisse, Philippe Jaccottet vit jusqu'à la fin de ses études de littérature à Lausanne, où il étudie aussi le grec et l'allemand. Il découvre très tôt les poètes allemands Hölderlin et surtout Rilke, qui seront les sources de son inspiration poétique. En 1946, après un voyage en Italie où il se lie d'amitié avec le poète Ungaretti, il s'installe à Paris et collabore jusqu'en 1953 aux éditions Mermod.

Depuis 1953, date de son mariage avec le peintre Anne-Marie Haesler, il demeure à Grignan, dans la Drôme. Il s'y consacre à la poésie, à la critique littéraire et à la traduction (Homère, Hölderlin, Rilke, Thomas Mann, Musil, Leopardi, Ungaretti...). La poésie de Jaccottet répugne à la grandiloquence, privilégie la simplicité, la discrétion : ne souhaite-t-il pas que « l'effacement soit [sa] façon de resplendir » ? Ses principaux recueils poétiques sont : *l'Effraie* (1953), *l'Ignorant* (1958), *Airs* (1967) et *Pensées sous les nuages* (1983), auxquels il faut ajouter des pièces en prose (*Paysages avec figures absentes,* 1967) et des carnets rédigés de 1954 à 1979 et publiés en 1984, sous le titre *la Semaison.*

L'EFFRAIE (1953).   Tout comme Rilke, Jaccottet est un poète ouvert à la mort, à la nuit, au mystère des choses. L'effraie (qui donne son titre au recueil) est le nom courant de la chouette effraie, oiseau nocturne et « messager de la mort », selon la tradition.

Sois tranquille, cela viendra

Sois tranquille, cela viendra ! Tu te rapproches,
tu brûles ! Car le mot qui sera à la fin
du poème, plus que le premier sera proche
de ta mort, qui ne s'arrête pas en chemin.

5   Ne crois pas qu'elle aille s'endormir sous des
                                     [branches
ou reprendre souffle pendant que tu écris.
Même quand tu bois à la bouche qui étanche
la pire soif, la douce bouche avec ses cris

   doux, même quand tu serres avec force le nœud
10   de vos quatre bras pour être bien immobiles
dans la brûlante obscurité de vos cheveux,

elle vient, Dieu sait par quels détours, vers vous
                                     [deux,
de très loin ou déjà tout près, mais sois tranquille,
elle vient : d'un à l'autre mot tu es plus vieux.

L'EFFRAIE, *1953*,
Gallimard.

Guide de lecture

**1. Étudiez la forme de
ce poème. Quelle en
est la composition ?
2. Relevez les pronoms
personnels. À qui le
poète s'adresse-t-il ?**

**3. Quel lien établit-il
entre l'écriture et la
mort ?**

JACQUES RÉDA   *(né en 1929)*

···

UN PASSANT COMME LES AUTRES.   Né en 1929 à Luné-
ville, Jacques Réda fait des études de droit et exerce différents métiers avant de devenir lecteur chez Gallimard.
Il dirige chez le même éditeur, depuis 1987, la *Nouvelle
Revue française,* et la collection *«Poésie».*

Réda a publié ses premiers poèmes en 1952. Son
œuvre se partage entre vers (*Amen,* 1968 ; *Récitatif,*
1970 ; *la Tourne,* 1975) et prose (*les Ruines de Paris,*
1977). Flâneur, il arpente Paris, ses banlieues, explore le
quotidien urbain et banlieusard, et déclare : « Ce que j'ai
voulu, c'est garder les mots de tout le monde. » Amoureux du jazz, il a donné de nombreuses critiques à *Jazz
Magazine.*

RÉCITATIF (1970).   C'est ce recueil qui a révélé Jacques
Réda. Le mot « récitatif » désigne un chant qui se rapproche, par la mélodie et le rythme, de la coupe des
phrases et des inflexions de la voix parlée. Ici, la voix du
poète pleure sur cette terre où les livres seront restés
seuls à veiller « les milliards de morts ».

Terre des livres

Longtemps après l'arrachement des dernières
    fusées,
Dans les coins abrités des ruines de nos maisons
Pour veiller les milliards de morts les livres resteront

Tout seuls sur la planète.
5   Mais les yeux des milliards de mots qui lisaient
         dans les nôtres,
Cherchant à voir encore,
Feront-ils de leurs cils un souffle de forêt
Sur la terre à nouveau muette ?
Autant demander si la mer se souviendra du
         battement de nos jambes ; le vent,
10 D'Ulysse entrant nu dans le cercle des jeunes filles.
Ô belle au bois dormant,
La lumière aura fui comme s'abaisse une paupière,
Et le soleil ôtant son casque
Verra choir une larme entre ses pieds qui ne
         bougent plus.
15 Nul n'entendra le bâton aveugle du poète
Toucher le rebord de la pierre au seuil déserté,
Lui qui dans l'imparfait déjà heurte et nous a
         précédés
Quand nous étions encore à jouer sous vos yeux,
Incrédules étoiles.

RÉCITATIF, *1970*,
Gallimard.

Guide de lecture

1. Quelle catastrophe est pressentie par le poète ?

2. Relevez toutes les références cosmiques.

3. À qui et à quoi fait allusion l'expression « le bâton aveugle du poète » ?

4. Quels liens s'établissent entre le poète et la création ?

Définitions
pour le commentaire de texte

absurde *(adj.)* : ce terme désigne un courant de pensée, notamment littéraire, qui considère que les rapports que l'homme entretient avec le monde sont dénués de sens (Beckett, Camus ou Ionesco).

abyme (mise en) : terme emprunté à l'héraldique pour désigner l'enchâssement d'un récit dans un autre récit, par exemple chez Proust ou chez Gide dans *les Faux-Monnayeurs*.

académisme *(n.m.)* : observation étroite des règles (notamment en peinture).

allégorie *(n.f.)* : figure de style qui consiste à personnifier une idée abstraite : « Et comme l'Espérance est violente » (« Le Pont Mirabeau », Apollinaire).

allitération *(n.f.)* : répétition de consonnes dans des mots ou expressions qui se succèdent : « Les maîtres avec leurs prêtres leurs traîtres et leurs reîtres » (*Paroles,* « Pater noster », Prévert).

anacoluthe *(n.f.)* : rupture de construction dans une phrase qui crée un effet de surprise : « Un bateau ça dépend comment on l'arrime au port de justesse » (« La Mémoire et la mer », Léo Ferré).

analogie *(n.f.)* : mise en relation de deux éléments appartenant à des domaines différents.

anaphore *(n.f.)* : répétition d'un même terme en début de vers ou de phrase : « L'amour s'en va comme cette eau courante/ L'amour s'en va » (« Le Pont Mirabeau », Apollinaire).

antihéros *(n.m.)* : personnage ordinaire, faible qui est souvent le personnage principal (Bardamu dans *Voyage au bout de la nuit* de Céline ou Bérenger Ier dans *Le roi se meurt* de Ionesco).

anthropomorphisme *(n.m.)* : tendance à humaniser et donc à déformer une réalité non humaine : « ...ces fruits qui de la moindre suffocation font à coup sûr une maladie. » (*le Parti pris des choses,* Francis Ponge).

aphorisme *(n.m.)* : formule qui énonce une règle : « Il n'est pas de destin qui ne se surmonte par le mépris » (*le Mythe de Sisyphe*, Albert Camus).

assonance *(n.f.)* : répétition d'une même voyelle dans une phrase ou à la fin de chaque vers.

avant-garde *(n.f.)* : mouvement littéraire ou artistique qui joue ou prétend jouer un rôle de précurseur par ses audaces.

Bateau-Lavoir : place Ravignan, à Montmartre (quartier de Paris), existait une bâtisse occupée par les peintres et les poètes, à laquelle Max Jacob donna ce nom.

burlesque *(adj.)* : d'un comique extravagant et bouffon (*Ubu roi*, Jarry).

calligramme *(n.m.)* : mot inventé par Apollinaire pour désigner un type de texte dont la disposition typographique prend la forme d'un objet ou d'un thème traité.

champ lexical : ensemble des mots renvoyant à une même notion.

chute *(n.f.)* : fin d'un texte qui amène une surprise (par exemple, la fin du poème « Comme » de Robert Desnos).

cliché *(n.m.)* : expression ou image devenues banales.

complainte *(n.f.)* : chanson populaire au ton plaintif, dont le sujet est en général tragique ou pieux.

connotation *(n.f.)* : association d'idées suggérées par un mot.

cosmogonie *(n.f.)* : théorie scientifique ou mythique expliquant la formation de l'univers.

cubisme *(n.m.)* : avant-garde picturale dont les représentants (Braque, Picasso) ont aboli la perspective et donné une forme cubique aux objets.

Dada (dadaïsme) : mouvement créé à Zurich en 1916 par Tristan Tzara qui a utilisé la dérision pour contester les valeurs de la civilisation. Voir aussi p. 81.

didactique *(adj.)* : qui a pour objet d'instruire (par exemple « Secrets de l'art magique », *Manifeste du surréalisme,* André Breton).

didascalies *(n.f.pl.)* : indications scéniques dans le texte théâtral.

écriture automatique : technique d'exploration et de création utilisée par les surréalistes pour traduire la « pensée parlée » et qui rend inopérants les critères traditionnels.

élégie *(n.f.)* : poème lyrique exprimant une plainte (« Le Pont Mirabeau », Apollinaire).

ellipse *(n.f.)* : omission d'un ou de plusieurs termes dans une phrase ou de certains éléments d'un récit : « Terreur instinctive de disparaître... Chez moi trait héréditaire » (*les Thibault,* Martin du Gard).

engagement *(n.m.)* : pour un écrivain, fait de prendre position dans un débat politique (*Discours de Suède,* d'Albert Camus).

épopée *(n.f.)* : récit où le merveilleux se mêle au vrai, la légende à l'histoire, et dont le but est de célébrer des héros ou des grands faits.

« esprit nouveau » : terme emprunté à Apollinaire qui entendait fonder la poésie sur la surprise, idée inspirée des peintres cubistes ayant bouleversé l'esthétique picturale au début de ce siècle.

existentialisme *(n.m.)* : courant philosophique du XXe siècle qui affirme la liberté de l'homme en acte, dans une situation, malgré l'absurdité ou le néant auquel il est confronté (Sartre). Voir aussi p. 76.

humanisme *(n.m.)* : mouvement de pensée de la Renaissance et, aujourd'hui, toute pensée qui a pour fin l'homme et son épanouissement.

humour *(n.m.)* : forme d'esprit qui dénonce sans agressivité les travers d'un comportement (*Un mot pour un autre,* Jean Tardieu).

hyperbole *(n.f.)* : figure de style qui consiste à employer une expression exagérée : « L'angoisse lui tordait l'estomac » (*la Condition humaine,* André Malraux).

idéologie *(n.f.)* : système d'idées propre à un groupe ou à une société.

image *(n.f.)* : procédé qui révèle un rapport de ressemblance entre deux choses ou deux êtres étrangers l'un à l'autre.

imbroglio *(n.m.)* : situation embrouillée, intrigue compliquée.

inconscient *(adj.)* : ensemble des phénomènes psychiques qui échappent à la conscience.

lyrisme *(n.m.)* : expression poétique et passionnée d'un sentiment personnel.

métaphore *(n.f.)* : figure de style qui instaure un rapport de ressemblance entre deux réalités, par juxtaposition ou substitution : « Je ne sentais plus que les cymbales du soleil sur mon front » (*l'Étranger,* Albert Camus).

métonymie *(n.f.)* : figure de style qui substitue un terme à un autre avec lequel il est lié (partie pour le tout, contenant pour le contenu) : « Grange aperçut sous le capuchon qui se levait vers lui deux yeux d'un bleu cru » (*Un balcon en forêt,* Julien Gracq).

mètre *(n.m.)* : type de vers déterminé par le nombre de syllabes.

monologue intérieur : discours qu'un personnage se tient à lui-même : « Oui, je n'avais pas du tout le sentiment d'être la proie d'une tentation horrible... », *Thérèse Desqueyroux,* François Mauriac.

mythe *(n.m.)* : récit fabuleux et anonyme qui a une valeur symbolique (sens traditionnel). Projection des désirs ou des angoisses d'une communauté dans une réalité représentative (sens moderne).

narrateur *(n.m.)* : celui qui dans un récit raconte l'histoire. Ne doit pas être confondu avec l'auteur : l'être historique qui a écrit le texte. Le narrateur fait partie du texte, au même titre que les différents personnages.

néologisme *(n.m.)* : mot, expression employés pour la première fois dans une langue ou acception nouvelle donnée à un mot existant.

Nouveau Roman : expression inventée par les critiques et les journalistes littéraires ; le Nouveau Roman exclut le personnage tel qu'il existait auparavant dans les romans avec sa psychologie et son évolution. Voir aussi p. 312.

Nouveau Théâtre : ensemble des diverses manifestations du théâtre d'avant-garde dans les années 1950. Abandonnant la psychologie traditionnelle, il inscrit le destin de l'homme dans une perspective absurde pour montrer l'insignifiance et le tragique de la condition humaine. Voir aussi p. 314.

omniscient *(adj.)* : narrateur qui peut tout connaître des actes ou des pensées d'un personnage d'un récit (*Nouvelle Histoire de Mouchette,* Georges Bernanos).

oxymore *(n.m.)* : figure de style qui juxtapose deux termes de sens opposés : « Au loin un noir rougeoiment indiquait l'emplacement des boulevards » (*la Peste,* Camus).

paradoxe *(n.m.)* : opinion contraire à l'opinion courante (« Le discours des morts », *La guerre de Troie n'aura pas lieu,* Jean Giraudoux).

parodie *(n.f.)* : imitation burlesque du contenu d'une œuvre, d'une formule célèbre, pour en souligner le côté ridicule ou rebattu (*Ubu roi,* Alfred Jarry).

paronomase *(n.f.)* : rapprochement de mots dont le son est à peu près semblable, mais dont le sens est différent : « Je me suis uni à la nuit » («Dans la nuit », Henri Michaux).

pathétique *(adj.)* : qui éveille des sentiments de pitié (*la Voix humaine,* Jean Cocteau).

prosodie *(n.f.)* : ensemble des règles relatives à la quantité et à la diversité des sons (syllabes, voyelles) qui entrent dans la composition d'un vers.

quiproquo *(n.m.)* : méprise ou malentendu (par exemple, un mot est pris pour un autre).

satire *(n.f.)* : écrit dont le but est de critiquer les travers d'une société ou de comportements (par exemple, le portrait de madame Verdurin dans *Du côté de chez Swann,* Marcel Proust).

soliloque *(n.m.)* : discours d'un personnage qui se parle à lui-même (par exemple : le soliloque de Béranger Ier dans *Le roi se meurt,* Eugène Ionesco).

stichomythie *(n.f.)* : dialogue où les répliques des personnages se font écho, vers pour vers ou phrase pour phrase (*Rhinocéros,* Eugène Ionesco).

surréalisme *(n.m.)* : mouvement artistique et littéraire de la première moitié du XXe siècle qui accordait la primauté à l'imagination dans l'inspiration et qui se manifesta par sa provocation et sa contestation de l'ordre établi. Voir aussi p. 196.

symbole *(n.m.)* : objet, être vivant ou chose qui représente une idée.

vaudeville *(n.m.)* : pièce de théâtre comique dont l'action rapide est fertile en rebondissements avec ou sans couplets chantés.

verset *(n.m.)* : phrase ou suite de phrases rythmées d'une seule respiration, découpées dans un texte poétique ou théâtral à la façon des versets de la Bible : « Toute la mer levée sur elle-même, tapante, claquante, riante dans le soleil, détalant dans la tempête ! » (*le Partage de midi,* Paul Claudel).

Index des auteurs

ANOUILH, p. 126 : *Antigone.*

APOLLINAIRE, p. 50 : *Alcools, Calligrammes.*

ARAGON, p. 84 : *le Musée Grévin, les Beaux Quartiers.*

ARTAUD, p. 108 : *le Théâtre et son double.*

AUDIBERTI, p. 279 : *Le mal court.*

BECKETT, p. 295 : *Actes sans paroles, En attendant Godot, Fin de partie.*

BERNANOS, p. 149 : *Nouvelle Histoire de Mouchette.*

BONNEFOY, p. 356 : *Du mouvement et de l'immobilité de Douve.*

BRETON, p. 78 : *Manifeste du surréalisme, Signe ascendant.*

BRISVILLE, p. 349 : *le Souper.*

BUTOR, p. 224 : *la Modification.*

CAMUS, p. 185 : *Discours de Suède, l'Étranger, la Peste, le Mythe de Sisyphe.*

CÉLINE, p. 156 : *Voyage au bout de la nuit.*

CENDRARS, p. 56 : *la Prose du Transsibérien.*

CÉSAIRE, p. 309 : *la Tragédie du roi Christophe.*

CHAR, p. 269 : *Dans les voisinages de Van Gogh, Fureur et mystère.*

CLAUDEL, p. 30 : *l'Échange, le Partage de midi, le Soulier de satin.*

COCTEAU, p. 115 : *la Voix humaine.*

COHEN, p. 253 : *Belle du seigneur.*

COLETTE, p. 137 : *la Naissance du jour, les Vrilles de la vigne.*

DESNOS, p. 96 : *Fortunes.*

DUBILLARD, p. 336 : *Tragédie classique.*

DU BOUCHET, p. 352 : *Dans la chaleur vacante.*

DUPIN, p. 354 : *Gravir.*

DURAS, p. 236 : *Hiroshima mon amour, Moderato cantabile, Un barrage contre le Pacifique.*

ELUARD, p. 92 : *Capitale de la douleur.*

FERRÉ, p. 274 : *la Mauvaise Graine.*

FEYDEAU, p. 22 : *Cent millions qui tombent.*

Genet, p. 303 : *les Bonnes, les Paravents.*

Gide, p. 129 : *la Symphonie pastorale, les Faux-Monnayeurs, les Nouvelles Nourritures.*

Giono, p. 143 : *Regain.*

Giraudoux, p. 111 : *La guerre de Troie n'aura pas lieu.*

Gracq, p. 215 : *Un balcon en forêt.*

Grumberg, p. 342 : *l'Atelier.*

Ionesco, p. 285 : *la Cantatrice chauve, Le roi se meurt, Rhinocéros.*

Jaccottet, p. 360 : *l'Effraie.*

Jarry, p. 26 : *Ubu roi.*

Koltès, p. 345 : *Roberto Zucco.*

Kristof, p. 330 : *le Grand Cahier.*

Le Clézio, p. 327 : *Désert.*

Leiris, p. 209 : *Frêle Bruit.*

Malraux, p. 168 : *l'Espoir, la Condition humaine.*

Martin du Gard, p. 153 : *les Thibault : Épilogue.*

Mauriac, p. 146 : *Thérèse Desqueyroux.*

Michaux, p. 261 : *Qui je fus, Lointain Intérieur.*

Montherlant, p. 123 : *la Reine morte.*

Péguy, p. 64 : *Présentation de la Beauce à Notre-Dame de Chartres.*

Perec, p. 248 : *la Vie mode d'emploi, les Choses.*

Ponge, p. 265 : *le Parti pris des choses.*

Prévert, p. 105 : *Paroles.*

Proust, p. 38 : *À l'ombre des jeunes filles en fleurs, Du côté de chez Swann, la Prisonnière.*

Queneau, p. 245 : *les Fleurs bleues.*

Réda, p. 362 : *Récitatif.*

Reverdy, p. 101 : *les Ardoises du toit, Sources du vent.*

Robbe-Grillet, p. 221 : *les Gommes.*

Saint-John Perse, p. 256 : *Amers, Éloges.*

Sarraute, p. 227 : *Portrait d'un inconnu.*

SARTRE, p. 174 : *Huis clos, la Nausée, le Mur : l'enfance d'un chef, les Mots.*

SIMON, p. 232 : *l'Acacia.*

SUPERVIELLE, p. 99 : *les Amis inconnus.*

TARDIEU, p. 282 : *Théâtre de chambre.*

TOURNIER, p. 324 : *le Roi des Aulnes.*

VALÉRY, p. 61 : *Album de vers anciens.*

VIAN, p. 218 : *l'Écume des jours.*

VINAVER, p. 339 : *Dissident, il va sans dire.*

VITRAC, p. 119 : *Victor ou les Enfants au pouvoir.*

VOLODINE, p. 333 : *Alto solo.*

YOURCENAR, p. 212 : *Mémoires d'Hadrien.*

Index des œuvres

À l'ombre des jeunes filles en fleurs (PROUST), p. 45.

L'Acacia (SIMON), p. 232.

Actes sans paroles (BECKETT), p. 301.

Album de vers anciens (VALÉRY), p. 62.

Alcools (APOLLINAIRE), p. 51.

Alto solo (VOLODINE), p. 333.

Amers (SAINT-JOHN PERSE), p. 259.

Les Amis inconnus (SUPERVIELLE), p. 99.

Antigone (ANOUILH), p. 126.

Les Ardoises du toit (REVERDY), p. 102.

L'Atelier (GRUMBERG), p. 342.

Les Beaux Quartiers (ARAGON), p. 90.

Belle du seigneur (COHEN), p. 253.

Les Bonnes (GENET), p. 303.

Calligrammes (APOLLINAIRE), p. 55.

La Cantatrice chauve (IONESCO), p. 286.

Capitale de la douleur (ELUARD), p. 93.

Cent millions qui tombent (FEYDEAU), p. 23.

Les Choses (PEREC), p. 248.

La Condition humaine (MALRAUX), p. 168.

Dans la chaleur vacante (DU BOUCHET), p. 353.

Dans les voisinages de Van Gogh (CHAR), p. 273.

Désert (LE CLÉZIO), p. 327.

Discours de Suède (CAMUS), p. 193.

Dissident, il va sans dire (VINAVER), p. 339.

Du côté de chez Swann (PROUST), p. 39.

Du mouvement et de l'immobilité de Douve (BONNEFOY), p. 357.

L'Échange (CLAUDEL), p. 31.

L'Écume des jours (VIAN), p. 218.

L'Effraie (JACCOTTET), p. 360.

Éloges (SAINT-JOHN PERSE), p. 257.

En attendant Godot (BECKETT), p. 296.

L'Espoir (MALRAUX), p. 171.

L'Étranger (CAMUS), p. 186.

Les Faux-Monnayeurs (GIDE), p. 132.

Fin de partie (BECKETT), p. 299.

Les Fleurs bleues (QUENEAU), p. 245.

Fortunes (DESNOS), p. 97.

Frêle Bruit (LEIRIS), p. 209.

Fureur et mystère (CHAR), p. 270.

Les Gommes (ROBBE-GRILLET), p. 221.

Le Grand Cahier (KRISTOF),

p. 330.

Gravir (Dupin), p. 354.

La guerre de Troie n'aura pas lieu (Giraudoux), p. 111.

Hiroshima mon amour (Duras), p. 242.

Huis clos (Sartre), p. 182.

Lointain intérieur (Michaux), p. 264.

Le mal court (Audiberti), p. 280.

Manifeste du surréalisme (Breton), p. 80.

La Mauvaise Graine (Ferré), p. 274.

Mémoires d'Hadrien (Yourcenar), p. 212.

Moderato cantabile (Duras), p. 240.

La Modification (Butor), p. 224.

Les Mots (Sartre), p. 180.

Le Mur : l'enfance d'un chef (Sartre), p. 178.

Le Musée Grévin (Aragon), p. 86.

Le Mythe de Sisyphe (Camus), p. 191.

La Naissance du jour (Colette), p. 140.

La Nausée (Sartre), p. 175.

Nouvelle Histoire de Mouchette (Bernanos), p. 149.

Les Nouvelles Nourritures (Gide), p. 134.

Les Paravents (Genet), p. 306.

Paroles (Prévert), p. 106.

Le Partage de midi (Claudel), p. 33.

Le Parti pris des choses (Ponge), p. 266.

La Peste (Camus), p. 188.

Portrait d'un inconnu (Sarraute), p. 228.

Présentation de la Beauce à Notre-Dame de Chartres (Péguy), p. 65.

La Prisonnière (Proust), p. 45.

La Prose du transsibérien (Cendrars), p. 57.

Qui je fus (Michaux), p. 262.

Récitatif (Réda), p. 362.

Regain (Giono), p. 143.

La Reine morte (Montherlant), p. 123.

Rhinocéros (Ionesco), p. 289.

Roberto Zucco (Koltès), p. 346.

Le Roi des Aulnes (Tournier), p. 324.

Le roi se meurt (Ionesco), p. 292.

Signe ascendant (Breton), p. 81.

Le Soulier de satin (Claudel), p. 35.

Le Souper (Brisville), p. 349.

Sources du vent (Reverdy), p. 103.

La Symphonie pastorale (Gide), p. 130.

Théâtre de chambre

(Tardieu), p. 282.

Le Théâtre et son double
(Artaud), p. 109.

Thérèse Desqueyroux
(Mauriac), p. 146.

Les Thibault : Épilogue
(Martin du Gard), p. 153.

Tragédie classique
(Dubillard), p. 336.

La Tragédie du roi
Christophe (Césaire), p. 309.

Ubu roi (Jarry), p. 27.

Un balcon en forêt (Gracq),
p. 215.

Un barrage contre le
Pacifique (Duras), p. 237.

Victor ou les Enfants au
pouvoir (Vitrac), p. 119.

La Vie mode d'emploi
(Perec), p. 250.

La Voix humaine
(Cocteau), p. 116.

Voyage au bout de la nuit
(Céline), p. 157.

Les Vrilles de la vigne
(Colette), p. 137.

Index des thèmes

Absurde

BECKETT, p. 295.
CAMUS, p. 185.
DUBILLARD, p. 336.
IONESCO, p. 285.
JARRY, p. 26.
SARTRE, p. 180.
TARDIEU, p. 282.

Amour

APOLLINAIRE, p. 50.
AUDIBERTI, p. 279.
BRETON, p. 78.
CLAUDEL, p. 34.
COCTEAU, p. 31.
COHEN, p. 253.
COLETTE, p. 137.
DURAS, p. 242.
ELUARD, p. 92.
FEYDEAU, p. 22.
GRACQ, p. 215.
IONESCO, p. 285.
PROUST, p. 38.
TARDIEU, p. 282.

Argent

FEYDEAU, p. 22.
JARRY, p. 26.

Autre

BERNANOS, p. 149.
CAMUS, p. 186.
CÉLINE, p. 156.

PROUST, p. 38.
VOLODINE, p. 333.

Bonheur

GIRAUDOUX, p. 111.

Condition humaine

BECKETT, p. 295.
IONESCO, p. 289.
MALRAUX, p. 168.
SARTRE, p. 182.

Enfance

BERNANOS, p. 149.
BRETON, p. 81.
GIDE, p. 129.
GRACQ, p. 215.
KRISTOF, p. 330.
PROUST, p. 38.
SARTRE, p. 180.
TOURNIER, p. 324.

Fait divers

CAMUS, p. 186.
GIDE, p. 129.
LEIRIS, p. 209.
MAURIAC, p. 146.

Famille

GENET, p. 303.
MONTHERLANT, p. 123.
VINAVER, p. 339.
VITRAC, p. 119.

Femme

Apollinaire, p. 50.
Audiberti, p. 279.
Bonnefoy, p. 356.
Claudel, p. 30.
Cocteau, p. 115.
Eluard, p. 92.
Ferré, p. 274.
Feydeau, p. 22.
Genet, p. 303.
Grumberg, p. 342.

Guerre

Camus, p. 193.
Céline, p. 156.
Duras, p. 236.
Giraudoux, p. 111.
Gracq, p. 215.
Kristof, p. 330.
Malraux, p. 168.
Sartre, p. 174.
Simon, p. 232.
Tournier, p. 324.
Volodine, p. 333.

Histoire

Brisville, p. 349.
Camus, p. 193.
Céline, p. 156.
Césaire, p. 309.
Gracq, p. 215.
Grumberg, p. 342.
Leiris, p. 209.
Malraux, p. 168.
Simon, p. 232.
Tournier, p. 324.
Yourcenar, p. 212.

Humour (Comique)

Céline, p. 156.
Duras, p. 240.
Perec, p. 248.
Prévert, p. 105.
Proust, p. 38.
Queneau, p. 245.
Sartre, p. 178.
Vian, p. 218.

Le langage en question

Beckett, p. 295.
Ionesco, p. 285.
Jarry, p. 26.
Michaux, p. 261.
Tardieu, p. 282.
Vitrac, p. 119.

Mal

Audiberti, p. 279.

Maîtres/Serviteurs

Feydeau, p. 22.
Genet, p. 303.
Vitrac, p. 119.

Mémoire

Proust, p. 38.
Sarraute, p. 227.
Yourcenar, p. 212.

Misère

Aragon, p. 84.
Bernanos, p. 149.
Céline, p. 156.
Duras, p. 236.
Kristof, p. 330.

Mort

BERNANOS, p. 149.
BONNEFOY, p. 356.
CAMUS, p. 188.
CÉLINE, p. 156.
COCTEAU, p. 115.
GIDE, p. 129.
GIRAUDOUX, p. 111.
IONESCO, p. 285.
JACCOTTET, p. 360.
KOLTÈS, p. 345.
MALRAUX, p. 168.
MARTIN DU GARD, p. 153.
MAURIAC, p. 146.
SIMON, p. 232.
TOURNIER, p. 324.

Nature

APOLLINAIRE, p. 50.
CAMUS, p. 185.
COLETTE, p. 137.
DU BOUCHET, p. 352.
DUPIN, p. 354.
DURAS, p. 236.
ELUARD, p. 92.
GIDE, p. 129.
GRACQ, p. 215.
PROUST, p. 38.
SARRAUTE, p. 227.
SARTRE, p. 174.

Négritude

CÉSAIRE, p. 309.

Objets

BUTOR, p. 224.
DURAS, p. 236.
PEREC, p. 248.
QUENEAU, p. 245.

ROBBE-GRILLET, p. 221.
VIAN, p. 218.

Portrait

GIONO, p. 143.
KRISTOF, p. 330.
PROUST, p. 38.
YOURCENAR, p. 212.

Pouvoir

BRISVILLE, p. 349.
CÉSAIRE, p. 309.
IONESCO, p. 285.
JARRY, p. 26.

Regard

COHEN, p. 253.
GIDE, p. 129.
LEIRIS, p. 209.
PROUST, p. 38.
SARRAUTE, p. 227.
SARTRE, p. 174.

Rencontre amoureuse

COHEN, p. 253.
DURAS, p. 236.
GRACQ, p. 215.
PROUST, p. 38.

Révolte

FERRÉ, p. 274.
GENET, p. 303.
VITRAC, p. 119.

Temps

APOLLINAIRE, p. 50.

ARAGON, p. 84.
BECKETT, p. 295.
REVERDY, p. 101.

**Tragique
de l'existence humaine**
BECKETT, p. 295.
COCTEAU, p. 115.
IONESCO, p. 285.
KOLTÈS, p. 345.

Ville
ARAGON, p. 90.
CAMUS, p. 186.
CÉLINE, p. 156.
LE CLÉZIO, p. 327.

Voyage
BUTOR, p. 224.
CÉLINE, p. 156.
CENDRARS, p. 56.

Chronologie
historique et littéraire

Événements historiques	Œuvres
1894 : Affaire Dreyfus	
	1896 : *Ubu roi* (Jarry)
1900 : Exposition universelle à Paris et premiers jeux Olympiques	
1905 : séparation de l'Église et de l'État	1905 : *le Partage de midi* (Claudel)
	1912 : *Présentation de la Beauce à Notre-Dame de Chartres* (Péguy)
	1913 : *Du côté de chez Swann* (Proust) ; *Alcools* (Apollinaire)
1914 : assassinat de Jean Jaurès ; début de la Première Guerre mondiale	
1917 : entrée en guerre des États-Unis ; révolution d'Octobre en Russie	
1918 : capitulation de l'Allemagne	1918 : *Calligrammes* (Apollinaire)
	1919 : *À l'ombre des jeunes filles en fleurs* (Proust) ; *Du monde entier* (Cendrars)
1920 : congrès de Tours : création du futur parti communiste français	1920 : *Album de vers anciens* (Valéry)
	1924 : *Manifeste du surréalisme* (Breton)
	1925 : *les Faux-Monnayeurs* (Gide)

Événements historiques	Œuvres
	1926 : *Capitale de la douleur* (Eluard)
	1928 : *la Naissance du jour* (Colette)
1929 : krach de la bourse de New York	**1929** : *Sido* (Colette)
	1930 : *Regain* (Giono)
	1932 : *Voyage au bout de la nuit* (Céline)
1933 : Hitler prend le pouvoir en Allemagne	**1933** : *la Condition humaine* (Malraux) ; *le Théâtre et la Peste* (Artaud)
	1935 : *La guerre de Troie n'aura pas lieu* (Giraudoux)
1936 : victoire du Front populaire ; guerre civile en Espagne	**1936** : *les Beaux Quartiers* (Aragon)
	1937 : *Nouvelle Histoire de Mouchette* (Bernanos) ; *l'Espoir* (Malraux) ; *la Nausée* (Sartre) ; *Plume,* précédé de *Lointain intérieur* (Michaux) ; *le Théâtre et son double* (Artaud)
1939 : début de la Seconde Guerre mondiale	
1940 : armistice signé avec l'Allemagne par Pétain ; appel du 18 juin du général de Gaulle	**1940** : *Les Thibault : Épilogue* (Martin du Gard)

Événements historiques	Œuvres
	1942 : l'*Étranger* (Camus) ; *le Parti pris des choses* (Ponge) ; *les Yeux d'Elsa* (Aragon) ; *la Reine morte* (Montherlant)
1944 : débarquement allié en Normandie ; libération de la France	1944 : *Antigone* (Anouilh) ; *Huis clos* (Sartre) ; *le Soulier de satin* (Claudel)
1945 : bombardement atomique d'Hiroshima (Japon) ; fin de la Seconde Guerre mondiale	
	1946 : *Paroles* (Prévert) ; *Vents* (Saint-John Perse)
	1947 : *la Peste* (Camus) ; *l'Écume des jours* (Vian) ; *les Bonnes* (Genet)
	1948 : *Portrait d'un inconnu* (Sarraute) ; *Fureur et mystère* (Char)
	1950 : *Un barrage contre le Pacifique* (Duras) ; *la Cantatrice chauve* (Ionesco)
	1952 : *En attendant Godot* (Beckett)
	1953 : *les Gommes* (Robbe-Grillet) ; *Du mouvement et de l'immobilité de Douve* (Bonnefoy)
1954 : fin de la guerre en Indochine ; début de la guerre en Algérie	

Événements historiques	Œuvres
	1955 : *Tristes Tropiques* (Levi-Strauss)
	1957 : *la Modification* (Butor) ; *Fin de partie* (Beckett) ; *Amers* (Saint-John Perse)
1958 : création de la Ve République ; arrivée au pouvoir du général de Gaulle	**1958** : *Moderato cantabile* (Duras) ; *Un balcon en forêt* (Gracq) ; *Mémoires d'Hadrien* (Yourcenar)
	1960 : *Hiroshima mon amour* (Duras) ; *Rhinocéros* (Ionesco)
1961 : construction du mur de Berlin ; début de la guerre du Viêt Nam	**1961** : *les Paravents* (Genet)
1962 : indépendance accordée à l'Algérie	**1962** : *Le roi se meurt* (Ionesco)
	1964 : *les Mots* (Sartre)
	1965 : *les Choses* (Perec)
1968 : révolte étudiante et grèves	**1968** : *Belle du seigneur* (Cohen)
1969 : de Gaulle quitte le pouvoir ; présidence de G. Pompidou	
	1970 : *le Roi des Aulnes* (Tournier)
1973 : premier choc pétrolier	
1975 : fin de la guerre du Viêt Nam	
	1978 : *la Vie mode d'emploi* (Perec)

Événements historiques	Œuvres
1981 : élection de F. Mitterrand	1980 : *Désert* (Le Clézio) 1981 : *Enfance* (Sarraute)
1989 : chute du mur de Berlin	1989 : *l'Acacia* (Simon)
1991 : guerre du Golfe	1990 : *Roberto Zucco* (Koltès)
1993 : les socialistes perdent les élections législatives	

Composition : Optigraphic.
Imprimerie Chirat, 42540 St-Just-la-Pendue - N° 3645.
Dépôt légal 1re édition : 2e trimestre 1994.
Dépôt légal : Octobre 2001.
N° de projet : 10089957 (IV) 3,5 (OSB 80°).